Franz Jung Werke in Einzelausgaben

DIE TECHNIK DES GLÜCKS
MEHR TEMPO! MEHR GLÜCK
MEHR MACHT!
Werke 6

Publiziert bei Edition Nautilus

FRANZ JUNG WERKE 6
Editor dieses Bandes: Lutz Schulenburg
Editorische Notiz: Der vorliegende Band umfaßt die in zwei separaten Bänden erstveröffentlichten theoretischen Auffassungen Jungs. Vorarbeiten zum ersten Band („Die Technik des Glücks") erschienen in der „Freien Straße", die zwischen 1916 und 1918 publiziert wurde. Neben dem „Erlebnis" Otto Groß, dessen Auffassungen Jung in seiner „Technik" weiterführt, darf des weiteren als geistiger Einfluß mit Gewißheit das Studium utopistischer Denker angenommen werden, insbesondere wohl Fouriers wegen seines elastischen Menschenbildes, daneben aber auch das von wenig verifizierbaren Querdenkern aus allen Wissensgebieten. Das vollständige Werk erschien 1921 im Malik-Verlag (als „Die Technik des Glücks"). Im selben Jahr begann Jung im Gefängnis von Breda/Holland (dorthin erhielt er durch den Verlag auch den soeben erschienenen ersten Band geschickt) mit der Niederschrift des zweiten Bandes. Jung beabsichtigte, die Fortsetzung nicht wieder im Malik-Verlag, sondern im Reiss-Verlag erscheinen zu lassen, was letzterer jedoch ablehnte. Trotz seiner Aversionen („Mir sind die Malik-Leute zu sehr zuwider als Verleger, ich fühle mich bei allem Entgegenkommen immer wie zum Narren gehalten") erschien „Mehr Tempo! Mehr Glück! Mehr Macht!" als Band 2 der „Technik des Glücks" 1923 im Malik-Verlag. Anscheinend ist dieser Band infolge der Inflation und der dieser folgenden wirtschaftlichen Zerrüttung des Verlags kaum in den Handel gekommen. Die grundlegende Bedeutung dieser beiden Schriften für Jung selbst verbürgt seine Absicht, noch in den letzten Jahren seines Lebens die „Technik" neu herauszubringen.
Als Druckvorlage für diese Ausgabe dienten die im Malik-Verlag erschienenen Erstausgaben. Eigentümlichkeiten in Franz Jungs Orthographie und Zeichensetzung wurden beibehalten. Nur sehr offensichtliche Druckfehler wurden korrigiert.
Zur Einführung in Leben und Werk Franz Jungs empfehlen wir die von Fritz Mierau verfaßte „Chronik" (Separatdruck aus Bd.1/1), sowie Franz Jungs Autobiographie „Der Weg nach unten" (Sonderausgabe), die gleichfalls in der Edition Nautilus erschienen ist.

Originalausgabe
Edition Nautilus Verlag Lutz Schulenburg
Hassestr. 22 – 2050 Hamburg 80
Alle Rechte vorbehalten
(c) by Verlag Lutz Schulenburg, Hamburg
1. Auflage 1987
ISBN: 3-921523-83-4 (Pb)
ISBN: 3-921523-84-2 (Ln)
Printed in Germany

Artur Müller gewidmet

Die Technik des Glücks
Psychologische Anleitungen in vier Übungsfolgen

ERSTE BETRACHTUNG.

I
An einem müßigen Sonntag zu lesen

Dieses Buch will mithelfen, den Haß aus der Welt zu schaffen, den Willen der Menschen sich gegeneinander und sich selbst zu vernichten. Dieser Vernichtungswille, dieser Haß muß losgelöst werden aus einer Verankerung zahlreicher, allgemeinster Inhaltsbegriffe, die das Drum und Dran des Lebens ausmachen, die Schwankungen in der Sphäre des Erlebens, die jeder sofort bereit ist, als den Inbegriff des Lebens selbst auszugeben, falls er in Glück oder Leid erkenntniskritisch darauf stößt. Die Summe der Empfindungen und deren Auswirkungen, die Triebkräfte, das persönliche Erleben durchzusetzen in die Erlebenswelt aller, der Gemeinschaft der Menschheit und des Lebens schlechthin, Kräfte, die den Menschen heute noch *vereinzeln,* soll so dargestellt werden, wie sie ist und wirkt und nicht, wie sie sein soll. Den Gedanken und Empfindungswellen des Einzelnen soll nachgegangen werden, unter welchen Vorbedingungen und mit welcher Intensität sich seine Stellung zur Umwelt entwickelt. Denn wenn das Leben einem Strom gleichen soll, so weiß jeder, daß die Strudel, wo dieser Strom sich staut, das Brodeln an den Felsen, die er brechen und durchwinden muß, die Schnellen und Katarakte, die er brausend zischend und weithin sprühend wühlt – das eigentliche Leben ausmachen. Die Katastrophen und Verworrenheiten stehen dem Erinnerungsinhalt vom Leben näher, als der ebene Ablauf, und es weiß schließlich jeder, daß Erleben und Leben identisch ist, weiß, daß das „Gute" und „Böse" erkannt in seinen Wirkungen, das Auf und Nieder, zwischen Belohnung und Strafe schwankend, zwischendurch der Schwall von Empfindungen um Wohlgefühl herum, das der Organismus braucht wie Luft und Sonne und nie erreicht – daß alles das sinnlich wahrnehmbar wird und ausgegeben als Gesetzmäßigkeit, als Zwang, dem der Einzelne sich fügen soll und muß.

Weil er Einzelner ist, losgelöst vom Leben, das die Summe vom Lebendigen ist.

Es ist überflüssig, von Liebe zu reden, wenn man Haß aus der Welt schaffen will. Denn der Haß ist gar nicht, wie so viele meinen, das Gegenteil von Liebe, sondern nichts als die Auswirkung eines Mangels an Wohlgefühl. Haß ist die ins Leben umgesetzte Erlebensform des Unglücks, eines organischen Ohnmachtsgefühls, der Erkenntnis von der Unmöglichkeit, *restlos* glücklich zu sein. Glaubt wirklich jemand, daß Gott und Jenseitsglaube, Ethik und Gesetze daran das Geringste ändern können oder geändert haben? Nein. Der Lebenswert der Religion besteht darin, diesen Vernichtungswillen zu ordnen, nach Kompromissen zu suchen, ihn nach außen für die Existenz des Lebendigen selbst ungefährlich zu machen, ohne daß dies schließlich auch nur annähernd erreicht worden wäre. Gerade der religiöse Haß, die Vernichtung von Andersdenkenden früher wie noch heute geben davon einen Begriff. Indessen die Formel: Gott sieht alles, er sieht mehr als die Menschen, ferner der Jenseitsglaube zeigen den Versuch, die notgedrungen menschlichste Lösung in diesem Kompromiß zu finden. So brutal es auch heute erscheinen mag, einem zu sagen, der sich vor Schmerzen die Fetzen vom Leibe reißt und um Hilfe brüllt: Warte nur, drüben wirds dir besser gehen; denn wer hier leidet, wird drüben frohlocken. *Hilfe kann jedenfalls die Religion nicht bringen, weil sie vom Menschen, vom Einzelnen sich entfernt.* Sie distanziert und verhüllt ihr Haupt, denn sie tröstet, sie vertröstet auf etwas, das das lebendige Leben des Menschen nicht berührt.

Der Mensch schreit, weil er einzeln ist, und weil er als einzelner friert.

Gerade weil *alle* frieren, weil die Kirche tröstet, folgt, daß die Schreie wilder werden, die Verzweiflung überhand nimmt und der Haß wächst – denn das Lebendige im Leben ist bedroht. Hier liegt der Grund, warum Gott und Jenseitsglaube in der geschichtlichen Entwicklung der Menschheit, des Menschheitsbewußtseins, überflüssig werden, ja feindlich und schädlich wirken und verschwinden müssen. Wir sind jetzt soweit.

Durch das Schwinden der Religion wird Raum für die materielle Organisation der Menschheit. Die Erfahrung, daß die Sicherung der materiellen Existenz eine *notwendige* geworden ist, bedingt die dem Vereinzelungsringen parallel laufende ökonomische Projektion, den Wert, das Eigentum, den Besitz und den darauf sich organisierenden Staat, dessen Gesetze den Jenseitsglauben abzulösen beginnen. Der Staat wird Gott. Weit brutaler, weil er ohne das tröstende Kompromiß eines Jenseits ist. Der Staat irrt sich nie oder er hebt sich auf. Er wandelt sich, wie sich mit ihm die Menschen wandeln sollen oder einzeln schon gewandelt haben. Nun ist aber wahr: *die Menschen ändern sich nicht.* Sie wandeln sich nicht. Etwas anderes ändert sich, von dem Gott und der Staat nichts weiß und worauf sie keinen Einfluß haben, die Atmosphäre ihrer Zusammengehörigkeit, das Bewußtsein der Gemeinschaft, der Rhythmus ihrer Kollektivität, die Allheit.

Der Staat, aus der Angst um den Besitz geboren, packt schärfer zu. Er trägt kollektive Züge, und nimmt sich (daher) das Recht zu befehlen und zu zwingen. Er verhindert aber nicht, daß die Menschen *nicht* glücklich sind. Im besten Falle wird ökonomische Gleichheit der Rahmen sein, die allerdings notwendige Form, in der sich der Gleichrhythmus des Seins, Fühlens und Handelns überhaupt erst entwickeln kann. *Der Staat, wie immer konstruiert, wird niemals die inhaltliche Kristallisation des Lebendigen im Leben sein.* Das aber ist notwendig, um aufnahmefähig zu sein für den Rhythmus der Gemeinschaft, der zugleich das Leben und das Glück ist.

Darüber soll in den folgenden Abhandlungen gesprochen werden. Schrittweise tiefer in das Alltägliche hinein, von außen her, Tempo und Kraft vor Augen, im Blut -- mit den Sinnen wahrzunehmen, wo das Erleben sich bricht, krampft, weil es das Gemeinsame nicht mehr empfindet und verzweifelt. Glauben an Gott, an den Staat ist ein Unding. An die Menschheit glauben und mitwirkend an sich selbst glauben, das ist das Wissen um den verbindenden Rhythmus, das Erkennen des Melos des Gemeinsamen -- darum suchen wir.

II
Montag bricht an

Was tust Du?
Ein Arbeitstag verlangt Erfüllung. Die Menschen verlangen vorerst zur Erhaltung des Lebens die Befriedigung ihrer ursprünglichsten materiellen Bedürfnisse. Je weiter die Erkenntnis von Lebensfähigkeit und Lebensinhalt sich gespannt hat, desto vielgestaltiger ist die Produktion, und damit auch das Bedürfnis geworden. Da dieser Erkenntnis nicht das Ziel einer Harmonie

innewohnt, hat sich Produktion und Bedürfnis in entgegengesetzter Linie entwickelt, ist feindlich geworden. Die „Erbsünde" hat sich eingeschlichen, zu deren „Erlösung" sich eine nebenherbewußte „gesetzmäßig" gewordene Erkenntnis gebildet hat: die Gegensätze zu überbrücken, eine Harmonie, die die Existenz *lebensmöglich* macht, zu kristallisieren, *die Arbeit*. Es wächst nichts in den Mund.

Du mußt arbeiten. Wer nicht arbeitet, soll auch nicht essen.

Damit aber die Menschen bei der Vielgestaltigkeit der Bedürfnisse und deren Vorbedingungen sich nicht gegenseitig im Wege stehen, sich nicht gegenseitig auffressen, ist eine organische Einordnung entstanden, der sich Staat und Kirche angepaßt haben und auf der sie schließlich fußen. Sie schafft die Arbeitsplätze und verschickt die Menschen, die sich im übrigen von selbst aufdrängen, sofern sie sich der notwendigen Wahrnehmung ihrer Existenzinteressen von selbst bewußt werden. Die Menschen differenzieren sich darin in Berufen. Die Arbeit wird zum Inhalt des Berufes. Da der Beruf zum Lebensinhalt geworden ist, Lebensinhalt aber Wohlgefühl nach naturgesetzlicher Notwendigkeit bedeutet, so müßte Arbeit zusammengefaßtes Wohlgefühl als Inhalt, also Glück bedeuten und auslösen. Wer also einen Beruf hat, wer darin arbeitet, müßte automatisch glücklich sein. Das Leben ist erfüllt, es ist frei. Ist es so?

Selbstverständlich nicht. Es handelt sich dabei, so ernst es für den einzelnen in sein Erleben eingreifen mag, nur um Oberflächenbegriffe und entsprechende Folgerungen. Man spricht davon, man lehrt es in den Schulen und es soll so sein. Staat, Kirche, Familie möchten es so haben, um ihre Organisationsberechtigung, die Notwendigkeit ihrer Gesetze, ihrer Sonderstellung darzutun. Jeder weiß, daß das Gegenteil wahr ist.

Wir sind unglücklich, d e n n wir arbeiten.

Wir sind unglücklich, w e i l wir n i c h t arbeiten.

Beide Sätze, so unvereinbar sie scheinen, sind dennoch eins. Sie drücken dasselbe aus: die Unmöglichkeit, die so gewonnene Arbeit als Erlebensinhalt konfliktlos mit dem Gesamterleben in Gleichklang zu bringen. Ja, wie ist es denn dann? Einfach so:

Wäre Arbeit gleich Glück, dann wird die Differenzierung der Bedürfnisse in Ausgleich mit der Vielgestaltigkeit der Produktion eine *organische,* weil aus dem Lebendigen des Lebens geborene

Ausgestaltung des Lebens und damit *selbsttätig* identisch mit Lebensinhalt. Wie der Strom fließt und sich breitet und eins wird mit dem Meer, wie der Baum wächst und sich gipfelt und die Äste reckt, wie das Tier Futter sucht und dort lebt, wo es welches findet. Der Leser fühlt, das ist alles selbstverständlich. Natürlich ist das so, so soll es auch beim Menschen sein. Ich will aber davon ja nicht sprechen, wie es sein soll. Ich muß dagegen sagen, daß, *da es doch nicht so ist,* beim Menschen, wir den Inhalt unseres Lebens, das Lebendige nicht kennen, nicht begriffen haben. Kein anderer Schluß ist möglich, denn das Lebendige in Dir ist von dir unzertrennlich, nicht wegdenkbar; es läßt sich nicht unterdrücken, nicht ausbeuten und stehlen für einige Zeit. Es ist immer in und mit Dir, unveränderlich, denn es ist dein Ich, das lebende Du. Wir begreifen das noch nicht.

Denn wir leiden doch alle.

Das bedeutet, wir kämpfen *gegen* das Lebendige für den Tod. Leben ist: das Lebendige erkennen, fühlen, wachsen und sich ausbreiten lassen, eins werden mit dem Organisch-Lebendigen.

Uns fehlt die Verbindung, das Empfinden vom Lebensinhalt zum Lebensdasein, seinen Erfordernissen, die sich, da wir blind sind und weder hören noch fühlen, zu fremden, scheinbar außenstehenden Gesetzmäßigkeiten eines Ungewissen Dritten herausgebildet haben. Wir *sind* eben blind und taub und stumpf, ohne Bewegung. Vom Lebendigen zum Sein, diesen natürlichen Weg, naturgemäßen Erlebensübergang, haben wir verloren oder aufgegeben. Wir geben ihn noch fortgesetzt auf. Daher spalten wir uns. Wir müssen, um mit dem Lebendigen mit sein zu können, das ist um zu leben, uns teilen, unsere Lebensfähigkeit und Erlebensmöglichkeit verteilen, dorthin ein Stück (Erleben) und dorthin ein Stück (Arbeit). Dabei ahnen wir wohl, wie es sein könnte, vom „Paradies" her, was geschehen und getan werden muß, um überhaupt zu sein. Wir suchen trotzdem fortwährend einen Weg, eine Brücke, nicht materiell greifbar, nichts, das zu erringen, zu erkämpfen, zu erzwingen ist. Weil es eine Sphäre ist, Tempo und Rhythmus, eine Mitlebendigkeit.

Es ist Montag. Das Gesetz lautet noch: Ran an die Arbeit, der Magen knurrt.

III
Die meisten fliehen vom Leben

Eine Krise, die einmal aufgetreten ist, bleibt bestehen, bis sie sich in sich selbst auflöst. Sie vertieft sich, je mehr der Versuch gemacht wird, darüber hinwegzugleiten. Unser sogenanntes tägliches Leben ist darauf eingestellt, den organischen Riß im Menschen fortwährend zu verkleistern. Viele sind bekanntlich froh, arbeiten zu können, nur um nicht „denken" zu müssen. Dabei kommt der Einzelne immer tiefer ins Unglück hinein. Etwas, das organisch ist, drängt sich früher oder später, ungeachtet aller Lebenswiderstände, gewaltsam zur Erkenntnis durch, weil es ein Teil des Erlebens ist. Man hat den Eindruck, die meisten fliehen vom Leben, das ist Erleben, wie von wilden Tieren gehetzt.

Wir arbeiten gegen uns selbst, um „das" totzukriegen. Das – das Lebendige im Leben, unser organisches Ich, das mit der Welt ringsum mitschwingen will, das sich reckt, um atmen zu können. Die Menschen versuchen noch immer, das Bewußtsein davon, das dämmernde Bewußtwerden, niederzuhalten. Sie stürzen sich in die Arbeit, krampfen sich am Beruf fest, beten zu Gott und sind treue Diener ihres Staates, wir armen verzweifelten Narren!

Als ob der Mensch seiner eigenen Körperlichkeit entfliehen könnte. Die materielle Existenz, der darauf abzielende vereinzelte Existenzwille mag gefesselt sein. Der Lebensstrom strömt unaufhörlich weiter. Das Ich zappelt, will sich wo festhalten, und wie die Eisschollen im Frühling mit hörbarem Krachen gebrochen werden, so stößt das durch, was wir die Seele, die Psyche nennen. *Wir sind unzufrieden.* Wir winden uns hin und her und glauben, es geht alles weiter, wenigstens weiter, nur weil wir den Kopf wegstecken, um nichts mehr hören und sehen zu wollen? Mag sein, daß es für eine Zeit gelingt, die Verbindung mit der fiebernden Erlebensatmosphäre des Weltalls aus dem Bewußtsein auszuschalten. Es ist doch nur ein zu kurzer Trug. Unvorhergesehen bricht es mit doppelter Wucht hervor. Sind wir nun gramüberladen oder erfolggebläht, sentimental im guten wie im bösen Sinne, das heißt gegen uns selbst oder gegen andere, wir schwanken wie das Rohr im Winde und man sagt von uns, wir seien krank. Aber vorausgesetzt, nach außen nicht sichtbar, wäre dieser Zerfall durch ein neues rhythmisches Erleben der damit verwandelten und verwendeten „Arbeit" aufgehalten, so zermürbt unsere sogenannte Tagesarbeit, Existenzarbeit diese Existenz, unser Sein wie ein anderer Strom, der unter der Außenfläche unterirdisch wühlt und gräbt. Wie wenn es gelten sollte, eine faulige Maske zu verschlingen, die aus Lebendigem längst zur Maske geworden und unterhöhlt ist. So ist etwa das Erinnerungsbild von der Arbeit, die wir heute leisten.

IV
Arbeit schändet

Wofür und wie arbeitest du?

Du fühlst dich schlecht, das ist allein wenn du deinen bestimmten Auftrag heruntergearbeitet hast. Es bleibt ständig aus, das Wunder, das man im Unterbewußten erwartet während der Arbeit. Unterbewußt, weil es nicht klar in die Erkenntnis dringt, verschwommen schwelt und nur manchmal bei vorher zu bestimmenden Gelegenheiten, das sind: Konflikten, aufdämmert zu einem kurzen Schmerz. Man beobachte sich genau. Wie oft drängt sich der Ausruf auf die Lippen, es ist ja doch alles unnütz. Denn der Lohn, die Existenzsicherung ist lange schon weder Geschenk noch Wunderbares mehr. Zwar hat es besonders die Kirche verstanden, die Arbeitenden lange in diesem Glauben zu erhalten. Soweit von reinem Entgelt, von Lohn gesprochen wird, weiß heute jeder, daß er psychisch nicht befriedigt. Der Arbeitende weiß, daß Lohn schändet. Höre gut in dich hinein, Kamerad, und du wirst finden, daß es nicht die Höhe des Lohnes ist, die dich im Grunde unbefriedigt läßt, obwohl es fast allen so scheint, sondern jene Beziehung des Lohnzahlenden zum Lohnempfänger, in die Augenblicksverhältnisse umgesetzt – des Staates, der lohnzahlenden Organisation und deren Träger, die Kapitalistenklasse, zur lohnarbeitenden Klasse, zum Proletariat. Man wird sogar eine Neigung finden, je mehr sich die Höhe des Lohnes von der reinen Existenz*bedingung* entfernt, umso unbefriedigter, desto größer Scham und Bedrückung. Die Mittelklasse, besonders aus der höher gestellten Beamtenkaste, weist besonders zahlreiche Zusammenbrüche von Einzelpersonen auf, die in Selbstanklagen und Selbstdemütigungen sich nicht genug tun können. Die geistige Korrumpierung des

Beamten, der im Unterbewußten fühlt, daß er für seine Tätigkeit, von der der Einzelne übrigens selbst kaum eine richtige Einschätzungsvorstellung hat, zu hoch entlohnt wird, liegt in dieser Linie. Geistige Korrumpierung bedeutet *Betonung* der Einzelperson dem Leid gegenüber, um die Auflösungswiderstände, Erstarrung auf einer Selbstbefriedigung, deren Ursache der Einwirkung dritter, einer Organisation wie Staat u.a. zuzuschreiben ist, auf Grundlage überdies der Einzelexistenz, das Leid erweitert zu Eigensinn und Verdummung. Der Beamte als Typ beginnt eigentlich sich in das Allgemein-Lebende erst wieder einzuordnen, wenn er *gegen* seinen Auftraggeber arbeitet, wenn er betrügt und stiehlt und die Autorität des Auftraggebers und sei es der toten Organisation, angenommen des Staates, untergräbt. Er arbeitet zwar auch gegen sich, gegen seine Existenz, aber er arbeitet unter psychisch gleichen Bedingungen, wenn auch auf anderem weil komplizierterem, bedreckterem, mehr belastetem Boden als der Tagelöhner.

Schwieriger liegt die Beantwortung der Frage, ob die Tatsache der Existenzsicherung, man möchte sagen, damit auch der Existenzermöglichung nicht doch die „Gnade Gottes" und damit die Arbeit der Gnadenspender ist. Man muß zwei Begriffe vollständig von einander getrennt halten: die Existenz, das Dasein und Dableiben im Sinne des Lebendigen im Leben sichert sich selbst, wenn der Mensch als Einzelperson Träger dieses Lebendigen ist, wenn er „lebendig" begreift, daß er da ist – in der Existenz der andern und aller, also mitseiend weil mitfühlend und mithandelnd. Eine Existenz, die darin nicht beruht, ist die schon gekennzeichnete des zwischen toten Wesenheiten Geborenseins. Es ist jene Kompromißexistenz, die aus der Urkraft des Lebendigen, des Allebens erzeugt, sich allen Widerständen zum Trotz durchsetzt, weil sie ja wie alles aus der Natur gewordene existent und lebend ist, und an der der heutige Einzelmensch in seiner organischen Wesenheit leidet. Diese Existenz zu bedingen und zu ermöglichen, bedeutet zugleich Leid, Unglück und Verzweiflung bestätigen, zu verewigen im Kreislauf eines Lebens, das bestenfalls im Jenseits anfängt „lebendig" zu sein. Es ist weiter nichts als die aus der Vorzeit der Jahrhunderte gebliebene Wertung eines Kompromisses, die Vorbedingung brav zu sein, die notwendigerweise immer zu einem Jenseitsgott führt. Störe niemanden, so ist das soziale Problem gelöst – diese Plattheit drückt dieser Weisheit letzten Schluß restlos aus. Der heutige Mensch, dem die Lebendigkeitsforderungen in der Seele brennen, kann sich nur damit nicht mehr zufrieden geben.

Dem Versuch zwischen starren Angstbegriffen vom Leben die Menschen organisch zusammenzuhalten, ihnen die fürs Atmen notwendige Rückempfindungswelle der eigenen Selbsttätigkeit des Atmens zu gewähren, sind eben die Mittel gewaltsam und untauglich, durchaus angepaßt. Aus der Unfähigkeit das Leben zu erkennen, die Lebendigkeitskraft durchzusetzen, aus der Angst vor der Einwirkung dieser Kraft, wobei diese Angst schon geboren ist aus dämmerndem Erkennen, ist die Vereinzelung der Menschen erst gesetzmäßig, das ist allgemein geworden.

Die Vereinzelung der Menschen hat den materiellen Wert geboren.

Besitz und Kapital ist der Lebendigkeitskompromiß, das Lebensbewußtsein des Vereinzelten.

Arbeit ist einmal die allgemeine, weil in dieser Verbindung äußere Bewußtwerdung von Verzweiflung und Ohnmacht, weiterhin die differenzierende, weil auf die Psyche projizierbare Verbindungsform dieses Bewußtseins zum allgemeinen Leben geworden. Aus der letzteren hat sich unsere Kultur, die Geschichte des Denkens, der Assoziationen, der Gleichsetzungsmöglichkeiten, der Organisationsversuche, der Skepsis und des Selbstmordes, kurz der Kultur entwickelt. Aus der ersteren die Masse, die Menschenware, das Kulturobjekt, kurz die Geschichte des Proletariats.

Sofern man heute vom Proletariat spricht, so geschieht dies zumeist vom Standpunkt des Beschauers, des assoziierenden, gleichsetzenden, vermittelnden, aus der Kulturatmosphäre heraus, die sich natürlich längst eine eigene Gesetzmäßigkeit zugelegt hat. Von der Geschichte der Arbeit her, von der psychologischen Entwicklung her, vom Kulturobjekt her, wagt man dies nicht. „Wir müßten denn Barbaren sein."

Wir sind aber noch was ganz anderes.

V
Das Kapital wird zum Lebensspender

Der Mensch tritt zurück zugunsten eines künstlich Verbindenden.
Das Kapital, unter dessen Segnungen wir leiden, ist nicht von dritter besonders böswilliger Seite (Teufel etwa) in die Welt gesetzt worden, die Menschen zu bedrücken und in Ausbeuter und Ausgebeutete, Besitzende und Besitzlose zu teilen. Wer begreift, daß Besitz und Eigentum die Einzelsicherung der Vereinzelten bedeutet und zwar nach dem organischen (kosmischen) Lebendigkeitsgesetz des Lebens eine existenznotwendige, sonst würde solche Einzelexistenz mit dem Vereinzelungswillen in der Erlebenssphäre der Allgemeinheit, der Gemeinschaft explodieren, wer also begreift, daß das gleiche Gesetz, das verletzt und mit Füßen getreten wird, gerade weil es Lebensstrom, ewige Bewegung ist, selbst den rettenden Damm um den Vereinzelnden aufrichtet, also einen Widerstandsstrudel gegen sich selbst schafft, wer das begreift, weil er es mit allen Sinnen fühlt, daß es so ist – für den liegt die Geschichte des Kapitals, des Kapitalismus, der Lohnarbeit und der Arbeit im allgemeinen klar auf dem Tisch. Die lebendige Kraft des Kapitals, die gesetzmäßig wie etwas organisches Drittes in Erscheinung tritt, die automatischen Wucherungen, der Mehrwert, das Wachstum, die Akkumulation, die nicht mehr von den Besitzenden, den Kapitalsträgern und -Anwärtern bestimmt wird, sondern selbst die Kapitalisten treibt, anspannt und abhängig macht. Die Versklavung der Besitzenden wird schließlich größer als die der Besitzlosen dem Besitzenden gegenüber.

Der Kapitalismus ist nur ein Strudel im Leben, eine Verknotung, die aufzulösen und zu entwirren die erste Vorbedingung ist, das Leben frei und glücklich zu machen.
Wie aus Eigentum Kapital und daraus Kapitalmaschine entstanden ist, wird es vergebliche Mühe sein, den gefundenen Gesetzmäßigkeiten eines allgemeinen Kapitalismus in seiner vorgeschrittensten Form durch Aufzeigung der Schäden und Ungerechtigkeiten zu Leibe zu gehen, es sind immer nur Bewußtseinserweiterungen von etwas, worauf schon automatisch als lebend unser Bewußtsein steht. Fassen wir die Sache von einer anderen Seite an. Suchen wir in uns das Gesetz des Lebendigen, der Lebensintensität, legen wir es frei und schalten wir es in

das Geschehen der Umwelt ein, so werden wir sehen, daß das Geschehen ringsum bereits intensiver darauf reagiert als wir, und daß wir eben nur Teile des Gesamtganzen gewesen sind, zu dem uns unsere Kritik, unsere Empörung, unser offener Widerstand erst hingeführt hat.

Der Kapitalismus schafft der Produktion willen, der Erzeuger aus sich selbst heraus von Kapital und Werten, also kapitalistisch gesehen: der Produktion von Gewinn willen. Gewinn von der Erlebensplattform der heutigen Arbeit aus betrachtet, wird aber für den Nichtbesitzenden zu Lohn und Entgelt – als Bruch gesehen im kapitalistischem System, getrennt wie hüben und drüben – ist also gleich die Summe der Existenzen, ihrer Ermöglichungen und Sicherungen. Buchstäblich also das Zerrbild des Lebens, eine grausige Maske vom Lebendigen im Leben.

Der Rhythmus der „Profitrate", denn von einem solchen kann man sprechen, sogar von einer Melodie des Kapitals, ist keine Auseinandersetzung mehr zwischen Menschen, zwischen Ausbeutern und Ausgebeuteten und Auszubeutenden. Es ist ein maschineller Rhythmus, der gleichmäßig die darin befangenen Menschen zermahlen muß. Menschen, die ja nicht tote Werkzeuge, sondern lebendige Wesen sind, ein Teil der gleichen Kraft, die in den Kapitalismus geleitet ist und dort tobt. Die Erkenntnis des Ich, der Eigenrhythmus, der *mitschwingt* in der Gesamtmelodie, ist der Gradmesser für die Intensität des Zusammenbruchs, für die Elastizität des Widerstandes und der Tiefe des Leids.

Der Ausgebeutete wie auch der Ausbeuter kann im Augenblick seine Situation verändern im Sinne größerer wie geringerer Erlebensintensität. Er kann nur nicht die seinem Erlebenskompromiß, der das Leid wie die Empfindung von Wohlgefühl gebiert, entsprechende Stellung vertauschen, weil auch durch den Bruch das Lebendige noch pulst. Er kann nicht gedankenschnell vom Ausgebeuteten zum Ausbeuter werden. Die Besitzenden möchten das wahr haben, aber es ist eben nicht wahr. Ganz abgesehen davon, daß an der Spannung der Erlebensatmosphäre der Einzelperson zur Allgemeinheit nichts geändert würde, der Gemeinschaftsatem überhaupt nicht berührt würde, wodurch sich doch erst für den Einzelnen wahrnehmbar, der Grad des Wohlgefühls oder des Leids verändern würde –– also abgesehen davon schwingt in der Auseinandersetzung zwischen Besitzenden und Besitzlosen von neuem dumpf im Unterbewußten der selbstschöpferische Lebendigkeitswille des All mit.

Er schafft fortwährend neue Formen, Glücksassoziationen, Glückshoffnungen, aber kein Glück.

Dieser Auseinandersetzungskampf wird ausgefochten unter den Fittichen des Kapitals, des Kapitalismus, als eine seiner wesentlichsten Folge- und Verfeinerungserscheinungen. Er hebt selbst das Kapital nicht auf, obwohl er es könnte, weil er es bestenfalls umschafft -- im Interesse des Kapitalismus. Es ist figürlich gesprochen der Kraft gleichgültig, wer ihr Träger ist, unter welchen Formen jener Mechanismus vom menschlichen Blut und Hirn aufgenommen wird, weil es die Existenzsicherung des Vereinzelten, also doch auch etwas Lebendiges, wenn auch lebensfeindliches oder vielmehr erlebensfeindliches ist.

Es ist die Krise der sozialen Revolution, daß das Materielle nicht Selbstzweck wird oder bleibt. Auch der Wert revolutioniert.

Kapital als Mittler organischer Triebkraft ist als Drittes und Herrschendes Gegenrhythmus und Leidquelle, beliebig veränderlich, auch in den Formen organisierter Gemeinschaft.

Kapital ändert sich diesem seinem Wesen nach nicht. Nur die Organisation der Ausgebeuteten ist Vorstufe der Gemeinschaft. Das Bewußtsein, in seinem tiefsten Erkennen vergewaltigt, drängt nach Erlösung. Es wird wieder aufnahmefähig. Der Arme hört, wie das Leben singt.

VI
Der Sinn der Revolution

Die Intensität des Widerspruchs schweißt die Massen zusammen, nicht die Idee.

Revolution ist rhythmisches, lebendige Gemeinschaft gewordenes Geschehen, ist der Bewegung des Weltatems nachgehender und angepaßter, melodisierter Widerspruch. *Jeder Widerspruch enthält ein Glücksgefühl,* selbst der platteste einer beliebig kläglichen Sache im Alltagsleben. Es ist die Aufzeigung, Freilegung eines Kontaktes zum Melos der Umwelt, eines Kontaktes, von dem man plötzlich weiß, daß er schon immer bestanden hat und weiter bestehen wird. Es liegt etwas darin, das, so sehr auch rein äußerlich und in seinen nächsten Wirkungen betrachtet der Widerspruch zu vereinzeln scheint, gerade das Gegenteil von Vereinzelung ist.

Ichbetonung. Diese Ichbetonung kommt als Empfindungsform zustande durch Heraufhebung eines Unterbewußten in den Stand des Bewußten, jener unterbewußtbekannten Verbindung mit der lebendigen Gesamtheit. Jeder Widerspruch heißt: Näher zu mir heran, damit wir beide und wir alle gemeinsam das Ding, die Sache, das Dritte empfinden, fühlen, in Mitschwingung setzen und —— weiter schwingen. Die Person, die betreffende Verbindung, Beziehung und Relativitätsverhältnis ist dabei von untergeordneter Bedeutung. Der Widerspruch geht nicht nach außen, sondern immer ins eigene Innere und wird von dort der Intensität des Gemeinschaftsbewußtseins entsprechend zu den sinnlichen Wahrnehmungen des Weltgeschehens zurückgeworfen und wiederum zu demselben hinzuprojektiert. Ich will nicht – hört erst auf Glücksgefühl zu sein, wenn das sinnliche Objekt hinzutritt, wenn die Schwingung, die dich berührt hat, deinen Lebensstrudel passieren muß. *Absolut* Nein sagen wäre heute Glück, wo in der Vereinzelung das Lebensfeindliche zugleich das Leben ist. Dieses Glück wird auch wenngleich verhüllt, objektassoziiert in Wirklichkeit zur andeutenden Erkenntnis, solange die gedankliche, die Empfindungsverbindung zur Projektion, zum selbsttätigen Schaffen, zur ewig strömenden Erneuerung nicht an der Augenblicksexistenz und deren Erhaltung gebrochen über die daraus erkenntniskritisch gewonnene Lebensangst geht, die zu Nein Tod und Vernichtung, zum mindesten Stillstand assoziiert.

Im Zustand des Widerspruchs erlebt man, daß Produktion Glück ist.

Wer aber schafft diese Produktion, wenn man so sagen darf? Wer hat diese ewige Erneuerung im Blut, im Hirn, in den Händen? Wer erlebt die Selbständigkeit, den Automatismus des Schaffens, wer hört die Flut des Lebensstroms steigen und springen, sich kräuseln —— wer anders als das Ich, das organische, mit dem All verwachsene, untrennbare Ich. Der Mensch kraft seiner Natur schafft, schafft Leben und immer wieder sich, das Lebendige im Leben. Wenn er begreift, wenn er stark genug auf den Beinen steht, die Augen aufzumachen und sich umzusehen, daß das Ich nur ein Teil, daß der Mensch nur Ich ist, dieses glückspendende Ich, Ichbewußtsein, wenn er organisch mit der Umwelt, das ist zunächst und am naturnotwendigsten mit seinen Mitmenschen verbunden ist und eins wird, wie er eins ist. Daß das Ich zur Gemeinschaft wird, sich fortwährend erneuernd, rhythmisch, gesetzmäßig, eine Melodie im Weltall. Und nebenher und gleichzeitig, wie die Farben, das Bunte die Verzierungen der ungeheure Raum für die Erfüllung des Schönen – nebenher der Halt im Mitmenschen, das Jubeln des Miteinanderschaffens, das gleichzeitiges Zusammentragen zum All ist, ein Miteinander, das in seinem Wechsel einen neuen noch ungewohnten Sinn heraufdämmern läßt, der die noch unbekannten Naturkräfte analysieren und nutzbar machen, alte Gesetze, wie das der Schwerkraft zugunsten der Menschen umformen wird – das Gemeinsame, das Mitdenken, Mitfühlen, Mithandeln, die Gemeinsamkeit in der Gemeinschaft. Beide Ströme, die wie oben und unten, und doch durch- und wieder mit-einander strömen und das Leben sind, unterliegen der sphärischen Ordnung. Sie reagieren auf Intensitäts- und Steigerungsunterschiede, sie erscheinen im Begriff tausendfältig verschlungen. Und während du im Wachstum wächst und im Lebendigen lebst und auf breitem Strom dich tragen läßt, hörst du ein über alles Ahnungsvermögen hinaus wundersames Klingen, ein Erzittern der Sphäre, das dich auseinandergleiten, auflösen machen möchte vor unaussprechlichem Wohlgefühl, das sich noch steigern will – das ist jener Rhythmus, von dem schon so viel gesprochen ist. Dieser Rhythmus ist Begriffsinhalt menschlichen Geschehens und menschlichen Seins, unserer Arbeit.

Aus Schwäche, aus Lebensangst, aus vielen anderen untergeordneten Dingen, von denen noch zu sprechen sein wird, die aber ihrerseits nur Folgeerscheinungen sind, hat sich der Mensch versteckt, und versteckt sich noch fortwährend. Vor sich selbst und vor seinesgleichen. Statt mitzudenken, mitzufühlen, mitzuschaffen, mitzuarbeiten, hat er sich vereinzelt. Etwas Fremdes ordnend über sich gesetzt, den Wert, den Besitz, das Kapital. Das Kapital schafft heute, ist Produktion und ist dem theoretischen Sinne nach Glück. Es ist so, daß wir danach streben, ohne es je erreichen zu können. Damit glauben wir unseren Lebensinhalt erfüllt. Ob es unser Erleben damit schon ist? Es ist nicht der dem Menschen seiner Natur nach zugehörige Rhythmus, der Kontakt mit dem All. Es ist das Notbehelf, Verbrechen der Schwäche.

Trotzdem steht unsere Zeit darauf, daß das Kapital Glück schafft.

Und das ist der Sinn der sozialen Revolution: dagegen aufzustehn. Dem zu widersprechen. Nicht mehr als Einzelner, als Alle, als Menschheit. Die materielle Situation, die geradewegs erkennbare Existenzfrage, die Form der Arbeit, das kapitalistische Ausgebeutetsein, ist die zunächstliegende, bequem greifbare Handhabe, wo anzufassen ist. Nichts mehr. Diese sinnlich wahrnehmbare, überwiegend ökonomische Kristallisation eines Ordnungsprinzips als Notbehelf, das falsch ist und sich überdies als drückend erweist und das in seinen Fäden aus der Vereinzelung geboren dahin zurückgeht und neue Vereinzelung schafft, ist nicht der Sinn der Revolution. Es ist nur die gegebene Waffe. Ausgebeutet sein, das ist schon ein Mitklang im Gemeinschaftsrhythmus. Die Ausgebeuteten, das sind Viele im Widerspruch, das ist bald so viel wie alle. Es dämmert eine Gemeinschaft, wenngleich noch unvollkommene.

Die Revolution wird vom Proletariat entfesselt. Sie könnte ebenso, könnte man sich theoretisch denken, auch von den Kapitalisten ausgehen. Sie geht vom Proletariat aus, weil das Proletariat widerspricht als Masse, und dadurch gemeinschaftsgläubig wird. Auch Besitzende lehnen sich auf, gegen sich selbst, in ihrer Vereinzelung gegen das Vereinzeltsein. Sie sind gleichfalls unruhig und unzufrieden, man möchte sagen: erst recht. Sie fühlen, daß es nicht Sache ihres Lebens ist, die sie leben. Sie wollen heraus. Einzelne mühen sich schwer. Und es entsteht wiederum ein neuer organischer Notbehelfrhythmus. Es entstehen alle die Verfeinerungen und Verzierungen des Alltags, die Verknotungen eines ängstlich gehüteten Empfindens. Es entsteht jener Bruch im Gemüt, den jemand schon als seelisch produktiv für sich allein bezeichnet. Es entsteht aber immer wieder neuer Wert und Besitz mit seinen Gegensätzen zu jenen, die Objekt und Material sind, deren Existenz allein Vorbedingung für deren Wirksamkeit sind. Es entwickelt sich in der Kristallisation automatisch *mehr* Unglück und Leid, das ist das „seelisch" produktive, brennendere Sehnsucht nach Wohlgefühl, eine Sehnsucht, die all unserer Kultur, all unserem geistigen Schaffen zugrunde liegt. Denn der Besitz herrscht unbeschränkt, und der Schrei der Vereinzelten ist zugleich der Schrei nach Besitz, nach den Verfeinerungen, nach Kultur, ob sie ihm wohl, sein

Besitz geworden, Erleichterungen bringen. Darum fort mit dieser Kultur. *Nicht mehr streben, hoffen, sich sehnen – nur s e i n, da sein.* Als Mensch organisch mit allen sein, das ist die motorische, die lebenspendende Kraft, die von sich aus das Wohlgefühl in den vielfältigsten Verfeinerungen buntgestaltet und steigern wird. Alle Revolutionen enthalten im Grundsinn bewußt oder unbewußt den Rousseau'schen Satz: Zurück zur Natur! Nur ist eben „Natur" nicht die Wiese mit Blumen und Tieren, nicht der Bach und der Wald in seiner Gefühlsverknüpfung von Himmel, Traum und Jungfräulichkeit, sondern Natur ist der gleichschwingende seelische Kontakt mit der Umwelt, das organische pflanzliche Gemeinschaftsbewußtsein, das Mitströmen im Strom des Lebendigen des All.

Das Gemeinschaftsgenäherte, das lebendige Gemeinschaftwerdende der Ausgebeuteten ist die Waffe, mit der der lebendige Widerspruch sich durchsetzen wird. An der Kritik der ökonomischen Lebensbedingungen geschult, ringt sich das Proletariat durch. Es gewinnt die Plattform, von dem aus es den Kampf gegen das Kapital, der zugleich ein Kampf gegen lebensfeindliche Ideologie, gegen eigene Unsicherheit und Angst ist, führen und siegreich beenden kann. Es schafft noch nicht organisch gewordene Gemeinschaft, den Gemeinschaftsrahmen, die äußere Form, in die der neue Mensch, der Glückträger und Glückempfänger hineinwachsen wird. Der Kampf um diese Form ist ein zwangsläufiger. Es ist ein Auseinandersetzungsdrang, der seine Faktoren von sich aus schaffen würde, wären sie nicht vorhanden, weil dieser Kampf, also auch im besonderen die Revolution, ein Teil des Rhythmus alles Lebendigen ist, solange das Lebendige nicht automatisch Einheit ist, das ist Glück.

VII
Glück wird nicht zu Besitz

Tiefe, Farbe und Rhythmus einer Empfindung
wird bestimmt durch korrespondierende
technische Mittel von gleichem Intensitätsinhalt.

Was ist nun jenes dritte Unterbewußte, jenes Lebendige im Menschen, das jeder weiß und empfindet, und das sich verknotet und zu Leid wird, jenes Tempo, jener organische Rhythmus, der nach außen zu Besitz und Kapital umgebogen worden ist, durch den Mangel an Glauben an sich selbst im Menschen, an Selbst*bewußtsein*? Was sind jene Schwingungen in der Umwelt, diese Melodie des Weltalls, die unaufhörlich steigt und strömt? Allgemein gesehen der Mensch schlechthin in den Formen des Lebendigen, der Mensch als organisches Glied im Kosmos, der Mensch als Gattung im Weltorganismus – projeziert, versinnbildlicht, neugestaltet und wirksam gemacht im Ichbewußtsein. Weil dieses organische Wesen in seiner Steigerung und Mannigfaltigkeit des Lebendigen die Eigenschaft besitzt, aus den sinnlich wahrnehmbaren Erscheinungen, d.h. *aus dem Geschehen ringsum und nicht dem Sein,* wobei „ringsum" nicht nur draußen als Ganzes, alles Lebendige auch „drinnen" einschließend gefaßt werden muß, das Allgemeine aus dem Besonderen herauszuschälen, das heißt zu denken, und weil der Mensch in dem Prozeß dieses Denkens zum Wissen den Lebendigkeitsspender als das geistige Ich begreift, so denkt und atmet der Mensch aus sich selbst heraus, aus dem Begreifen seiner Wesenheit, seiner Lebendigkeit heraus sich fortgesetzt neu, in fortgesetzt größerer Lebendigkeitssteigerung, in fortgesetzt größerer Intensität und Mannigfaltigkeit. Dieser naturgesetzliche Atmungs- und Denkprozeß kristallisiert sich dem Menschen, der sich bereits differenzierend als Einzelperson begreift, als ein besonderer, ein neuer sinnlich projezierbarer Begriff, als Menschheit, als die Summe der Menschen, das Ganze der Menschen. Nicht quantitativ, sondern die Summe als Erscheinungsform des Ganzen, qualitativ – kristallisiert sich als Gemeinschaft und Gemeinsamkeit.

Die Gemeinschaft ist das Bewußtsein vom Organischen des Menschen im Weltorganismus.

Die Gemeinsamkeit ist die Bewußtmachung dieser organischen Einheit des Glücks.

Je mehr der Mensch in den Gesamtorganismus hineinwächst, je stärker das Bewußtsein von der Gesamteinheit wird, desto sicherer wird das Einzelbewußtsein, sich selbst und der Umwelt gegenüber, desto mehr tritt die Lebensangst zurück, desto freier entfaltet sich die gedankliche Lösung der Selbsterhaltung, desto schärfer treten ins Bewußtsein die Widerstände, die Umwege zum Leben. Das ist die Geschichte unserer Zeit.

Der Schrei nach Glück treibt die Revolution – und der Schrei nach Arbeit. *Denn Arbeit ist Glück.* Arbeit ist schon Produktion, ist Lebendigkeitsschaffen. Arbeit ist das sich erneuernde des Ich, das Organisch-Lebendige, das vom Naturgesetz in den Menschen als Mittel gelegt ist, den Atmungs- und Denkprozeß in Handlung und Wirklichkeit umzusetzen, die obere Kantilene, die Melodie im Chor des Naturschaffens. Damit dies als Lebendigkeitssteigerung, als organische Existenzumschaffung und -erweiterung bewußt werden kann, muß es erfüllt sein von der Intensität der Verbindungen des Menschen zur Menschheit, jenes fortgesetzt differenzierenden Hinströmens des Einen zum All, muß ein ständiges Sich-Selbst-Schaffen und All-Werden sein, als Gemeinschaft und in Gemeinsamkeit. Bis dieses der Mannigfaltigkeit der Ichformen entsprechend vielgestaltige, von der Wucht der Lebendigkeit getragene Neuwesen als Menschheit, als Gemeinschaft sich aus sich selbst erneuert und als Ich begreift und behandelt und Kraft abstößt und zum Einzelnen zurück Harmonie, Gleichklang erzeugt. Der Eine als Erfüller und der Beglückte der Menschheit.

Betrachtungsübersicht

Es ist schwer von etwas als einem Ding an sich zu sprechen, das in allen Dingen ist und gerade dadurch, *wie* es darin ist, die Qualität dieser Dinge bestimmt, es bedeutet eine Zerreißung des Zusammenhanges, ich möchte fast sagen des Verständnisses, der Verständnis- und Aufnahmemöglichkeit über Glück, Arbeit und Rhythmus zu sprechen und dabei außer Kontakt zu sein, wie es doch, der Wahrheit die Ehre, Leser und Autor immer noch sind. Ich fühle nicht das große Jasagen, wobei es fast überflüssiger Luxus, Genuß und Marotte wäre weiter zu schreiben, weil ja alle, alle das wissen, und doch wäre es so schön, dann gerade noch einmal zu schreiben und immer weiter von dem, was alle wissen – sondern, ich ackere und pflüge schwer. Mit zusammengebissenen Zähnen und im Schweiß. Helft mir etwas. Und lies weiter.

ZWEITE BETRACHTUNG

Nach einem Sonntag, der noch halbwegs froh beginnt, aber schnell versackt. Es ist Ruhe, die Woche ist ganz gut vergangen, es ist Zeit sich mit sich selbst zu beschäftigen. Da treten die ersten Wolken auf, bald hängt das Gewölk schwer. Es wird alles Käfig um dich herum, du tust dies und jenes und läufst hin und her. Es schmeckt nichts, es paßt nichts, es ist zum Zerplatzen. Es ist angebracht, daß du der Welt ringsum die Zähne zeigst, wenn schon nicht gleich mit Fäusten reingeschlagen werden soll. Du kannst aber nicht fliehen. Vielleicht fliehen schon, aber nicht entfliehen. Es bleibt manches eine Weile hinter dir, holt dich aber ein und packt dich fester. Ob du im Wirtshaus sitzt, auf dem Tanzboden, bei der und bei dem Geliebten, du schleppst es mit und trägst es herum wie eine ansteckende Seuche. Wenn du dann zuschlagen willst, ist es zu spät, du triffst dich selbst allzu hart. *Lauf niemals weg.* Nach diesem Sonntag mit all dem Hin und Her, daß die Zähne dir noch knirschen, so fest hast du dich in der Gewalt behalten, folgt wieder der Arbeitstag. So hat der Staat und Gott das eingerichtet, sechs Arbeitstage und ein Ruhetag und dann wieder Arbeitstage. Wer ruht? Aber halt, darauf kommt es jetzt nicht an.

Denn diesen ersten Arbeitstag prüfe dich noch einmal: Bist du *Du-selbst,* lebst *du dein* Leben, so wie du dich in dir und anderen siehst. Ist das deine Arbeit, die Kraft und Tiefe deiner Arbeit, die dich glücklich macht, weil andere und alle um dich froh sind. Du bist nicht weggelaufen, aber du keuchst noch schwer. Verstehst du, daß diese zufällige, dem Staat und der Existenzsicherung angepaßte Arbeit eine leere Kompromißarbeit, aber immerhin doch ein Teil *deiner* Arbeit sein soll und ist und darum bereits die volle Intensität deines Lebensglücks trägt, auch wenn sie dich gleichgültig läßt, selbst wenn sie dir zuwider ist. Bist *du* es nicht, der schafft, und bedenke, nicht das *was* ist das Glück, sondern das *wer* in Beziehung zu allen, *die Beziehung* dann selbst, wenn du lebst, lebendig im Leben bist, in Gemeinschaft und Gemeinsamkeit. Das *was* ist verschwunden, es hat sich gewandelt und wandelt sich, sobald das kritische Bewußtsein danach fragen wird. Das vor Augen, lest das Folgende:

I
Vom Zwang

Was aus dem Bewußtsein vom Mitleben aller, aus der Erlebensatmosphäre der Umwelt für den Einzelmenschen begrifflich wird, kristallisiert sich als Hemmung zum Weitersein, zur Lebendigkeitssteigerung, zum Fühlbarwerden des organischen Wohlgefühls. Weil es getragen ist von den Intensitätsdifferenzierungen aller, die noch einzeln sind. Weil es die Wünsche und Bitterkeiten, die verzweifelten Klagen und die Verbrechen gegen das Leben, das Leid des Einzelseins enthält. Die Hemmung trägt also im motorischen, im Allbewegungssinne am meisten und fast ausschließlich dazu bei, die Menschen auch weiterhin zu vereinzeln oder das Bewußtsein muß bereits geschärft sein für den Rhythmus des Gemeinsamen in der Lebensverdrängung, den Menschen wie in einem Kreislauf wieder zu vereinzeln und empfänglich zu machen für die Schaffung neuer Werte, neuen Besitzes, neuer Herrschaft und neuen Kapitalismus, neuer Ausbeutung und Verzweiflung. Der Kreis wäre geschlossen und Gott und Jenseits drin geblieben.

Es ist nötig, zu erkennen, daß diese Hemmung eine organische Notwendigkeit, ein Teil des Lebendigkeitsgesetzes ist, um an ihre Auflösung denken zu können. Stellt sich schon Besitz in seinen Beziehungsfolgen als schwere Verknotung dar, die erst gelöst wird durch *Verglücklichung* des Leids daran, durch Vermenschlichung der Lebensangst der Vereinzelten, durch Niederlegung der Vereinzelung, so benötigt man für die einzelnen Ströme, die zum Leidkomplex führen und ihn speisen, intensitätsgesteigerte, dafür aber auch leichtere und beweglichere Mittel und Methoden der Bewußtmachung. Stellen wir uns vor, jemand schreit. Der andere, endlich im Bewußtsein glücklich zu sein, empfindet diesen Schrei und wird automatisch wieder unglücklich; er schärft von neuem sein Bewußtsein, macht sich wieder glückbewußt, es schreit wieder jemand und alles ist wieder aus und so fort. Zwei Wege gehen da, eigentlich nur einer: Verhindern, daß geschrieen wird. Das kann passiv geschehen, aus Lebensangst, aus der Schwäche fliehen zu müssen; man entzieht sich, sucht sich, den Einzelnen sich selbst überlassend, zu sichern, zieht dicke Wälle um sich, um ein Sich-Selbst-Leben und *haßt* in organisierter Abwehr, schlägt alles nieder, zumindestens im Wunsch. Aus einmal gelöstem Bewußtsein ist möglicherweise ein Erinnerungsgedanke von freiem Erleben geblieben, ist aber längst muffig geworden und der leichteste kalte Windstoß läßt ihn vollends verschwinden. Wir stoßen wieder auf das Bild dieser Zeit und dieser Kultur. Oder: Man bleibt lebensmutig, man associiert zu dem Schrei des andern nicht sich und zwar in Lebensangst – auch schreiend, sondern *nur* den andern in seiner Verknotung, die automatisch zum Selbst übergreift und gelöst werden muß. Nicht durch den andern, denn der *steht,* ist unbeweglich, sondern durch das Ich, das beweglich, das kraftspendend ist, das Kräfte frei hat, nur weil jemand schreit. Dieser Schrei löst im selbstsicheren Ich Arbeit aus, notwendige, organisatorische, zwangsläufige Arbeit, die gewartet hat und ruht, die verfault wäre und Leid entwickelt hätte.

Im Leid des einen liegt für den andern der motorische Antrieb des All, ein Weg zur eigenen Glücksquelle.

Sie ergänzen sich zu dem neuen dritten, zu jenem Rhythmus, in dem die Menschheit sich immer wieder neu schafft und verfeinert und ausgestaltet, das ist „leichter" macht, weil „glücklicher", zu der Melodieführung der Gemeinschaft. In ständig fluktuierendem Ausgleich, der das Tempo des Lebens schafft.

So wird es einmal sein und aussehen. Von einem gesehen, der nur spekulatives Wesen und Bewußtsein wäre, nicht Mensch von Fleisch und Blut und Teil eines großen Wunderbaren. Denn das *Ich,* zu dem auch der Schreiber sich rechnet, arbeitet hart und schwer und schwitzt. Wenig von dem, was man unter Glück sich vorstellt. Wie ein Motor, der seine Umdrehungen macht und fortgesetzt pumpt. Dieser Motor ist auf eine bestimmte Anzahl Umdrehungen gestellt und kann diese Zahl beliebig wechseln lassen – das ist der Zwang.

Der Zwang ist die Technik des Nicht-vom-Leben-Abkommens. Er ist aus dem kosmischen Gesetz zur Lebendigkeit geboren. Der Zwang ist die Sicherung und die Hülle unseres Glücks.

Ich weiß, ich stoße damit manchen vor den Kopf – und das will ich. Eines der am ausgiebigsten behandelten Probleme der Philosophen und Dichter war die Kunst oder der Versuch des Sichselbstbezwingens. Für den besonderen Fall einer beliebigen Willensäußerung, für die Willenskrise in einem besonders bezeichneten Erlebensbruch ist es ganz unerheblich und gleichgültig, sich selbst zu zwingen. Es wird eher Gewohnheit, im besonderen, Prahlerei eines Einsamen und Training des „Bösen", irgend etwas Lebensfeindliches. Dicht daneben und doch im Wesen grundsätzlich getrennt begriffen und manifestiert sich das Sich-selbst-zwingen im allgemeinen, das konfliktlos das Gezwungenwerden assoziiert, die für alle gleichgeltende Voraussetzung der Gemeinschaft, weil dieses *allgemeine* für alle Fälle erlebte Sich-selbst-zwingen im Kontakt mit dem Begriff des Bezwingens, des Gezwungenwerdens, die Technik des Gemeinsamen ist.

Dieses Sich-selbst-zwingen in seinen Objektverknüpfungen lediglich aus dem Rhythmischen heraus beurteilt, ist der Zwang schlechthin. Der Zwang hat keine dritten und fremden Objekte als nur die aus deren In-Bewegung-setzen, das ist Erleben, er selbst zu Form und Inhalt sich kristallisiert hat, als Technik. *Der Zwang als Rhythmus.* Als mitschwingender Rhythmus zur Differenzierung der Lebendigkeit, zur Balance der Intensitätssteigerungen. Er wirkt im besonderen wie im allgemeinen *gleichmäßig*, es ist die Melodie, eine organische Sicherheit im allgemeinen, Lebensbejahung und Lebenswille im besonderen. Wo der Zwang im Einzelfall und im Einzelnen sich jenem von den Dichtern besungenen *besonderen* Sichselbstbezwingen nähert, hebt er den Selbstwillen auf und macht daraus ein Lebensgesetz. Der Einzelne hat sich aber in noch fast allen Fällen dann gegen das Gesetz entschieden. Weil der Mensch eben für den Tod kämpft. Die aber, die für das lebendige Leben, denen ist Gesetz gleich Zwang unerheblich und Zwang gleich Gesetz wichtig, wenn der intensitätssteigernde Rhythmus darin das Leben zum Erleben erweitert. Und das ist die rhythmische Form des Zwanges: er macht wärmer, er stellt Verbindungen her, er schafft Glück. Stündlich türmt sich alles vor uns auf, die Berge, über die wir hinüber müssen, das Gestricke und Gewebe, durch das wir uns durchbeißen, und die Blöcke, die wir vor uns herschieben müssen. Hier gibt es nur ein Mittel: Durch! Weiter! Oder verrecken und zu stinken anfangen. Lange genug stinkt die Welt schon.

II
Der Zwang als Organisator

Die Zwangsstärke schafft und regelt das Tempo.

Berge und Blöcke, Verknotungen, sind solange im Strom des Lebendigen als Widerstände vorhanden, als die Gemeinschaft nicht aus sich selbst heraus motorisch wirkt, solange also der Einzelne in seiner Lebensbejahung, seiner „Arbeit", das produktiv-gemeinsame nicht wirksam erscheinen und allgemein bewußt werden macht. Die Assoziationsformen der Vereinzelung, ihre Einsamkeitsinhalte wirken wiederum vom kosmischen Gesetz zur Lebendigkeit berührt rückwirkend vereinzelnd und entfernen vom Einsam-Einen den Andern, der noch nicht Einzeltyp, nunmehr umso intensiver vereinzelt erscheint, als er die Einsamkeit des Beschauers in dessen Augen mit seiner zusammenträgt. So daß dies unendlich untereinander fortgesetzt, der Grad der Kälte, die von dem einen zum andern ausgeht, zunimmt, je mehr das Beschauerinteresse des andern, d.h. je größer die Sehnsucht, aus der Einsamkeit herauszukommen, wächst.

Man kann sich nicht wundern, daß immer mehr Menschen klagen, sie frieren. Und doch ist allein dieses Bewußtsein, sie frieren, schon das Merkmal eines überaus hitzigen Kampfes. Um eingestehen zu können, daß man friert, muß man arbeiten, daß einem glühend heiß dabei wird. Denn wer friert, assoziiert, das ist denkt an Wärme, und die Bewußtmachung eines als lebensfeindlich empfundenen Zustandes ist gleichzusetzen mit der Erkenntnis: der Weg ist falsch, das Leben lebt nicht. Der Schluß liegt nahe, den *Stoß* nach der anderen Richtung zu geben. *Und dies geschieht fortwährend.* Das rhythmische Erleben ist noch ein fortgesetztes Stoßen. Es ist ein Stoß, der von der Lebendigkeitspumpmaschine her aus dem Wesen des Weltorganismus kommt. Es ist sozusagen der Strom, der den Menschen durchfließt, und den er nur zu regulieren braucht, zum Leid oder zum Glück. Das Bewußtsein, vielmehr das Wissen vom falschen Weg, die Tatsachen des toten Punktes, gleicht einem Strudel. Ist eben die Verknotung, von der schon so oft die Rede war. Vom endlichen Ziel, von der Wärme, vom lebendigen Leben gezogen, denn die wahre Lebendigkeit ist in diesem

Falle schon bewußtseinsreif geworden, sofern nur der Kontakt mit dem Werden und Geschehen der Umwelt überhaupt lebendig bejaht ist – kämpft der noch Vereinzelte den Kampf zwischen Angst, Flucht, Verneinung und Bejahung, Jasagen, das schon sich selbst andeutet, vorwegnimmt und *wissend* bereits erfolgt ist, im Gestrüpp der Assoziationen aber, der „Sünden" wider die Lebendigkeit noch zappelt, dieser Kampf ist der härteste, den der Mensch im Leben zu bestehen hat. Er steht unnachsichtlich vor ihm Stunde für Stunde, in steigender Härte und drängender zur Entscheidung. Wir kämpfen ununterbrochen, wir winden uns und ringen, und es entsteht wiederum ein neuer Wesensbestandteil der Arbeit, die das Glück ist, und die nichts als eine feingliedrige Verarbeitung dieses Kampfes zum Inhalt hat.

Diese Auseinandersetzung, den Verbrennungsprozeß des Alten am Neuen sichtbar zu machen, ist es notwendig, sich eines Mittlers zu bedienen, eines Apparates, der die durchflutenden Wellen und ihre Intensitätsstärke anzeigt. Wir haben ein Mittel nötig, das uns *sicherer,* wenn auch nicht leichter aufnahmefähig macht und wenigstens die Chance fortgesetzt bietet. Das ist Idee, Begriff und Empfindung des Zwanges, den wir allgemein in unser Erleben einführen, in allen seinen Formen, Auswirkungen, Schwankungen und Forderungen. Es ist unser Durchbeißen zur Lebendigkeit hin.

Wir zwingen uns, weil wir – in der Wirkung auf Ichbewußtsein gesehen – die Aussicht haben, die Zuversicht und die Gewißheit, dadurch frei zu werden. Wir finden heute, daß unser Leben immer noch von tausenderlei Gesetzen abhängig ist. Wir schwanken noch im Winde und ein guter Gott mag geben, daß wir glücklich sind. So stellt sich unsere Lebensatmosphäre dar. Wir wissen dabei, daß wir nicht glücklich sind, ja, daß wir nicht einmal glücklich werden können. (Die Vereinzelungsassoziationen leben ein umsichwucherndes zweites Leben, ein Verzweiflungserleben.) Wir haben längst erkannt, daß alle Gesetze nur Teile, irrige Außenseiten eines alleinigen Allgesetzes, des stoßenden rhythmischen Gesetzes der Lebendigkeit sind. Trotz unserer Vereinzelungssituation können wir noch erfassen, daß dieser Stoß zum Leben fortgesetzt durch uns hindurchgeht, der andere, Empfindung und Willen gewordene Atem. Es ist das blutwarme Leben direkt, und es gehört zu den wichtigsten äußeren Aufgaben unseres Lebens, dies nicht zu verschleudern, ungenutzt und falsch treiben zu lassen. Organisieren wir es in der Form des allgemeinen und selbstwirkenden Sichselbstzwingens, betrachten wir diesen Zwang als oberstes Gesetz über uns. Dann wird das Ichbewußtsein frei. Gebeugt zwar unter dem (vielleicht noch bitteren) Zwang der Stunde, aber unter dem Gesetz, das die Lebendigkeit des Ichs selbst ist; das Zwang ist, weil es Gesetz werden will, nämlich unser eigenstes Gesetz, das Menschentumsgesetz der Menschen. Dieses Gesetz des Ichzwangs wirkt gleichschwingend parallel mit dem Naturgeschehen. Uns zwingt das Organische brutaler, als wir es bewußt haben wollen, so lebensängstlich sind wir geworden. Die Zeiten und Stunden, die unsere Herren sind, das Blut, das jede Erlebensminute beherrscht, die sinnlich erkennbaren Naturgesetze, die wir gerade noch erfassen und an uns ableiten und gegen die sich zu empören den Ausschluß aus der Gesellschaft der „normalen" Menschen nach sich zieht. Nun, auch diese Konvention wird fallen. Wir sind im Angriff gegen die Natur, so wie wir sie noch sehen und gewollt oder nicht uns ihr unterwerfen. Weil wir näher heranwollen, eins werden mit ihr. Der Vereinzelte erschauert davor, der Gemeinschaft ist es ein nächstes Glücksziel. Nun aber:

Der Zwang macht den Menschen erst frei.

Der Zwang muß so allgemein sein was immer man unter diesem Wort nur denken kann. Er ist eben nur ins Bewußtsein gedrungen und fruchtbar geworden, Form und Rhythmus, Lebendigkeitssicherheit. Die Formulierung der Lebensangst ist eine aus den sinnlich wahrnehmbaren Außenerscheinungen des Lebens gewonnene Kristallisation. Der Zwang überwindet den Tod, insofern der Tod zwangsläufig wird. Aber das aus Zwang sich kristallisierende Gesetz, das zudem das Ich im Erleben sich selbst mitgeschaffen hat, bestimmt von sich aus den Tod, den Ablauf, das Auflösen des Gemeinsamen, wenn der letzte Atem in der Gemeinschaft verschwebt. Heute ist noch Tod mehr ein böser Zufall und wir glauben aller Philosophie von seiner Naturnotwendigkeit nur halb.

Die Empfindungsintensität des Zwanges ist nicht das Muß und Soll, verknüpft zu Subjekt und Objekt, sondern Steigerung des Atems, Steigerung der Lebendigkeit. Ist Wohlgefühl und Glück und Tempo. Das Tempo ist es aber, daß das Leben schön und lebenswert macht. Die Lust des Schneller, Hoppla, lebe dich selbst in der Steigerung des Icherlebens, das suchen wir in unserer Lebensnot.

III
Noch einmal der Sinn der Revolution

Die Intensität des Widerspruchs ist das Tempo des Fortschritts.

Es ist ohne weiteres einleuchtend, das die sinnliche Erscheinungsform des Lebens als Begriff des Lebensinhalts, eine grundsätzlich andere geworden ist. Platt ausgedrückt: der Mensch lebt nicht mehr in die Breite, sondern nach der Tiefe, Tiefe aufgefaßt als *Steigerung* des Lebensinhalts, als Intensität. Die Breite heute noch sinnlich grob als Umfang, später Besitz und Herrschaft direkt erscheinend, verfeinert – wandelt sich um zum lebendigen Begriff der Gemeinschaft, zu dem gemeinsamen Empfindungsmelos, das Raum für die Aufnahme der hoch- und niedergleitenden Differenzierungen und Intensitätssteigerungen schafft.

Der Intensitätsmensch kann mit dem Herrschaftsmenschen nicht in einer Atmosphäre zusammen leben.
Es sind Gegensätze, deren wahren Umfang, der über unser noch unvollkommenes Weltbegreifen hinausgeht, wir nur ahnen, Gegensätze, die in der Natur des lebendigen Weltgeschehens nur ein Gegenstück haben: das Verhältnis vom Menschen zum Tier. Die Empfindungsreife desjenigen Menschen, der um den Erlebensinhalt des Lebendigen im Leben ringt, reißt sich vor unseren Augen auf und erlebt sich als Gegensatz zur Umwelt. Zunächst erleben wir nur ausschließlich Oberfläche. Gesetze und Beurteilungen, Wollen und Liebe sind gegensätzlich, und wir vermögen der Oberfläche entsprechend noch allgemein der sinnlich erkennbaren Ursache dem nächsten Grund nachzugehen. Tatsache, Wahrheit ist aber, daß selbst die Herrschaft, von uns noch als letztes in der Kette gesehen, nicht *allein* mehr das Bewegende des Widerspruchs ist. Der Haß greift darüber hinaus. Die Klasse der Herrschenden ist nicht deswegen Klasse, weil alle herrschen, sondern weil diesen Menschen die *Vorbedingung* und die psychologische Ursache des Herrschens *gemeinsam* ist. Wie die Klasse der Unterdrückten diejenigen umfaßt, die in der Form ihres Erlebens gemeinsam unterdrücktseinsreif und

unterdrücktseinswillig sind. Jene Vorbedingung des Herrschens ist aber nicht ein abstrakter Begriff, ein wesenloser Zustand in der Flucht sinnlicher Erscheinung, sondern ist eine Erlebensform, ein Atmungsprozeß nach dem Wert hin, geboren aus Lebensangst, gleichgesetzt mit Leben und Lebendigkeitsinhalt, das Erleben der Lebendig-Ausgestoßenen und Sich-Ausstoßenden, der Vereinzelten. Dies aber bedeutet den Kampf, die Erlebenssteigerung, um die beste bequemste kompromißgütigste Form des Todes, jener andere aber, der Intensitätskampf, das Tempo zum Glück, die Erlebenssteigerung zum Leben, zum Lebendigen im Erleben. Wo sich beide Lebendigkeitsströme kreuzen, gibt es Kurzschluß, eine Explosion. Jede der Erlebenstechniken schafft zu ihrer Existenz eine besondere Atmosphäre, einen Nährboden, aus dem sie sich selbst Kräfte erneuernd sich auch immer wieder selbst schafft, sie erhält von dem Naturwerden sozusagen ihre eigene Ewigkeit gleich mit, ob sie positiv oder negativ wirken mag, weil das *Wirken* ja das Lebendige ist. Eine solche Atmosphäre würde und müßte sich selbst auflösen, endlich und begrenzt werden, sozusagen ihren eigenen Tod erleben, würde sie die Träger der Gegentechnik inmitten dulden. Man begreift den Jammer der Bürgerlichen, den zutiefst seelischen Bruch, denn die bürgerliche Atmosphäre erlebt sich eben schon in den Schrecknissen ihres eigenen Sterbens. Obwohl die sichernde Reinigung, das Hinausschleudern mehr motorisch automatisch nach dem Lebendigkeitsgesetz ist, soll der andere nicht selbst darin ersticken. Der Bürger ist eben nur schon soweit. Hierin liegt die Wucht des Vernichtungswillens der Klassen gegeneinander.

Je kristallisierter die Klasse, je sichtbarer das Gemeinsame in seiner Wirkung nach außen, nach der Vereinzelung oder der Gemeinschaft hin, desto schärfer die Auseinandersetzung, desto motorischer, rhythmischer der Widerspruch, weil er nicht mehr allein nach innen, sondern aufgenommen und zurückgeworfen, gesteigert von einer Gemeinsamkeit ist, daher desto fühlbarer und wirksamer der *Zwang zum Widerspruch*. Die Ausgebeuteten tragen in sich den Zwang zur Revolution, sobald sie, gleichgültig ob aus Not der Abwehr, Klasse sind und werden. Die Revolution der Klasse ist eine lebensnotwendige Existenzbedingung, weil sie in der Richtung der Steigerung der Erlebensintensität wirkt und begründet ist. Will die Klasse lebensberechtigt sein und lebensbewußt werden, muß sie den Widerspruch gemeinsam und organisch gestalten, d.h. in Wirksamkeit treten lassen, gegen ihre Widerstände nach außen und innen, unterworfen dem Zwange und der Intensität ihrer eigenen Naturlebendigkeit. Der Begriff der Klasse ist also zugleich der Ursprung der Revolution. So selbstverständlich das erscheinen mag, der Anschluß an die revolutionäre Phrase des Tages ist erreicht, so tiefe Bedeutung gewinnt diese Überlegung in diesem Zusammenhang für die Gesamtbetrachtung.

Denn: die Herrschenden als Klasse sind unfähig zu einer Revolution. Sie sind revolutionsfeindlich. Weil der Erlebenstyp der Herrschenden organisch gesetzmäßig zum Typ der Vereinzelung wird. Weil ihr möglicher Widerspruch intensiv lebt nach innen und nicht nach außen als Gemeinsamkeit, als Rhythmus. Weil der Widerspruch den Vereinzelten in Not setzt, ihn den Tod, um den er kämpft, intensiver fühlen und sich nähern läßt. Der Widerspruch der Vereinzelten schwächt. Er projiziert sich wie alles Lebende zum Begriff, gleichfalls nach außen. Aber statt nach dem Gemeinschaftsrhythmus, nach der leichteren Lebendigkeit, nach dem Glück hin, kristallisiert er sich als Verbindendes der Verzweiflung, als Schutz der Vereinsamenden, als Konvention und als Kultur. Die Kultur schlechthin, als das sprechen wir die Verfeinerungsgemeinsamkeiten aller Einsamkeitsinhalte an, liefert die Ausbeuter ans Messer. Sie macht sie unfähig, organischen Widerstand zu leisten, (Die proletarische „Kultur", wenn man dies Wort noch verwenden will, wird sich von der bürgerlichen unterscheiden wie Musik von Geräusch. Man soll auch die Techniken einer „Kultur" nicht mit deren Inhalten verwechseln. Die Techniken der proletarischen Kultur werden verfeinertere, lebendigere, breitere als die der bürgerlichen sein, die proletarische Kultur wird sozusagen das lebendige Leben einfließen lassen und entsprechend die Technik ausbauen können. Vergleichswerte sind nicht vorhanden, oder eben nur von der (absterbenden) Seite, die statt des Lebens den Wert erlebt.).

Revolutionsfähig, revolutionsreif, revolutionssiegreich ist nur die Klasse der Ausgebeuteten und Unterdrückten, der Besitz- und Wertlosen. Sie muß siegen, weil sie lebt, weil sie *noch* lebendig ist. Der Widerstand der andern ist der Gradmesser der Bewußtseinswerdung der eigenen Gemeinschaft. Der Gemeinschaftsrhythmus dieser Klasse lähmt mit derselben Kraft im gleichen Verhältnis, wie er lebenssteigernd wirkt, die motorische Kraft und die Angstorganisation eines Widerstandes der Gegenklasse, weil es sich um ein und dasselbe lebendige Erleben handelt. Er saugt gewissermaßen diesen Widerstand auf.

IV
Vom Klassenkampf

Der Klassenkampf steht dem Glücksbewußtsein nicht entgegen, er schafft und fördert die Vorbedingungen. Er ist somit selbst ein Teil der Technik des Glücks.

Die Gemeinschaft geht erst aus der Klasse hervor. Dieser grundlegende Satz nimmt die menschliche Gesellschaft, das Zusammenleben der Menschen untereinander, so wie es ist, wie es geworden ist und wie es sich im Begriff des Einzelnen darstellt. Man kann nur dann sich selbst begreifen und zu begreifen lernen und das, was von dem Ich zur Gesellschaftsbildung und zum Gesellschaftsbewußtsein ausgeht, wenn man die Schichtung der Einzelerkenntnisse, die das Ichbewußtsein ausmachen, auflöst in der Reihenfolge, wie sie sich verknotet haben, bzw. wie sie geworden sind. Jedes Bewußtsein am Objekt, jedes Erkennen läßt sich auf ein Stadium zurückführen, wo es noch fließend, das ist Rhythmus vom Zwang zum Erleben, zur Steigerung war. Es geht nicht an, von der Existenz der Menschen unter ausschließlicher Berücksichtigung der Kritik der Erlebensbedingungen einer Gegenwart zur Gemeinschaft zu schließen, und weil man *wissen* gelernt hat, dadurch, daß die Triebkräfte des Menschen freigelegt werden, *worin* der Mensch sich erlebt, weil man das Gesetz vom Lebendigen im Leben im Blut fühlt, in der wissenden Erwartung, nur weil etwas so sein *soll,* ganz abgesehen davon ob es richtig und lebensnotwendig ist – einfach von einer Tatsachenvorbedingung unter Überspringung der Tatsache selbst auf eine Wunschgestaltung zu schließen, solange nur die *Techniken des Erlebens* Betrachtungsgegenstand sind. Wunsch nach Glück setzt technisch das Leid voraus und kann wiederum erlebenstechnisch nichts anderes sein, als eine Hinauszerrung, Benebelung dieses nämlichen Leids. Anders sind alle Glücksspekulationen aus der Gesellschaft heraus auch nicht aufzufassen. Sie sind schließlich nur die modernisierte Anpassung des urväterlichen Jenseitsglaubens.

Wir entdecken vor uns als das Bewegende, Ursprüngliche jener Glückshoffnungen in den Formen einer beliebigen Verknüpfung nicht die *Gemeinschaftsbildung,* von Bewußtsein schon gar nicht zu reden, sondern die *Gesellschaftsbildung.* Unter Berufung auf Vorhergesagtes wird jedem klar sein, daß die Gesellschaftsbildung jener zwangsmäßige organische Kompromiß ist, unter der überhaupt noch gerade Menschen als lebende Wesen existieren können. Es ist die Notwendigkeit sich anzupassen, aus der Lebensangst heraus sich zusammenzudrängen, die Notwendigkeit aus der Vereinzelung eine Organisation der Vereinzelten zu schaffen, die wenigstens eine, wenngleich kalte Gefriersphäre des Zusammenhangs projiziert. Es handelt sich hierbei nur darum, den Existenzkampf als den Kampf um das Futter mit der Tendenz, sich zunächst aufzufressen oder beiseite zu schieben und zu vernichten, dann aber lebensunfähig zu machen, unfähig die gleichen Existenzschaffungs- und -erweiterungsmittel zu benutzen, das sind allgemein die Lebensbedingungen – diesen Kampf zu „vermenschlichen" aus der rohen Form, in der wir noch immer (wie lange) das Naturgeschehen um uns herum betrachten, und mit dem Eingeständnis der Möglichkeit einer Idee zu verfeinern, daß im Grunde die Menschen ihrem Naturwesen nach gleich sind und als Gattung zusammengehören. Aus dieser Vereinzelungseinstellung heraus, die, wie schon erwähnt, den Kapitalismus geschaffen hat, nicht nur als Wert für Vergleiche, sondern als Denkgesetz, als Existenzwert, schält sich als das Typische, das allgemein Wesentliche der Gesellschaftsbildung die Zweiteilung in Herrschende und Ausgebeutete heraus, in Ausbeuter und Dienende. Man verfeinert sich eben, d.h. man hat gelernt die Mitmenschen nicht mehr aufzufressen, sondern differenzierender, der leidvolleren Erkenntnis der Allgemeingattung entsprechend, auszuschalten, indem man ihren natürlichen Existenzwillen einspannt und benutzt (sichern hilft), ohne ihnen die Benutzung der Existenzmittel frei in die Hand zu geben. Da die Gesellschaft aus Vereinzelten besteht, also Steigerungsgrade des rhythmischen Erlebens nach innen (zum Leid) und nicht nach außen als Allmittel der Lebendigkeit (zum Glück) gehen, so sind in der Tat diese Existenzmittel nicht frei, sondern werden *einzeln und*

Besitz, je nach der Verknotungsdichte. Es mag zugegeben sein, daß der Kapitalsträger in Synthese der Leidträger ist, beherrscht von den damit verbundenen Vereinsamkeitserscheinungen des Ichgefühls, kurz gesagt, der Unglücklichere oder Unglücklichste.

Die Gesellschaft ist gemeinschaftsfeindlich, sie kann niemals eine Gemeinschaft entwickeln und Bewußtwerden machen. Sie entwickelt aber Klassen, die wie um die Bestätigungsformel des Naturgesetzes des Lebendigen um die Gemeinschaft ringen. Wir erleben aus dem Ablauf der Geschichte, daß der Versuch der Herrschenden, sich als Klasse zu konstituieren oder besser sich als Klasse zu behaupten, stärker gewesen ist, als von Seiten des Proletariats. Warum sich trotzdem eine lebensfähige Klasse nicht hat bilden können, ist bereits vorwegnehmend angedeutet, durch den Mangel an Erlebensfähigkeit und Erlebenswillen der Intensitätssteigerung der Lebendigkeit. Die, um es als Sammelbegriff zu verwenden, bürgerliche Klasse kämpft letzten Endes für die Anerkennung der Gesellschaft als Gemeinschaft, weil sie im Unterbewußten selbst erfahren hat und in jeder Empfindungssekunde vom Leben erfährt, daß eine Vorbedingung der Existenzsteigerung, und als das begreift sich das Leben, das Bewußtsein von der Gemeinschaft, die Gemeinschaft selbst ist. Sie bildet den Begriff der Macht, sie ordnet, regelt, schafft Gesetze, straft und vernichtet unter dem Schwindeldunst eines möglichen zukünftigen, erhofften und ersehnten Gemeinsamen. Demgegenüber steht die Klasse der Unterdrückten, die durch Zwangsformen gemeinsamen Erlebens schon gemeinschaftsnah, eine Vorstufe der Gemeinschaft ist, und die naturnotwendig in der Lage sein wird, die Menschengemeinschaft zu schaffen, das heißt zu erneuern und wieder *allgemein* bewußt werden zu lassen. Sie schafft das Leid aus der Welt, wenn sie mit der bürgerlichen Klasse auf der Plattform der gleichen Bedingungen um die Existenzformen des als Gemeinschaft Ausgegebenen kämpft, wenn sie mit gleichen, dem jeweiligen Widerstand angepaßten Mitteln um die Macht, um die Ideologie, Gewalt über die Mitmenschen zu besitzen und auszunutzen, ringt. Die Gemeinschaft kennt keine Gewalt und das Gemeinsame enthält nicht den Machtbegriff. Aber die Auseinandersetzungen der Klasse beruhen darauf, weil es zur Organisation einer *lebensmöglichen* Vereinzelung gehört, und lösen sich erst gegenseitig auf, wenn diese Ideologie erlebt, das ist in diesem Falle ausgebrannt und vernichtet ist. Diesen Klassenkampf aufgeben, heißt auf die Durchsetzung und das Allgemein-werden-lassen des Bewußtseins von der Gemeinschaft, heißt schließlich in anderen Worten, auf die Gemeinschaft selbst zu verzichten und wieder gemeinschaftssehnsüchtig zu werden, was das Gegenteil vom erlebenden Wissen um die Gemeinschaft ist. Es ist ein Abgleiten zur Atmosphäre der Lebensangst, mit der wieder als Faktor für ein mögliches Erleben gerechnet wird. Es endet bei der Vereinzelung und im Jenseits.

Nichts entwickelt sich, was du nicht entwickelst.

Du brauchst nur Träger und Empfänger des Lebendigen im Leben sein, das ist der Typ Mensch, aber auf *deine* Intensität, *deine* rhythmische Gestaltung des Lebendigen um dich herum in *deinem* Selbsterleben kommt es an, wenn du dich selbst und damit das Weltgeschehen und das Gemeinschaftsgeschehen dir bewußt machen willst. Der Zwang als Technik, den Weg frei zu legen für den Strom des ewigen Lebens im Ichsein schweißt auch die Klassen zusammen. Im größeren Ausmaß, wie das einzelne Klassenmitglied, aber im gleichen Rhythmus modelt und knetet und trainiert sich die Masse zum *Klassenbewußtsein* und das Gemeinsame macht auch den einzelnen klassenbewußt. Klassenbewußtsein, das Wissen vom Klasse-geworden-sein, ist zugleich gemeinschaftsfähig. Fähig für die Aufnahme und Weiterleitung, für die Steigerung des Gemeinsamen, erlebt als Gemeinschaft, als All und Ganzes, das ist einer der Wesenszüge des organischen Glücks.

V

Stufen des Klassenkampfes

An der Spitze dieser Schrift steht der Satz: dieses Buch will den Haß aus der Welt schaffen. Nun: *Klassenkampf ist nicht Klassenhaß*. Haß ist ein Merkmal der Angst, der Lebensangst. Der Klassenhaß findet sich eben auch ausschließlich auf Seiten der bürgerlichen Klasse. Trotzdem wird auch davon gesprochen werden müssen, wo im Proletariat diese Reste von Haß noch wurzeln. Haß ist gleich Leid. Ist nicht nur Auswirkung des Leids, sondern darüber hinaus Verbindung mit dem Leid anderer die Sicherung im Leid. Haß ist die Atmosphäre, in der das Leid sich bewegen und atmen kann, in dem Verhältnis, wie sich Liebe zu Glück bewegt. Der Haß Einzelner braucht nicht erst zu werden, er ist schon der Haß vieler und saugt als solch gemeinsamer Haß, Klassenhaß, genügend Lebenskraft auf, um rückwirkend den Einzelnen wieder und ständig neu zu speisen.

Dieser Klassenhaß ist eins der Hauptmittel, deren sich die bürgerliche Klasse gegen das Proletariat bedient. Haß trägt das Gesetz in sich, wieder Haß zu erzeugen, er ist eben auch ein Teil jenes Lebendigkeitsrhythmus, nur daß er nach unten geht, zur Selbstzerstörung. Haß ist geeignet, den damit Angefallenen wehrlos zu machen, wenn dieser gemeinschaftsgläubig ist. Wer in dem Stande der Lebenssteigerung im „Stande der Gnade" lebt, ist gar nicht fähig, Haß zu beantworten. Er versteht die Atmosphäre nicht, und so gewinnt organisierter Haß in seiner Vernichtungstendenz gegen das Proletariat freies Feld. Die Geschichte der Unterdrückten der letzten Jahrhunderte gibt gerade hiervon besonders Zeugnis. Nicht genug, daß man die Armen, die Sklaven, die, wie man sagt, Lebensschwachen unterdrückt und ausgebeutet hat, man hat sie dabei glühend gehaßt, gepeinigt und gefoltert, mit einem Haß, der nur zu deuten ist aus der Verzweiflung des Vereinzeltgewordenen in Ketten des Selbstleids geschlagen zu sein. Es wäre eine dankbare Aufgabe, unsere sämtlichen Konventionen und Gesetze des Staates, der Familie, der Eigenmoral, d.h. der allgemeinen Moral daraufhin zu analysieren. Sie tragen denselben Verzweiflungscharakter und sind aus dem gleichen Haß, wenngleich abgeschliffener geboren.

Ist der Klassenkampf des Bürgertums im wesentlichen also nichts anderes als Klassenhaß, leidkonstruktiv seelischer Natur, „erlebend", so ist der Klassenkampf des Proletariats im wesentlichen lebensorganisch, materiell, seelisch, aber unberührt gleichmütig. Es ist eben nur der Kampf um die gleichen Existenzbedingungen, um die Einschaltung ins Tempo des Lebendigen, ein Kampf, der den Rhythmus des Naturnotwendigen in sich und für sich hat. Dieser Kampf wird nicht einzeln und kann gar nicht einzeln geführt werden. Nicht der einzelne Proletarier kämpft und ringt um besseren Lohn, um Aufhebung der Lohnarbeit, um Wissen und Kraft, sondern nur das gesamte Proletariat kämpft, soweit es proletarische Klasse ist, soweit es sich als Ganzes, als Gemeinschaft ahnt und empfindet und neue Menschengemeinschaft werden will. Daher liegen seine Kampfmittel auf rein materiellem Gebiete, es sind ökonomische Mittel, die den Gegner dort zu treffen sich eignen, wo er auch sichtbar seine Vormachtstellung zur Schau trägt und ausnützt auf dem Boden der Produktionsmittel, im Besitz. Diese Mittel sind ihrer Struktur nach unseelisch. Sie sind im Sinne der Lebensintensität, die für den Vereinzelten die Lebensfrage ist, vollkommen indifferent. Man könnte sich tausend beliebig andere zu der Assoziation des einen denken, und sie sind gerade deswegen so unüberwindlich und so furchtbar. Die Kampfmittel des Proletariats sind allerdings dazu angetan, die bürgerlichen Klassen zu vernichten. Sie vermögen ihre Aufgabe auch restlos zu erfüllen, wenn sie bewußt angewendet werden. Gerade weil sie sozusagen unsentimental sind.

Trotzdem treffen sich in der Tiefe der Auseinandersetzung die beiden Klassen nicht. Die eine kämpft mit der Gefühlswelle des Einzelnen, des im Leid Vereinzelten, mit einem Haß, der den gegenüberstehenden Einzelnen auslöschen und vernichten müßte. Drüben steht aber nicht einer, sondern eine zusammengeballte Klasse, die nicht auf den Einzelnen losgeht, sondern die materielle Existenzgrundlage, auf der die vielen Einzelnen, die auch Klasse sein wollen, ruhen, angreift und zerstört. Ein Kreislauf vom Leben zum Erleben, von den Arbeitsmitteln zur Arbeit. Dazwischen pulst ewig neu und glückspendend das lebendige Leben, der Rhythmus vom Einzelich zu Allen, zur Gemeinschaft. Kann es zweifelhaft sein, wer bei diesen Auseinandersetzungen auf der Strecke bleibt? Der Haßkampf der Bürgerlichen gleicht dem Stöhnen der Absterbenden, das Niedergleiten eines geschichtlich gewordenen und beendeten Lebensprozesses. Er zieht das Proletariat in denjenigen Teilen mit in den Abgrund, denen es an Gemeinschaftsbewußtsein fehlt, die selbst noch in der Atmosphäre der Lebensangst teilweise verstrickt schwanken, ein Prozeß, der die Ausscheidung lebensfeindlicher Reste im Proletariat selbst bedeutet, soweit sie der gemeinsamen Erlebensgrundlage selbst hinderlich sind. Wir wissen, daß wir alle auch für uns selbst solche Reste noch in uns tragen, wie kann es in dieser Leidwelt auch anders sein.

Um die Stufen des Klassenkampfes abschließend zu charakterisieren: Der Erlebensinhalt des Proletariats ist ein grundsätzlich anderer, als der der Bürger. Sie haben keine Gleichsetzungsmöglichkeit und auch keinen gemeinsamen Angriffspunkt, dessen „Besitz" den Sieg „werten" könnte. Materiell dagegen bietet sich für die bürgerliche Klasse im Proletariat keine Angriffsmöglichkeit, als die einer Unterjochung ihres eigenen, des proletarischen Daseins. Das ist aber gerade die Quelle, aus der das Proletariat zur Klasse wird und Macht gewinnt über den Besitz. So stellt sich der Klassenkampf für das Proletariat dar als eine Probe auf den Lebenswillen, das Training für die kommende Gemeinschaft.

VI
Das Ressentiment, das Erinnerungsweh der Unterdrückten

Der Klassenkampf des Proletariats ist getragen von der Gewißheit des lebendigen Seins; es ist etwas vom Naturrhythmus in ihm. Es könnte seltsam erscheinen, daß dieser Kampf dennoch so bitter ist, so furchtbares Weh in sich birgt und alle Kräfte anspannt, ihn durchzusetzen und auszuharren unter Inanspruchnahme gerade der ziel- und lebensbewußten Intensität des Einzelnen, obwohl er doch eigentlich das Ganze, die Gesamtzugehörigkeit voraussetzt und beansprucht. Das Leidgefühl konzentriert sich auf den Einzelnen. Das Leid des Unterdrücktseins wird Erbitterung, ohnmächtige Wut. Diese Erbitterung ist zweierlei: die direkte aus dem Alltag der Umwelt hervorgegangene, aus dem Kontakt des Ichgefühls mit der Projektion des täglichen (äußeren) Lebens auf dieses Ich, also ein Strudel, wie alle bisher aufgezeigten Strudel und Verknotungen – dann aber die aus dem Gesamterleben emporgewachsene, die aus dem so geordneten Naturstrom des Lebendigen sich kristallisierende. Nicht mehr auf den Einzelnen bezüglich steht dem Rhythmus des Weltgeschehens ein Gegenrhythmus entgegen, dessen Wirkung naturgemäß gerade der Einzelne und nur allein empfindet und besonders schwer, wenn er aus der Vereinzelung wegstrebend, als Mitglied und Teil der Gemeinschaft wieder zur Vereinzelung zurückgeworfen werden soll. Diese Erbitterung hat mit sinnlich wahrnehmbaren Objekten, mit konkreten Geschehnissen kaum noch etwas zu tun. Sie ist allgemein und wirksam, auch wenn der Mensch schon im Stande des Glücks glücksbewußt ist – solange eben dieser Gegenrhythmus vorhanden ist und rhythmisch ins Erleben einwirkt, solange – heißt das – noch Vereinzelte und Unglückliche unter den Menschen sind. Solange ist, wie man schlußfolgern könnte, dann auch nicht der seiner Intensität nach restlose und vollkommene Zustand von Glück überhaupt wahrzunehmen. Wenn Glück nur eine Projektion, sinnlich wahrnehmbares Außen wäre, wenn Glück überhaupt *nur* ein Zustand wäre. Es ist aber *mehr* als Zustand, es ist eben Bewegung, Rhythmus, fließende Atmosphäre und Zustand. Es ist Raum zwischen Rhythmus und Zustand, der ständig offen ist und ständig ausgefüllt werden kann – *durch das Jasagen zum Leben und zum Ich, durch aktive Eingliederung in das All-Lebendige, durch Gemeinschaftsbewußtsein und Gemeinsamkeit.* So steht das Ressentiment dem Glück nicht entgegen. Es schärft dagegen die Intensität. Es verankert und festigt das Sichselbstzwingen und macht den Zwang zur Vorbedingung glückbefreiten, ressentimentsauflösenden Erlebens. Es jagt das Lebenstempo. Und wird selbst Rhythmus.

Verweilen wir noch bei einer Darstellung dieses Wehs: du siehst einen Bauer auf dem Felde und denkst an die Bauernkriege, die Bauernaufstände vor Jahrhunderten, du erinnerst dich vielleicht an den Fall einer besonders harten Unterdrückung, Worte und Aufschreie daraus prägen sich schärfer ein – dieses Weh, diese Empörung, die auflodernde Wut hat mit dem Bauern vor dir nichts zu tun. Der Bauer, der das nicht weiß, kann dir nicht helfen und auch niemand sonst. Es ist trotzdem auch nicht reine Gedankenarbeit, Erinnerung – *du hast das Gefühl eines Noch-Bestehenden, Ungesühnten* wie beim Anblick eines Pfaffen, sobald man die Inquisition, die Hexenprozesse und die tausend Scheußlichkeiten menschlicher Engstirnigkeit vor sich aufsteigen fühlt. Die Grundempfindung des Unterdrücktseins bleibt vorherrschend, die in dir selbst sich aus Verschüttungen löst, die aus konkreten Unterdrücktseinsvorgängen deiner selbst, Einzelbrüche gegen den Einzelnen und Vereinzelten hervorgegangen sind und eins werden mit beliebigen Inhalten, die dem Inhalt des momentanen Ichgefühls sich gleichsetzen. Es besteht die Gefahr, daß diese Erbitterung sich umsetzt in Vereinzelung. Das einander Widerstrebende der Rhythmen, der Lebensatmosphären schmerzt. Dieser Schmerz ist aber nicht das Leid, das Erlebensleid, als Erlebensgrundlage, sondern es ist der Gefahr-Schmerz, der Kampf um das Bewußtwerden der Erlebenssicherheit. Es ist notwendig, diesem Kampf nicht aus dem

Wege zu gehen. Es ist eine der wichtigsten Lebensaufgaben eines lebendigen Erlebens, diesen Kampf aufzusuchen und herauszufordern. Das Ausbrennen des Ressentiments ist die Lebensintensität im Tempo, es ist der wesentlichste Inhalt des Zwanges. Der Zwang schafft die Atmosphäre, in der diese Wehgefühle sich läutern, gewissermaßen filtrieren zu aktivem Wohlgefühl, zu Arbeit umgesetzt werden. Je stärker, je mehr dieses Wehgefühl in der Erinnerung des Geschehens um das eigene Ich verankert ist. „Ich kann das nicht vergessen" – heißt: ich will nicht arbeiten. Er vergißt es auch dann nicht, der Einzelmensch, er bleibt in Leid und Verzweiflung. Vergessen muß erarbeitet werden, sei es um das Bewußtsein von Verknotungen klarer zu gestalten, sichtbarer aufzulösen – sei es, um die Lebensbejahung zu festigen und freizulegen. Die Tatsache des Vergessens selbst als eines beliebigen projizierten Inhalts ist völlig nebensächlich. Denn jede Kraft bleibt bestehen und wirksam und jedes Geschehen ist geschehen, das heißt, es ist da. Wir leben darauf, wir saugen daraus unsere Existenz, und da wir nach der Steigerung hin erleben, den Zwang schaffen als begrifflich Drittes, geistige Technik, so ist es unsere Aufgabe, dieses Grundgeschehen klar sein zu lassen, klar zu halten wie einen Spiegel. Oder das Leben schafft aus sich selbst wieder seine Zerstörungsbazillen – – so wie ja auch die bürgerliche Klasse der Vereinzelten heute noch das Leben einschätzt.

Betrachtungsübersicht oder die Zwangsjacke.

Mancher Leser wird denken: Hier wird Unmögliches verlangt. Ich begreife das. Dem Menschen wird die Zwangsjacke angelegt. So marsch, nun bist du glücklich. Der Zwang, für den besonderen Fall vielleicht noch verständlich, wird eben zu dem, was er ist, zur Zwangsjacke, durch das Allgemeine, Automatische. Alles soll unter dem selbstgeschaffenen Zwang stehen, und der „freie Wille" nur dazu da sein, sich zu zwingen? Ja, dreimal ja. Das mag unerhört scheinen. Man steht eben morgens auf, um sich ein Lebensschema für den Tag zu machen, aus dem das *Erleben* ziemlich vorausberechenbar und *Glück* ist, wenn es *vollkommen* vorausberechenbar hervorgehen soll. Man legt sich „Bußen" auf, Überzwang – um im Tempo Zurückgebliebenes nachzuholen. Man kontrolliert maschinell, technisch das

Denken, Handlungen, die Intensitätsinhalte, Wohlgefühl oder Leid; immer auf dem Sprung einzugreifen, zu regulieren, zu zwingen. Das kann kein Mensch aushalten, wird man sagen. Kann er auch nicht. Denn es ist nur Technik. Der Mensch frißt nicht nur Gedanken, und er braucht zum Atmen mehr als nur Verzweiflung. Sehen Sie – wir nähern uns dem Inhalt, dem Menschen, dem Blut und Leben pulst, dem Menschlichen im Menschen. Die letzte motorische Kraftquelle der Menschen ist noch nicht freigelegt. Wir haben das Erleben und das Erlebensauswirken in der existentiellen Ichbehauptung, im Ichseinwillen, aber das *menschliche* Erleben, nicht nur das naturorganische, das bewußtseinsmenschliche als die *tiefere* Kraftquelle, die wir jetzt vor uns auftauchen sehen, das haben wir noch keiner Betrachtung unterzogen. Also frisch weiter!

DRITTE BETRACHTUNG

Feierstunden

Die Feierstunde läutet sich ein mit Glockenklang. Die Glocken ziehen eine Sphäre von Wünschen und Befriedigungen, Hoffnungen und Sichbescheiden, in der ein Mittelpunkt durchleuchtet, um den sich alles bewegt: Ruhe. Niemand ist ruhig, der nicht glücklich ist. Ist aber Ruhe Glück? Gewiß nicht. Wir verstehen allgemein unter Ruhe ausruhen *nach* der Bewegung, die Bewegungslosigkeit, die Bewegungsschwäche. Gerade das Gegenteil davon ist Glück: Bewegungssteigerung. Was suchst du Ruhe, wenn du zur Unruhe geboren bist, ruft Thomas von Kempen, und versteht unter Unruhe das Suchen zu Gott. Dieses Suchen zu Gott wandelt sich in das Suchen um Gemeinsamkeit, ist das Suchen und Aufgeben in der Gemeinschaft. Demnach ist Ruhe eine Etappe des Leids, eine Atempause der Verzweiflung. Ruhig hat noch eine andere Bedeutung, das ist sicher, zielbewußt, gradlinig, ohne Schwankungen und die Ruhe daraus ist das Bewußtsein sicher zu sein, das Gemeinschaftsbewußtsein als Gegenteil von Lebensangst. Wir empfinden diese Ruhe uns plötzlich überkommen, wie mit heißem Atem sich einschmeichelnd, mitten im Kampf ums Leben, und die Dichter nennen es Feierstunden der Seele. Was ist das? Bei den Schwachen und Unterdrückten löst sich dann ein Krampf, ein Wall scheints, eine noch von einem selbst mit allen Kräften gestützte Verteidigungsmauer gegen die Umwelt, die blutgierige, Unrechttuende – – ist durch übermächtigen Stoß eruptiv, von innen her niedergebrochen, und die Tränen fließen. Das Weinen des Unglücklichen ist ein glückliches Weinen. Und diese Feierstunde der Seele, die dich eins fühlen läßt mit dem All, dich verbrüdert, frei und „gut" machen will, fühlst du – du bist zutiefst berührt davon und befriedigt – schwindet, wie sie gekommen ist. Ein Gedanke, ein Anstoß, wie ein Hauch so dünn, läßt alles verrinnen. Nur ein schwaches Erinnerungsgefühl bleibt und dumpfe Sehnsucht. Und es war wie ein Geschenk, denkst du. Ja, es war ein Geschenk.

I
Vom Schenken

Man sagt: Schenken macht glücklich. In der Doppelsinnigkeit dieses Ausdrucks sowohl für den Verschenkenden wie für den Beschenkten. Der Verschenkende gibt von einem Mehr, einem Besitz vielleicht an jemanden, der ein Weniger, vielleicht einen Bedarf hat. Er gibt etwas ab und gibt etwas zu. Es ist nirgends darin die Möglichkeit von einer Intensitätssteigerung im Erleben des einen wie des anderen zu bemerken. Es bleibt ein äußerst mechanischer Vorgang, wobei die sogenannten Motive wirklich weiter nichts als Denkbegleitungen sind. Rhythmus hebt erst an, in der Beziehung des einen zum anderen, wenn der eine dabei will, daß der andere glücklich wird. Wenn er sich freut? Eben das wird immer verwechselt.

Es wäre ein gutes Mittel, alles Zwischenstufige und Verfädelte, daß sich in unsere Auseinandersetzungen drängt und darin hängen bleibt, mit einem Schlage zu entfernen, wenn man den Begriff der Freude ausmerzen würde. *Der Glückliche freut sich nicht, weil, wer sich freut nicht glücklich ist.* Glück ist, soweit sind wir jetzt gekommen, im Bewußtsein des Einzelnen die rhythmische Gemeinsamkeit im Erleben der Gemeinschaft, ein fortgesetzt pulsierendes Geschehen, das, vom Bewußtsein in den Zustand und in das Sein verankert, Ruhe und Sicherheit ausdrücken würde. Wer sich freut, ist unsicher: daß es noch einmal geglückt ist. Hinter der Freude hockt die Angst. Es ist nur ein anderer Ausdruck für diese Angst, die Angst, auf die einmal etwas Sonne scheint. Freude besitzt keine Steigerungsfähigkeit. Es ist vergleichbar einem organischen Schrei, den das pulsierende Lebendige im Leben zwangsläufig dem Vereinzelten abpreßt. Wer sich *genug* gefreut hat, wenn man sich *zu Ende* gefreut hat, sinkt in den grauen Alltag. Vergiß deine Arbeit dabei nicht, sagt man und der Kreis ist geschlossen.

Das Schenken, das unseren Begriffen geläufig ist, hat diese Freude im Sinn. Schließ die Augen für einen Augenblick, das Leben ist nicht so schlimm, ich bin ja bei dir, der andere – soll das heißen. Der andere, der schenkt, also zu dir will. Ein kurzer Betrug, eine Freude, und: Keine Brücke führt von Mensch zu Mensch, sagt dann der Dichter und Wortemacher. Es ist gleich, ob man Worte und Gefühle, Gefühlswerte schenkt, sie sind dasselbe. Das rein Materielle, wie das Denk-Handlungs-Empfindungs-*Bewertete* entstammen alle derselben Wurzel, der Anschauung des Lebens als Bewertungssumme, als Zustand und Glied im Rahmen und in der Kette feststehender Wortreihen, in die der Mensch hineingesetzt, vielmehr hineinverbannt worden ist, kurz stammen aus dem Erleben des Vereinzelten. Sie sind eben als Bewegungs- und Rhythmikfeindliches einander vollkommen gleichwertig. Sich als Person verschenken kann durchaus gleich einer beliebigen Geldsumme, die man verschenkt, gesetzt werden, auch wenn die Bewußtseinsahnung von der organischen Erlebensintensität als Naturnotwendigkeit dazwischen spukt, als gebrochener Rhythmus, als Leid, verbrämt in Verflüchtungsbegriffe wie Aufopferung, Liebe u.a. Es ist nur Verzierung an der Verzweiflung, und wird Verdrängung, Hysterie und Neurose der „modernen" Menschen. *Der Beschenkte ist Opfer*. Die Sucht zu schenken wird zur Krankheit unserer Zeit. Das Beschenken, das nach dem Sprichwort glücklich macht, ist ein gegenseitiges sich Anklammern, bei dem der Beschenkte, sofern er sich nicht wehren kann, der Ausgebeutete und Unterdrückte ist. Auch das Kapital schenkt Erwerbsmöglichkeit und Existenzsicherung.

Es gibt nur *eine* mögliche Form des „Beschenkens", die des Beschenkt*seins,* des Beschenktseins in der Gemeinschaft. Das Geschenk, das nicht Glück macht oder bringt, sondern Glück *ist,* Gemeinschaftsbewußtsein: dieses Geschenk trägt niemand dem Menschen von außen zu. Es ist im Menschen als Fonds, als Intensitätsquelle vorhanden, vergraben oder verschüttet und braucht nur freigelegt zu werden. Wenn der Mensch aus der Vereinzelung heraus will. Denn der Vereinzelte kniet selbst darauf, er tritt es mit Füßen, weil es ihm erweist, daß die Beziehungen der Menschen untereinander wirklich nicht künstlich erzeugt werden können, weil die Menschen von ewig und immer, weil ihr Erleben den automatischen Kontakt hat, den Glücksrhythmus – als gemeinsames Erleben, gemeinsames Tun und Denken. Diese Erkenntnis aber deucht dem Vereinzelten schlimmer als Tod. Es ist das Verzweiflungsbewußtsein, statt des Glücksbewußtseins. Und gerade dieses ist für den Menschen Geschenk.

So ist jene Ruhe, jenes Sicherheitsbewußtsein in der Gemeinschaft, das lange unterdrückt mitten in der vom Zwang zur

Erlebenserweiterung, zur Lebensleichtigkeit gepreßten intensiven Auseinandersetzung mit den dieser Intensität feindlichen Resten der Umwelt aufbricht und uns überflutet, ein Geschenk solcher Art. Es ist eben nicht das Glück, sondern das Wissen vom Glück. Auch wenn wir noch darum leiden, denn am Glück leiden ist ein Schmerz, der glücklich macht. Es ist nichts von Freude, sondern es ist, daß einem der Atem stockt, daß man die Glieder anzieht, weil sekundenschnell ein Schleier von einer Landschaft der Seele gefallen ist, ein Bild im Innern zeigt, daß so intensiv leuchtet und funkelt, daß es dem Noch-Unglücklichen blendet, schaut er unvorbereitet hinein. Aber er weiß jetzt, es ist da. Das, um was er so schmerzvoll ringt, ist in ihm, und er muß nur stark genug sein, es zu ertragen, nach außen halten zu können. Das ist die Vorbereitung. Das ist die Arbeit. Das ist der Zwang. Eine neue Quelle des Lebens, aus der das ursprünglichste und kristallene Erleben sprudelt, tut sich auf.

II
Von der Mütterlichkeit

Das Glücksbewußtsein ist nicht an Personen und Objekte gebunden. Es ist nicht der Intensitätsinhalt eines Seins, sondern eines Werdens.

Jeder Mensch ist glücksfähig. Das Glücksbewußtsein ist als Lebendigkeitsmerkmal vorhanden, auch wenn der Mensch im Leid verstrickt ist. Das bedeutet eben, daß Glück von der Lebensentwicklung des Menschen unzertrennlich ist, wie das Lebendige zum Leben gehört. Es bedeutet, daß es da ist, daß es nur bewußt gemacht, ins Bewußtsein gehoben und empfindungstechnisch freigelegt zu werden braucht. Wir haben gesehen, daß es nicht frei steht, darauf zu verzichten, wie es ja auch dem Menschen im Grunde genommen nicht frei steht, ob er leben will oder nicht. Es ist Auswirkung und Projektion des Lebendigkeitsgesetzes des Organischen, Rhythmus und Tempo dieser Naturbewegung zu registrieren, Empfänger zu sein entweder in der Empfindung und Auswirkung des Glücks, als des Wohlgefühls als Gemeinschaft, oder des Leids, der Verzweiflung als Vereinzelung.

Wenn Glück also, als analytische Konstruktion beurteilt, angenommen wird als Rhythmus und Tempo der Erlebensintensität des Einzelnen zur Gesamtheit und des Bewußtwerdens der Gesamtheitsbewegung zum Einzelnen und die so gewonnene Linie, auf der das Erleben ruht, in ihren unterschiedlichen Betonungen zum Einzel-Ich und zum Gemeinschafts-Ich – unsere Lebenslinie – zugleich das Erleben weil zugleich das Glück ist, so ist analytisch zur Quelle der Lebendigkeitsbewegung des All, der organischen Natur, eine Quelle des menschlichen Erlebens, des Menschheitserlebens gleichfalls zu konstruieren und bewußt zu machen – die motorische Kraft für den Gemeinschaftsrhythmus über die Aufnahmeintensität des Einzelnen, die ja nur mitschwingt und mit lebendig ist, hinaus. Diese Kraft, die jene analytisch projizierbare Verbindung im Gesamtorganischen des Kosmos darstellt, ist der Erkenntnis- und der Gefühlswelt des Menschen in besonderem Maße eigentümlich: Mutterschaft und Mütterlichkeit.

Wie das Lebendige im Leben so ist auch das Menschliche im Menschen der Vereinzelung zum Opfer gefallen. Eine eigene Vorstellungsreihe hat sich gebildet, die die direkte Verbindung mit der Intensitätsquelle verloren und dafür Gesetze, Moral und Ethik als Drittes in Bezug auf Gott, den Staat und den Herrschenden gesetzt hat. Das Menschliche im Menschen, das ist zugleich das Selbstschaffende im rhythmischen Kontakt mit dem Naturwerden der Allnatur, das ist Mütterlichkeit und Mutterschaft. Wir müssen Mütterlichkeit vor Mutterschaft setzen, um dem Sprachgebrauch dieser Begriffe umso sichtbarer entgegenwirken zu können. Wir finden es heute im täglichen Leben umgekehrt angewendet, sozusagen erkenntniskritisch. Davon ausgehend, daß die Tatsache des Mutterwerdens, des Gebärens, den Begriff der Mutterschaft auslöst, und in Verbindung gebracht zu dem entsprechenden Lebenswerten im Rahmen der Weltnatur, erwachsen der Mutterschaft lebensnotwendige, existenzbedingende Aufgaben, nämlich die Erhaltung des Geborenen, in weiter übertragenem Sinne: Die Erhaltung der Mutterschaft, das gilt zusammengefaßt als Begriff: die Mütterlichkeit. So stellt sich das uns dar. Ein Gefühls- und Gedankenvorgang, der das Lebendige im Leben ersticken und das Menschliche im Menschen ersticken läßt! Es ist das lebensängstliche, einordnende, registrierende und gesetzeschaffende Umsichgreifen des Menschen, der erstickt und erfriert. Es ist die Umschaltung des Lebendigkeitswillens zur Gemeinschaft in die organische Notwehr der Vereinzelungsorganisation. Denn der naturgegebene Erlebenswille der Vereinzelten schafft automatisch Pflichten und im Konflikt mit dem lebendigen Allerleben Sentiments, unsere sogenannten „Gefühle und Stimmungen". Ein solcher Mensch trägt das Bewußtsein der Notwehr mit sich herum, er verteidigt sich fortwährend und die hehrste Aufgabe wird ihm naturgemäß die Verteidigung der Mutterschaft – durch die Mütterlichkeit. Dadurch wird die Mütterlichkeit in Gegensatz gestellt zur Umwelt, zur Allnatur und zur Gemeinschaft, zur Menschheit. Sie ist nicht mehr das Allgemein Menschliche des Menschen, sondern im besten Assoziationsfalle das *Besondere* Menschliche *eines* Menschen, das heißt – sie wird zu Leid. Unser Gesetz, daß in der Vereinzelung automatisch Leid wird, was in der Gemeinschaft Glück ist, erweist sich hier besonders klar, sozusagen in der organischen Wegkreuzung. Denn die Mütterlichkeit ist das erkenntnisfühlbare, sinnlich wahrnehmbare in der Bewegung des Einen zu Allen hin im Gemeinschaftsrhythmus. Bezeichnenderweise wird diese Aufgabe der Mutterschaft der Tat des Mutterwerdens und Muttergewordenseins zugesprochen, und es versteht sich von selbst, daß die so gewonnene Zusammenfassung menschlicher Lebewesen die Organisation der Vereinzelten, nicht *mehr* auf den Träger der Mutterschaft rückwirken kann, als er von sich selbst aus hinzugetan hat, eher durch Einschaltung der „Lebenswiderstände" weniger. Eine neue Kraft, eine Lebendigkeitsintensität ist nirgends begründet, geschweige denn eine Steigerungsmöglichkeit. Von dem Zeitpunkt an, dem Erlebenspunkt vielmehr besteht für den Vereinzelten nur noch ein naturnotwendiges Gesetz: das der Vereinzelungssteigerung, der Weg zum Tod. Alles, was sein Leben ausmacht, zieht es organisch in seinen Bann. Nur hiervon aus können Moral und Ethik, Gesetze, Freude und Miteinanderauskommen, Krieg und Frieden, Ruhe und Empörung beurteilt werden. Sie sind immer nur Assoziationen, Auswirkungen und Existenzsicherungen der Mutterschaft, das ist Bewußtsein von Vereinzelung und Verzweiflung, das ist Lebensangst.

Mütterlichkeit setzt Mutterschaft ein nur als Glied eines Allgemeinen, als Teil eines Ganzen, als Projektion, Versinnbildlichung, Gestaltung aus eigenem Bewußtsein und Rhythmus, aus Icherleben, zuletzt aus sich selbst, aus Mütterlichkeit. Diese Mütterlichkeit ist das Menschliche im Leben als Intensitätssteigerung. Sie ist das menschliche Erleben schlechthin, wenn dieses Erleben das Erleben der Gemeinschaft ist. Sie ist das Allbewußtsein im Ich, das zu dem All hinströmt. Sie ist der Regulativ jenes Intensitätsstromes, der als Rhythmus zwischen und zu den Menschen geht. Mütterlichkeit ist der Nährboden der Mutterschaft, die nichts anderes ist und sein kann und auswirkt als wiederum Mütterlichkeit, nur an das Naturobjekt gebunden, *gesondert* aber nicht vereinzelt. Dann erst ist dieses besondere auch intensitätssteigernd und intensitätsgesteigert, weil es die organische Zusammenballung organischer Lebendigkeiten in einem Besonderen bildet, das im gleichen im gesteigerten Rhythmus zur Allgemeinheit strömt, um naturgesetzmäßig, das ist dem Gesetz des Lebendigen im Leben folgend, auch dieses Allgemeine wiederum zu steigern und zu erweitern. Dieses ist aber auch erst die Erlebensbedingung der Mutterschaft.

Mütterlichkeit ist nicht objektgebunden. Sie ist der Erlebensfonds jedes Menschen und macht ihn erst gemeinschaftsfähig, weil sie selbst Gemeinschaftsrhythmus ist. Das Wissen um diese Mütterlichkeit als Erlebensgrundlage, das *Mütterlichkeitsbewußtsein* ist die Vorbedingung des Glücks. Ist zugleich Glücksbewußtsein, insofern Arbeit und Zwang leuchtend werden, Ausfluß und Träger einer *Erlebenstechnik* (Mütterlichkeitsbewußtsein), die selbst als Quelle der Gemeinschaftsbewußtwerdung die Gemeinschaftswiderstände konfliktlos aufzulösen imstande ist.

III
Von der Liebe

Das Objektgebundene der Mütterlichkeit und die Vereinzelungsassoziationen dieser Mutterschaft, das Schutz- und Hilfe-Spendende, die Muttersorge, bilden ein Ganzes als Gefühlskomplex. Sie stellen sich dem Vereinzelten als letzte und zugleich stärkste Wärmequelle dar, die unerschöpfliche Hoffnung auf doch noch erreichbares lebendiges Einswerden mit der Lebendigkeit der Allnatur. Diese Hoffnung wird aber schwer genug erkauft. Der Hoffende gibt sozusagen das Lebendige seines Lebens dafür auf, insofern er einer Hoffnung, einer Sehnsucht, einem immerhin doch zweifelnden Gefühl zuliebe dieses Einswerden gleichsetzt mit Tod, der dadurch seine Schrecknisse verlieren soll und verklärt wird. Der Tod ist die Wiedervereinigung mit der Natur, sagt man, in den Schoß der Natur kehrt der Mensch zurück, wie er aus dem Schoß der Mutter hervorgegangen ist. Der Kreislauf ist wieder einmal geschlossen. Die Sehnsucht nach Schutz und Zuflucht in den harten Stürmen des Lebens, die Flucht zur Mutter ist die Zuflucht zum Tode, die Hoffnung auf den Tod, weil der Vereinzelte eben in seiner klarsten Erlebensintensität nichts anderes ist, als nur todbewußt. Hier sieht man deutlich, wie sehr Ruhe, Aufgehen zugleich Tod bedeutet. Man wird begreifen, daß in dieser Empfindungsreihe für das lebendige Glücksgefühl kein Raum ist.

Und dennoch klammern sich die Menschen an die im Grunde genommen so offen liegende Gradlinigkeit dieses Empfindungs- und Vorstellungsablaufs, um in Differenzierungen, Verknotungen und Verschnörkelungen sich immer dasselbe noch einmal beweisen zu lassen. Es ist die Lebensangst, die, wie wir wissen, als nach unten umgebogener „Glücksrhythmus", die organischen Rechte auf Erlebensintensität geltend macht und beginnt in unzähligen kleineren Strudeln zu vereinzeln und „Schicksale" zu gestalten. Der jagende Rhythmus des Vielleicht und Doch-Noch, des Versinkens in Ruhe, Befriedigung und Todessehnsucht, um immer wieder von neuem herausgehetzt zu werden, möglicherweise eine andere Antwort aus dem Leben herauszuhören, ängstlich und erschreckt und doch etwas hoffend-ahnendes vom Lebendigen, obwohl gerade die Angst schon so wohltut, das Versinken des Augenblicks – dies zusammen als Rhythmus hat sich herausdifferenziert als Sammelbegriff der Liebe. Was ist die Liebe anders als die Hoffnung in das Aufgehen und Versinken, Liebessehnsucht gleich Todessehnsucht, und die Tränen der Liebe werden „schmerzhaft glücklich" genannt. Es beginnt jetzt die Zeit, wo man über alle diese Dinge lachen wird, ein herzhaftes, fröhliches, gesundes und glückliches Lachen. Ein Lachen, welches das Leben sichert und erweitert. Es bricht die Zeit an, wo man den Begriff Liebe, so erhaben er sein mag in unserer Erinnerung, so sehr ihn die Menschensehnsucht getragen und verhätschelt hat, ablehnen wird. Verleugnen, weil er korrumpiert, mit Vereinzelungsresten behangen, todangefressen, wurmstichig und lebensfeindlich ist. Der skandinavische Retortenbläser Strindberg, der zugleich ein Dichter war, hatte gar nicht so Unrecht von seinem Standpunkt des lebensverängstigten Analysierens aus, wenn er beschwört, Liebe ist Haß, Liebe ist Vergewaltigung, Liebe ist, wenn einer seine Angst nicht mehr allein tragen kann und sich hinter einen andern verkriecht, damit der auch zapplig wird. Und wenn dann beide zappeln, dann schlagen sie sich die Köpfe wund, denn das ist noch immer mehr als allein zu frieren, oder sie holen sich dann ein Drittes, dann nennt man das Elternliebe. Bis auch das zappelt. Dann heißt es Familie. Und so fort.

Um zu dem Wesentlichen zurückzukommen: Auch die Mütterlichkeit differenziert sich. Sie zieht Kreise und treibt Blüten, wie das Lebendige im Organischen aus sich selbst heraus sich bewegt, Kraftquellen erschließt, sich gestaltet, wandelt und farbig wird. Eine Melodie des Werdens und des Wiederwerdens steigt auf und dieses Wiederwerden, die rhythmische Verbindung des All-Ich zum Einzel-Ich, ist eine verfeinerte harmonische Vielstimmigkeit und zugleich Akkord und Gleichklang im Gemeinschaftsrhythmus. Dies projiziert auf die rhythmische Erlebensbewegung, die vom Einzelnen zur Gemeinschaft läuft, auf das Icherleben wahrnehmbar gemacht, ergibt etwas, einen neuen Begriff, den man bei dem Mangel an neuen Ausdrucksmöglichkeiten in unserem Auseinandersetzungstyp, der das Sein verständlich treffen soll, gleichfalls auch mit „Liebe" bezeichnen mag. Diese Liebe ist in Steigerung der Mütterlichkeit intensitätsgesteigert und beliebig steigerungsfähig. Sie drängt danach, wollte man sie daraufhin begrifflich kristallisieren. Sie ist im Fluß des Erlebenskontaktes von dem Einen zu den Allen die Bläschen und die Tiefen. Sie ist das Tempo der Intensitätsballung im Gemeinschaftsrhythmus, aus der erst hinwiederum das *Glück* der *Gemeinschaft,* der Verhältnisträger vom Glück des einen zu dem der Gemeinschaft. Sie ist die Färbung dieses Glückes, das Leuchtende. Auch die Liebe ist nicht objektgebunden, da sie als Differenzierung der Mütterlichkeit und mehr noch als diese daher rhythmik- und intensitätsgebunden ist. Die Liebe *ist* nicht so sehr, sie *wirkt* vielmehr. Sie lebt, wächst und verbreitet sich. *Liebe ist das Glück der Gemeinschaft wie das lebendige Bewußtsein der Gemeinschaft das Glück des Einzelnen ist.*

IV
Von der Gemeinsamkeit

Liebe ist gesteigertes Gemeinschaftsbewußtsein, also gemeinsames.
Liebe kennt weder Rechte noch Pflichten. Als Gemeinsamkeit, die gemeinschaftsbewußt ist, stellt sie sich dar als Bewegung, als Werden und Blühen, als Rhythmus. Sie ist nicht mehr Kette oder Sammelbegriff einer Empfindungsreihe, und sie trägt in sich keinerlei Assoziationen. Sie ist weder Wert noch Besitz und es ist keine Möglichkeit, sich anzuklammern. Es mag dieser widerspruchsvolle Satz hier gesagt sein: *die Liebe verbindet die Menschen nicht.* Sie stärkt und im gewissen Sinne schafft sie erst die Grundlage für das Ichbewußtsein. Das Gemeinschaftsbewußtsein hält die Menschen verbunden, das Menschliche im Menschen, die Mütterlichkeit macht die Gemeinschaft bewußt, nährt das Gemeinschaftsbewußtsein. Man könnte also sagen, die Mütterlichkeit „verbindet" die Menschen. Die Liebe prüft sie in dieser Verbindung, das heißt, man könnte sich vorstellen, sie dehnt diese Verbindung, daß sie bis „getrennt" erscheint, das ist: sie stellt den Menschen in seinem Menschentum, seinem Menschlichen, auf sich. Dieser Auf-Sich-Gestellte, in Auswirkung des Menschlichen, getragen vom Ich-Bewußtsein, in Projizierung des Gemeinschaftsbewußtseins – das ist der liebende Mensch, und das ist wiederum *allgemein* der Mensch. Das Gegenstück ist der Vereinzelte, der Mitbürger im Staat, der Bruder in Christo.

Wir unterscheiden nach unseren Begriffen zu Objekten hin die verschiedenen Assoziationen zur Liebe und schälen einen Begriff, den wir mit besonderen Gesetzen umgeben, heraus: die Geschlechtsliebe. Sie erscheint uns reichlich dunkel. Wir tragen uns in der Hoffnung vom großen Werden des All im Zeugungsakt von außen her etwas begriffen zu haben, die Eitelkeit verzweifelter Narren! Es ist die Versinnbildlichung des Lebendigkeitsgesetzes, jenem kosmischen Zwang zur Lebendigkeit, im harmonischen Verhältnis des All zum Einen, also der Gemeinschaft zum Einzelnen. Es ist für das menschliche Erleben beurteilt, die Bewußtseinswerdung des Menschlichen. Sind wir uns klar, als Teile und Träger des Ganzen, als Glieder von der Gemeinschaft her zu ihr wieder hin zu erleben, so ist der Geschlechtsgenuß, von dem soviel Wesens in der Welt gemacht wird, und von dem aus die Skala hundertfältiger Genüsse sich ableitet, nichts anderes als das Bewußtwerden des Gemeinschaftsrhythmus, des Lebendigen in der Gemeinschaft, projiziert in das Empfindungs- und Erlebensbewußtsein des Einzelnen. Er ist somit existentiell verbunden mit der Gemeinschaftsintensität, das ist die Gemeinsamkeit. Die Analyse, die Zergliederung und Zurückführung der Zusammensetzungen in der Empfindungswelt auf eins – zeigt daß alle Liebe Geschlechtsliebe, daß alle Bewegung Bewegung zur Geschlechtsliebe hin ist. Es ist der organische Zwang zum gemeinsamen Erleben der Gemeinschaft, zum Erleben in Gemeinschaft der Gemeinsamkeit, der im Ausdruck konzentrierteste Inhalt des Gesetzes zur Lebendigkeit. Diese Liebe vergewaltigt nicht, sie drängt sich nicht auf, sie spekuliert nicht auf den Besitz. Sie wird bestimmt, im sozusagen Registrierungskontakt der Erlebensintensität durch den Lebendigkeitsgrad des Menschlichen, durch die Steigerung der Mütterlichkeit. Die Steigerung gleicht sich aus, sie vollendet sich in dem Rhythmus der Gemeinschaft und blüht darin gemeinsam. Sie erweitert das von der Mütterlichkeit getragene Ichbewußtsein zum Wir-Bewußtsein und einmal in der weitesten Assoziation – zum Menschheitsbewußtsein. Das ist die Stunde der Zeugung und der Empfängnis. Das ist der organische Ursprung des neuen Menschen, des kommenden. Das Band webt sich, das zwischen den Menschen, dem einzelnen Ichbewußtsein geht, hier schlingt es sich zusammen, und es blüht auf die Gemeinsamkeit. Die Gemeinsamkeit ist die Erlebenstechnik der Gemeinschaft. Was wir gemeinsam tun, was wir gemeinsam sehen, fühlen und denken, *das ist schon Liebe,* das ist es überhaupt, was Liebe ist.

Die Liebe ist nicht an Personen gebunden, nicht an einzelne und am allerwenigsten an eine einzelne. Die Liebe des Einen zum Andern vereinzelnd ist Angst und Verstecken. Sie ist näher dem Tod. Je mehr sie zu Besitz und Eigentum wird, desto mehr verfällt sie ökonomischen Ordnungen. Die Eifersucht ist in dem Falle „lebendiger" als die Liebe, sie steht weiter weg vom Tode, und der Eifersüchtige würde, hier ein Wert eingesetzt, an Wert höher stehen, als dieser Liebende. So entscheidet und wirkt auch nicht Kraft und Schönheit und was sonst noch, sondern nur und ausschließlich der Kontakt der Mütterlichkeit im Icherleben zu der des Gemeinschaftserlebens, beliebig projizierbar und aufgenommen im Erleben des andern Ich. Ihr Ausgleich heißt Liebe, ihr höchster Rhythmus Zeugung und ihr Glücksbewußtsein Gemeinsamkeit. Damit sinkt eine Welt von Leid und Dummheit in die Tiefe. Ethik und Moral, aus Angst vertausendfacht, kristallisiert in einen Wust von Windungen und Drehungen um Liebe und Geschlecht und Glück, zerschmelzen in eins, in die Melodie und Harmonie der Gemeinsamkeit, des gemeinsamen Erlebens der Mütterlichkeit über sich hinaus zur Allebendigkeit.

V
Familie und Ehe

Die ökonomischen Ordnungen des aus der Lebensangst geborenen Dranges nach Zueinandergehen der Menschen, eines in voller Würdigung des Doppelsinnes Aneinander-Vergessens, haben Gewohnheiten und Gesetze gezeitigt unter deren Auswirkungen wir alle noch geboren sind und leiden.

Es ist der Haupherd aller Widerstände zum Glück. Ich meine die Familie und die Ehe. Die Familie ist ungleich wichtiger, mit der Bedeutung der Erlebensinhalte verknüpfter, intensitätsfeindlicher, weil sie gemeinschaftsassoziativ ist, gemeinschaftsverdrängend wirkt, während die Ehe mehr zufällig, leicht zerstörbar und eine bald überwundene Sentimentalität ist. Wir müssen darauf verzichten, in der Schilderung und Aufdeckung der Unmöglichkeiten, Schäden, Vergewaltigungen uns zu erschöpfen, sondern bleiben in der vergleichenden Analyse aus der Intensität des Erlebensinhaltes. Die Bibel sagt: Du sollst Vater und Mutter ehren – und wir setzen am besten hinzu: damit dir nicht schlecht wird. Die Bibel sagt nämlich weiter, damit es dir wohl gehe auf Erden – anders ist das eben nicht gemeint. Denn es ist besser, sich dem freiwilligen selbstauferlegten Zwange eines Kontaktes zu unterwerfen, jemanden zu „ehren", als nur einen gesetzmäßigen daher allgemeinen Kontakt empfinden zu müssen zu Menschen, von denen man automatisch wegstrebt, sind sie doch Träger einer „staatsgesetzlichen" Naturgewalt, Sinnbilder der Lebensangst, die als schwarzer Popanz in Gestalt von Vater und Mutter vor dir auftaucht. Zu Menschen, deren Gefühlswindungen und Verdrehungen als Assoziationen der Ehe das Kind schmerzhaft fühlt. Im engeren Kreis hat sich das Leid, die Lebensangst, das Unglück und die Vereinzelungstendenz der Menschheit verdichtet. Sie ist so medusenhaft, so kristallklar herausgearbeitet, daß das junge Menschenkind schon in seinen ersten Regungen davon fürs Leben gezeichnet wird. Es wird in seinem natürlichen organischen Glücksgefühl des ersten Existenzbewußtseins unter allen Schrecknissen der Vergewaltigung, geordneter Einsamkeit umgebogen. Es muß zusammenbrechen, weil sich die Ehepartner, zwei große Erwachsene, Vereinzelte, denen alle Schrecknisse und Verzweiflungen der Einsamkeit im Blute sind, gewissermaßen Riesenklumpen von Giftgeschwüren und Eiter, weil sich diese Ungeheuer an die zarte Pflanze des aufgesprossenen neuen Menschenlebens hängen, sich verzweifelt anklammern, als erwarteten sie doch noch das Wunder ihrer Rettung von außen her. Denn es ist doch ein *neues* Leben vorhanden und nicht mehr mit ihnen verknüpft. Es sei denn, daß auch der Zeugungsakt zu einem gegenseitigen Bedreckungsakt umgebogen wird, mit der Tendenz den anderen niederzuzwingen und festzuhalten, sozusagen als Verantwortlichen zurückzulassen, geordnet selbstverständlich – und ist es nicht so? Ich vergesse, daß über die Technik des Glücks gesprochen wird. Der Satz ist leider nach jeder Auslegung hin wahr: Wer Glück sucht, muß Leid fressen. Auch wenn man statt des Suchens von Erkennen und Bewußtmachen sprechen würde. Es ist schwer, diesen Zusammenhängen ins Gesicht zu schauen, ohne nicht den ansteckenden Hauch gleicher Verzweiflung zu spüren. Es sind doch alles Menschen, mit dem Menschlichen in sich, der Mütterlichkeit und der Fähigkeit zu lieben!

Sie leben von dem Lebendigkeitsgesetz her das Zerrbild einer Gemeinschaft. Man kann deutlich die Spur jener Lebensspaltung erkennen, die grobe ökonomische Organisation als Staat und ähnlicher, die zwar gleichfalls grobe aber sozusagen nähere und naturintimere: die Familie. Die Gesetzmäßigkeiten gehen ineinander über und mit einem gewissen Recht betont der Staat immer wieder, daß er auf der Familie beruht. Die Ehe ist demgegenüber eine Verengung, Kristallisationsbestrebung und Sicherung derjenigen Tendenzen, die staats- und familienbildend sind. Sie ist, kann man also ruhig sagen, aus der Familie hervorgegangen. Ein Strudel inmitten der Familie, zieht sie das sinnlich Wahrnehmbare in dem fortschreitenden

Prozeß der Vereinzelung auf sich, die Person oder Personen, mit denen man *gemeinsam die Vereinzelung* trägt. Einehe oder Vielehe ist völlig gleichgültig. Es ändert daran nichts. Eine weitere Spannung vom Erleben weg dürfte eher die Vielehe bedeuten, da sie konkreter sich selbst dem Leben anpaßt, während die Einehe folgerichtiger an sich selbst bricht und zum mindesten immer wieder von neuem auch unter den gleichen Personen beschlossen und bestätigt werden muß. Eine weitere grausige Assoziation zur Zeugung – die Bestätigung. Die Bestätigung, daß der Mensch allein ist, immer allein bleibt und allein sein wird – hört ihr den Rhythmus unserer Sexualität?

Das ist das Bild von Familie und Ehe. Mancher wird sagen, wo bleibt darin das Leben, das Erleben. Es lebt und ist lebendig, wie im Daseinsinhalt aller lebendigen Wesen, aber es wird nicht bewußt und es lebt unterbewußt, niedergehalten und gebrochen, aber dennoch in rhythmischer Verbindung zum Allebendigen. Dadurch pulst es durch unsere Empfindungen wie ein Ahnen und läßt, wer erinnert sich nicht, die Augen manchmal schließen vor dumpfem und wirrem Glücksbewußtsein, gerade in der Einzelbewegung eines Menschen zum Einzelanderen hin, aber auch vor Scham und Angst, das intensitätslebendige Rhythmische tragen und ertragen zu können, Lebensmomente – durchbricht, Bewußtseinsauflösungen, die jene Bewegung als das Tasten um Gemeinsamkeit erkennen lassen als ein Zueinander, weil es wärmer, weil es geschützter, nicht weil zwei mehr sind als eins, sondern ein Zueinander, das in der Auflösung des Einzelnen im Sinne des Hinzukommens gelegen ist, als ein Mehr nicht an Sein, sondern an Bewegung und Rhythmus, als das Geschenk des Ichbewußtseins. Dieses Geschenk ist ein Ausfluß der Mütterlichkeit, und es wird angenommen, es kann oft angenommen werden, wenn rhythmisch die Mütterlichkeit des andern gleichbeschwingt ist. Wenn beide im Gemeinschaftsrhythmus atmen, im Gemeinschaftsbewußtsein, und wenn das Zueinander erstrebt, dieses Bewußtsein dadurch lebendig zu machen, im eigenen Ichbewußtsein, wo es noch nicht nur ungelöst ist. Diese Liebe umschwebt die Ehe wie ein dünner sphärischer Hauch und insbesondere die Einzelehe. Machen wir, daß er Erfüllung und Inhalt wird. Dann werden wir die Gesetzmäßigkeit einer Erlebenserstarrung wie Ehe abstreifen, dann wird die Familie nicht mehr toter Zweckmäßigkeitsbegriff, sondern sie ist als Naturfamilie, als Mutterfamilie der freie zwanglose und glücksmögliche Nährboden, auf dem die Mütterlichkeit aller seiner Mitglieder zur Gemeinsamkeit erblühend Liebe wird.

Und noch einmal der Sinn der Revolution

Revolution ist, wenn auch nur ein Mensch unzufrieden ist. Der Zustand dieser Unzufriedenheit schließt das Arsenal der Revolution auf, die Waffen und Revolutionierungsmittel, die Kraftquelle des motorischen Widerspruchs und der gemeinsamen Widerspruchsbewegung, und das Revolutionsziel: das Glück. Unzufrieden ist ein Wort mehr wie Unglück, Verzweiflung, ausgebeutet, gemartert und ums Lebendige im Leben gebracht, das Lebendige, das sich durchdrängt, durch alles, was auch immer an eigenen und fremden Widerständen vorhanden sein mag, das ist die automatische Kraftquelle, die wir das Revolutionäre nennen. Der Revolutionsprozeß wird also andauern, solange Gemeinschaftsbewußtsein nicht automatisch gleichgesetzt und empfunden wird als Glücksbewußtsein. Diesem Glücksbewußtsein ist aber wiederum die lebendige organische Aufgabe zugewiesen, Bestätigung der Allebendigkeit, Rhythmus zu sein. Es ist zugleich das Erlebenstempo *aller* Menschen projiziert im Ichbewußtsein. Es tritt also die Krise auf, daß das Ich im Glücksgefühl des Ichbewußtseins zum Rhythmus der Gemeinschaft, der gleicherweise im *Ich* selbst bedingt ist und davon abhängt, die Balance hält, das gemeinsame Hinarbeiten aller zum Gemeinschaftsglück. Man kann das als den seelischen Revolutionsinhalt bezeichnen, als den Zwang zur gemeinsamen Revolutionierung, das Tempo der Revolution. Es ist nicht mehr das Einzelerleben, mit seinen schon glücklichen Assoziationen und Schwingungen, denen ja noch die Sicherheit, die Erlebenserfahrung, das sozusagen Ewige fehlt, ein Glück, das vorerst Glauben ist, aber immerhin schon Glück, wenn auch vergänglich – es ist das kollektive Erleben, intensiviert von Mütterlichkeit und Liebe und Gemeinsamkeit, das Allerleben in der gemeinsamen Bewegung. Es ist nicht projizierbar mehr auf Zeit und Zustand, weil es *nur* mehr Bewegung ist. Es differenziert Zustände beliebig nach oben wie unten und herrscht souverän über seelische wie organische wie natürliche Widerstände und Verknotungen. Der Mensch hat es in seiner Macht, sofern er sich der Mittel bedient, sofern er technisch denkt und fühlt und handelt, das ist *gemeinsamkeitsbewußt,* sie abzustellen und aufzulösen. Der Zustand mag von „Werten" aus gesehen, Vergleichswerten, weniger „glücklich" sein, nicht glücklich, das ist beruhigt, aber er ist *glückbewußt.* Das Glückbewußte ist mehr wie das Glück, es ist Quelle und Träger des Glücks, es ist die Bewegung des Rhythmus und der Zwang unseres Glücks. Und wir wissen gar nicht, die wir erst am Anfang stehen, das Lebendige zu erleben, was das widerstandsfreie, unwidersprochene, freie große Glück uns sein wird. Wir können sein Tempo nicht fassen und auch seine Intensitätsschwingung ist uns fern, da wir noch zu grobknochig, zu dickschädlig und zu denkfaul sind. Wir fühlen nur, daß es uns verbrennen muß, so wie wir heute noch sind, wo wir uns noch schämen, wo wir zögern und uns verstecken, glückbewußt zu sein. Wo das Menschliche im Menschen, die Mütterlichkeit nicht frei erlebt werden kann, da wir nicht den Mut haben, mit dem Rhythmus des Lebendigen Schritt zu halten. Und wo wir singen sollen, ziehen wir es vor zu stottern.

Das soll frei sein. Das Erleben soll frei gelegt werden. Das Bewußtsein vom lebendigen Ich will sich durchsetzen. Das Erlebensbewußtsein duldet auf die Dauer keine Schranken. Das Ichbewußtsein intensiviert sich für den Rhythmus der Gemeinschaft. Es ringt um Ausdruck und Erleben dieser Gemeinschaft. Das Gemeinsame wird organisch und Zwang. Die freigelegte selbsttätig gewordene Gemeinsamkeit wird glückbewußt. Das Ich wird gemeinsam und glückbewußt. Dann ist das Erleben gleich Glück, gleich Leben.

Das gemeinsame Erleben, die Gemeinsamkeitssicherheit differenziert sich tausendfältig nach der Intensität, nach dem Erlebenstempo des einzelnen Ichbewußtseins. Es bildet sich ein neues Auf und Ab, das aber beherrscht bleibt vom Zwang zur Gemeinsamkeitsdichte und deren steigende Intensität, ein neuer Rhythmus, der Rhythmus der Revolution. Eine Revolution, deren Ziel gleichfalls nicht mehr Objekt und Zustand, sondern Bewegung, Mitbewegung ist. Und deren Ziel einmal gleich ihr Inhalt sein wird, sofern sie die Widerstände ausbalancieren wird können. Heute ist das bei der vorherrschenden Lebensangst des Einzelnen, bei der noch üblichen Assoziation zur Masse nicht nach Breite, Weite, Umfassenheit, sondern nach Dichte, von der Sucht des Aneinanderklammerns her, noch nicht zu erwarten.

Der Rhythmus dieser Revolution ist ein organischer, ein Teil des lebendigen Erlebens. Es ist ein Teil des Glücks, das in jedem Menschen schlummert. Er kündigt die aus sich selbst heraus eintretende Erneuerung des Menschlichen an. Es ist naturgemäß, daß dieser Lebensprozeß seinen Widerständen sich in zunehmendem Maße anpaßt. Mit Erweiterung des Bewußtseins, Steigerung der Erlebensintensität verdichten sich die Widerstände, und der Erlebenszwang drückt sich nach außen hin aus in Gewalt, und in Diktatur des einen Teils über den andern. Diese Gewalt ist lebensnotwendig. Sie ist eine Hoffnung, daß der Widerstand bald gebrochen sein wird. Es ist die Projektion und Übertragung dieses Zwanges des Absterbenden auf die Lebendigkeitsträger. Es ist gleich, ob man Träger oder Objekt dieser Gewalt ist. Das ist eine Frage der Technik und der Lebensintensität. Eine Gewalt von Absterbenden gegen die Gemeinschaft gerichtet, verkehrt sich bald gegen diese selbst – aus Naturnotwendigkeit.

Vielleicht soll man statt Revolution künftig Erneuerung sagen, Gemeinschaftsatem, Gemeinschaftslebendigkeit, dafür läßt man den Erstarrenden, den Revolutionsfeinden einen Weg frei, den Weg sich zu finden im Absterben, sich in Kultur zu verbinden, die endliche Auseinandersetzung verliert dadurch aber nicht an Grausamkeit, weil das Leben selbst, das Naturlebendige, den einzeln Widerstrebenden abwürgen und erfrieren lassen wird. Der gemeinsame Marsch der Revolution und deren bewußter Träger, des klassenbewußten Proletariats, das um seine ökonomischen Befreiungskämpfe und darüber hinaus um die Bewußtseinsdurchdringung des Erlebens ringen wird, gegen die sich noch aus dem ökonomischen Zusammenbruch herübergeretteten Organisationsformen einer Lebensangst, deren Existenzmöglichkeit zu schwinden beginnt, wird dadurch unbeeinflußt bleiben, der Zielname der Revolution wird verschieden, ihr Sinn aber und ihr Erlebensziel immer derselbe sein.

VI
Vom lebendigen Widerstand

Was ist zu tun?
Bis zu diesem Abschnitt gekommen, ich habe das Pferd bei dem Schwanze aufgezäumt. Weil ich mich gehütet habe zu analysieren, was sein sollte, nicht mal, was sein wird, obwohl das schon eher möglich wäre, sondern habe den psychologischen Extrakt gezogen aus dem, was ist, warum es so geworden, und welches die Grenzpunkte der Ausdehnung wie der Intensität unseres Leides und unserer Sehnsucht nach Glück sind. Man wird mich verstehen, wenn ich den Eindruck hier niederlege: das Ergebnis ist ein höchst überraschendes. Es zeigt sich, daß weitaus die Mehrzahl der Menschen sich gegen das Glück sträuben, mit Händen und Füßen sich dagegen wehren, als gälte es das Leben. Und das stimmt auch. Lieber Leid und Unglück erleben, d.h. die Lebensangst über das Erleben wuchern lassen, statt sich bewußt zu machen, lieber nicht *restlos* erleben, das Lebendige ersticken lassen, in der untersten Tiefe das Bewußtsein vermauern, als das All und damit sich erleben. Das Zurückbleibende, das Organische und doch Niedergehaltene, jenes seelische Residuum im Menschen schwelt. Es spaltet das Bewußtsein, es differenziert im Sinne der Spaltung hundertfältig unsere Empfindungen, es schafft Gut und Böse, Verzweiflung und Sehnsucht und gibt nie das Erlebensfähige als Ganzes, sondern als Bruch. Ein Widerstand gegen das Erleben wird geschaffen, der zugleich gegen das Leben in seinen Wirkungen ist, mag er auch krampfhaft sich ans Leben direkt klammern. Dieser Widerstand ist allein durch Macht und Gewalt nicht zu brechen. Auch der schärferen Analyse gegenüber einer widersprechenden Behauptung dürfte er kaum weichen, denn sein Merkmal ist das Sträuben an sich. Wie sollte er sich belehren und aufklären lassen, wo er dadurch existiert, daß er verstockt ist und sich verschließt. Ihn auszurotten, auszubrennen ist schwer möglich, weil damit der Mensch, sein Träger mit ausgerottet wird, mit ausgerottet werden *will*. Darin ruht seine Sehnsucht. Und sein letzter Beweis ist immer richtig, er ist der Tod.

Wer begriffen hat, was das Lebendige im Leben ist, der weiß, daß dieser Widerstand eben ein lebendiger ist. Das Leben strömt hindurch, wenngleich in Strudeln und Stauungen. Und den

Widerstand aufgeben, heißt für diesen Menschen seinen Glücksanspruch aufgeben, sein im Unbewußten schlummerndes Glück. Dafür trägt er Unglück und Leid und Einsamkeit, weil der dumpfe Kontakt zum Lebendigen in ihm erzittert. Er flüchtet sich in die Sehnsucht nach Glück, die für ihn die bewußte Parallelempfindung zur unterbewußten Glücksempfindung ist. Die Sehnsucht nach Glück ist diesen Menschen mehr noch und wichtiger als das Glücksbewußtsein, kurz das Glück selbst. Er geht lieber darauf aus, das Glück zu *suchen,* das man nicht *finden* kann, weil es kein Objekt, nichts Erreichbares, weder Besitz noch Eigentum sein kann. Weil es ein Rhythmus ist im Erleben, das Bewegende zum All im Sich-Selbst-Erleben, in seinen rhythmischen Gesamtbedingungen der Gemeinsamkeit in der Gemeinschaft.

Sind diese Menschen also, diese heutige Generation und die überwiegende Mehrzahl der nächstfolgenden von vornherein von der Wirklichkeit der Erlebensintensivierung durch das Glücksbewußtsein ausgeschlossen? Es scheint so. Eine schlußfolgernde Gedankenreihe würde zu keinem anderen Ergebnis gelangen. Und doch ist es nicht an dem. Die Mütterlichkeit im Menschen, in jedem Menschen, läßt sich nicht unterdrücken. Sie bricht organisch durch, wächst wie das pflanzliche Werden draußen in der Welt. Die Freilegung dieser Mütterlichkeit des Menschlichen im Menschen kann keinen Widerstand finden. *In dieser Mütterlichkeit liegt die Pforte zum Glück.* Das Erleben des Menschlichen schärft das Bewußtsein für das Erleben schlechthin, für das Sich-selbst-Erleben. Es weckt automatisch allmählich Zutrauen zu sich selbst und damit Ichbewußtsein. Es bleibt nicht in sich selbst gefesselt. Die Mütterlichkeit, die das Empfinden vom Allerleben ist, von dem Erleben zu dem andern hin, des Miterlebens, schließt den Weg zu den Mitmenschen auf. Sie legt, möchte man sagen, ihre kühle Hand auf das fiebernde Angstgefühl vom Leben, bis das Selbstbewußtsein stark genug sich entwickelt hat, die Lebensangst aufzulösen und ihre Assoziationen abzuschütteln, das Selbstbewußtsein in der Gemeinschaft. Denn Mütterlichkeit, Gemeinschaft und Gemeinsamkeit, das sind die drei Dimensionen des menschlichen Erlebens, des Menschheitsorganismus. Sie sind eins in der Intensität der Zeugung und parallel mitempfindend, weiterschwingend, allgemein im Gemeinschaftsrhythmus, in der Intensität des Ich-

Erlebens im Glücksbewußtsein. Alle Menschen tragen das Bewußtsein davon in sich, und alle Menschen empfinden es und handeln bewußt oder unbewußt danach. *Weil letzten Endes alle Menschen demnach glücklich sind.* Mögen die einzelnen Verknotungen, die Selbststrudel, die Organisationsformen der Verzweifelten, die „Sünden wider das Leben und den Geist" noch so lebensfeindlich erscheinen, mögen die Menschen weiter wie bisher mit dem Messer sich gegenüberstehen, sich gegenseitig vernichten, mag die menschliche „Liebe" nur als Vergewaltigung, Naturzweckmäßigkeit, ein Sichgehenlassen im Kampf um den Futterplatz erscheinen, und viele andere schreckliche Dinge mehr – der menschliche Schrecken hat eine Grenze, im Menschlichen, in der Allmenschlichkeit. Und jede Geste bricht zusammen, jeder Angstwall, jede Erstarrung, wenn der Gemeinschaftshauch ihn umfängt. Die Gemeinschaft stirbt nicht, sie löst sich nicht auf, sie erschöpft sich nicht, sie kann nicht verzweifeln und auf einmal atemlos werden, wie der einzelne Mensch, der Vereinzelte. Sie ist selbstschöpferisch aus sich selbst und sie wird früher oder später den Einzelmenschen wieder organisch aufnehmen, ihn zwangsläufig gemeinschaftsfähig machen, sobald es der Intensität des gemeinsamen Erlebens entspricht. Sie straft nicht, denn sie ist die Allmütterlichkeit. Wir brauchen nur unsere Herzen weit öffnen, um eins zu werden mit dem Werden des All.

Unser Gesetz muß daher lauten:
Laß die Dinge nicht gehen.
Geh auch nicht allein. Sondern:
Immer mit den Dingen gehen.

Betrachtungsübersicht

So endet diese Betrachtung zweifellos mit einer Enttäuschung. Mit einer Desillusionierung des Glücks. Denn die Überlegung bleibt vorherrschend: Wir haben die Familie, die Ehe, den Staat, die Kirche, die Gesetze, die Moral, Unglück und Verbrechen und die Lebensangst in allem, was uns umgibt. Wie sich hindurchwinden, wie glücksbewußt werden? Eben nicht werden, sondern glücksbewußt sein. *Du bist schon Glücksbewußtsein,* du sollst es nur zugeben und den andern sagen.

Das ist der Kern. In jeder Verknotung, in der du das Leben begreifst, in jeder Assoziation, in der dich das Lebendige umgibt und nicht zuletzt in deiner Verbindung selbst zur Umwelt und zu den Mitmenschen, davon Zeugnis zu geben. Damit dich die andern und bis dich die andern hören, als Gemeinschaft. Deine erste glückgetragene Erkenntnis wird sein, du bist nicht allein, du erkennst deine Lebensintensität als Rhythmus und Tempo. Sorge, daß er gleichmäßig sich steigernd, sicher und zielbewußt ist, denn du hörst ihn, beherrschst ihn, denn du hast dich selbst in der Gewalt, wenn du dich kennst. Spare nicht mit dem Zwang, denn er fängt die Assoziationen der Vereinzelung auf. Was du tust, wirst du empfinden, strahlend, tun viele, vielleicht alle, und wie du sind ja alle – und alles, was in dir, um dich geschieht, wird gemeinsam, wächst als Gemeinschaft. Hämmere dir das täglich ins Bewußtsein. Das ist die Technik des Glücks. Man schwitzt dabei.

VIERTE BETRACHTUNG

I
Was wollt ihr – Leben oder Schicksal!

Die Rhythmik des Erlebens erschließt allen bisher von uns wahrgenommenen Lebensvorgängen einen neuen Inhalt. Sie wandelt beliebig die Begriffsinhalte, je nach ihrer Intensität zum Leid und zum Glück hin. Die Begriffe sind nominell dieselben geblieben, nur ihre Inhalte sind beweglich geworden, doppelt, im täglichen Erleben Leid u n d Glück und miteinander und durcheinander im organischen Ich des Einzelmenschen verbunden.

Dieses Doppelte und Verdoppelte klar zu legen, in eine Rhythmik des Erlebens mit einzuspannen, statt vom Schicksal des Lebens, das erlebensfeindliche Fremdkörper wie Gott, Staat und Familie bestimmen, mit sich widerstandslos treiben zu lassen, muß der heute noch in seiner Doppelung notwendige Empfindungskomplex zerrissen, muß erkenntniskritisch Leid von Glück getrennt werden, muß das Bewußtsein scharf aufgerichtet werden von dem lebendigen Erleben und seinen Assoziationen. Diese gewonnenen Begriffsinhalte schleppen ihre Doppelung für unsere Empfindung gemessen noch mit sich, so daß es wie ein leeres Spiel mit Worten erscheinen könnte. Man kann sich eben jemanden vorstellen, der um diese Spannung in seinem praktischen Leben unter möglichster Ausschaltung auf sein Ich-Bewußtsein rückwirkender Konflikte überbrücken zu können, zu dem Schluß kommt, also ist Leid gleich Glück und umgekehrt. Von Glück geschlossen zum Leid würde die Empfindungswelle vom Gemeinschaftsbewußtsein über die Gesellschaft zum Einzelbewußtsein gehen, von Leid zum Glück vom Einzelmenschen über das Gemeinschaftsbewußtsein, das bedeutet Gesellschaftsnotwendigkeit zur Gemeinschaft. Beide Strömungen sind als lebensnotwendige Intensitätsströme aus der Allebendigkeit her im Leben erkennbar, sie werden sichtbar an den organischen Verknotungen und Strudeln mit der lebendigen organischen Umwelt des Einzelnen und kristallisieren sich in diesem Kontakt als Erleben, besser als Erlebenspunkte, Erlebensstationen, als Schicksal. Über die Intensität, über die Richtung dieser Strömungen ist nichts bekannt, das so gewonnene Bewußtsein vom Leben besitzt nichts, auf diese

Strömungen einwirken zu können, ja nicht einmal das Mittel, sie auf die Dauer aufhalten oder umleiten zu können – als die aus der Lebensnot zur Organisation der Vereinzelung entspringenden Assoziationen, die sich naturgemäß zu Erkenntnissen verdichten, die Erkenntnis von der Zweckmäßigkeit des lebendigen Organismus, von der Gesetzmäßigkeit der Natur, von der Allgewalt der Naturgesetze und für Liebhaber: von der entsprechend höheren Organisation, von Gott, Schicksal und den anderen. Darauf ist heute unsere Religion und Philosophie, unsere Erkenntnis vom Leben aufgebaut. Das ist die technische Freilegung der Eigendrehung. Wir kreiseln noch um uns selbst und es ist wie das verschleierte Bild zu Sais: Es bedeutet Tod, zu wissen, daß wir nicht das Lebendige leben, sondern das Lebendige zum Tod hin, also nicht Leben, sondern Leben *und* Tod, das bedeutet Verzweiflung. Die Stationen dieses Lebens sind für uns Erleben, nicht mehr die lebendige Intensität des Jetzt, der Allgegenwart, die ein Vergangenes erkennt aus dem Tempo zur Zukunft hin. Weil wir in der Gegenwart Gesteigertes, also Zukünftiges schon erleben können, assoziieren wir ein Vergangenes. Wir aber *erleben* das Vergangene, weil wir die Gegenwart nicht intensitätsgleich, viel weniger noch intensitätsgesteigert aufnehmen können, solange das kommende in der Gegenwart gesehen, das Ende, der Tod sein würde, also die absolute Selbstaufhebung, der wir eine Zwischenzeit abbetteln, im Erleben des Toten, Vergangenen, Weitergeglittenen. Der Mensch als Intensitätsträger, rhythmisches Mittel flieht vor dem Rhythmus, den er selbst bewegt in der Lebendigkeit des Lebens. Er verkriecht sich und läßt draußen – im Leben – alle Kraft sich ansammeln, sich verknoten, durcheinanderwachsen zu einem wild verworrenen Riesenberg werden, über den er dann zu philosophieren beginnt. Das wird dann Gott. Das wird dann das Schicksal. Und im Kontakt damit, in der Lebensnotwendigkeit sich damit auseinanderzusetzen, entsteht so etwas wie neuer, schwächlicher, grotesker Erlebensrhythmus, der dann das Leben ausmacht. So sieht das Leben des Menschen aus, und mit diesem Fonds von Lebenskraft leben wir.

Diese Schrift zerreißt die Verbindung von Leid und Glück. Obwohl diese Verbindung heute noch lebensnotwendig ist. Obwohl nur das Erleben sie trennen kann, die Intensität des Erlebensrhythmus, das Lebenstempo. Nicht irgend eine

Überlegung. Sie trennt sie trotzdem, weil auch die Folge der Überlegungen, Analysen und Assoziationen nur ein fortgesetztes, ein rhythmisches Jasagen zu den Begriffsinhalten ist, die ständig in Bewegung sind und nach einem Rhythmus sich manifestieren, der ein Teil der Gemeinschaft ist und sein muß, soll er mit aufgenommen werden. Gebrauchen wir ein zu Tode gehetztes Wort, das nur in diesem Zusammenhange paßt: also *lebendige* Wahrheit, weil es *gemeinsames* rhythmisches Gemeinschaftserleben ist. Dann erst wird das Bewußtsein von Glück frei, so frei, daß es als technisches Mittel ins Erleben eingesetzt werden kann. Dann schwindet die Doppelung, dann singt der Mensch. Er *liest* nicht mehr. Der Leser schwingt hinter den leeren Begriffen, die sich aus der Aneinanderreihung von Buchstaben, Worten und Sätzen ergeben, mit, er erfüllt diese Begriffe mit dem lebendigen Inhalt seiner Lebensintensität. Er sprengt Form und Hülle zur Gemeinsamkeit hin, das Gemeinschaftsbewußtsein wird frei. Ob diese Sätze wahr und richtig sind, das wird zur lächerlichen Assoziation, wenn der Leser singt.

II
Das Wesen der Beziehung

Wenn man durch das menschliche Leben im Sinne des Erlebens den Querschnitt zieht, so ballen sich die hauptsächlichsten Widerstandsträger, sowie die Mittel zu deren Beseitigung für sich zusammen. Gesamtkomplexe, die einer besonderen eingehenden Analyse nach ihren Wirkungen und ihrer Lebendigkeit verdienen würden und die losgeschält werden müßten von den Resten, den ihnen gegensätzlichen, die sie selbst mit herumschleppen und nähren. Das geht weit über den Rhythmus der vorliegenden Schrift hinaus. Sie deutet nur an, sie deutet nach dem Intensitätsinhalt beispielsweise der Ökonomie, der Zwangsläufigkeit der ökonomischen Bedingungen über die Organisation eines Zufallsstaates und gegen einen kapitalistischen Staat hinaus als Erlebenssphäre gegen Eigentum und Besitz. Sie deutet nach dem Intensitätsgehalt der Arbeit als gemeinsamer Glücksrhythmus in der Gemeinschaft, und dem Inhalt der Intensitätssteigerungen der differenzierenden Gemeinsamkeit zur Beziehung der Menschen untereinander über die

Ökonomie hinaus und doch von ihr abhängig, als Beziehung schlechthin. Auch über diese Beziehung soll nur andeutungsweise gesprochen werden. Nicht Analyse aus der Gesetzmäßigkeit der Lebendigkeit des All auf das Einzelich auflösend projiziert, sondern Analyse aus der erlebenden Lebendigkeit, aus der rhythmischen Gemeinsamkeitsbewegung her. Also noch einmal die Liebe.

Es gibt sehr viele Menschen, die sich um die Beziehung quälen, quälen miteinander und zueinander, Menschen, die für sich in ihrem Bewußtsein keineswegs voll Verzweiflung, sondern ungeschickt und tapsig auf dem Wege zum Glück erscheinen. Sie schreiten zwei Schritte zur Seite, ehe sie einen Schritt vorwärts gehen, sie sind daher unsicher und quälen sich. Es ist aber wahr, daß, reißt ein Blitz die Lebensangst auf, verlieren sie für eine Minute einander, die Beziehung zueinander, sie zu tiefst und schmerzlichst empfinden, wie *sehr* glücklich sie gelebt haben, Stunden und Tage leuchten auf. Es ist zwischenstufiges, noch nicht Rhythmus gewordenes Erleben, noch nicht gemeinsamer Rhythmus gewordenes, aber doch lebendiges Erleben. Wir gaben früher schon zu, die Liebe verbindet die Menschen nicht. Wenn aber Leid die Menschen verbinden soll, so schafft die organische Erlebensrückwirkung dieses Verbindenden einen neuen beweglicheren lebendigeren Begriffsinhalt des Leids, das *Mitleid*. Dasjenige an der Beziehung von einem Menschen zum andern, um die man sich so quält, um die man leidet und die man unter Einsetzung des Lebens gern glücklich gestalten möchte, nehmt momentan die Beziehung von Mann und Frau, das wir schlechtweg mit dem Sammelnamen Liebe bezeichnen, das ist nichts anderes als Mitleid. Denn dieses Mitleid ist so schön, es ist organisch-lebendig, es hat etwas von der Sphäre des Glückbewußtseins, sagt man. Weil es im Intensitätsinhalt des Mitleids anklingt an den Gemeinschaftsrhythmus und dessen Vorstufe sein kann. Wir sagen, eine Beziehung sei unüberwindlich, sie kann durch Objektveränderung nicht verloren gehen. Wir meinen das rhythmische Erleben des Miteinander ist eben nicht objektgebunden, es vergißt das assoziative Objekt, es verleugnet es sogar, wenn nur das Bewußtsein, der Rhythmus bleibt. Das ist bei jenem so häufigen Konflikt in der Beziehung der Fall, wo die Beziehungspartner sich quälen um die Beziehung, obwohl die „Objekte", das heißt sie selbst als Einzelne schon „beziehungsfremd" geworden sind, sich hassen und gegeneinander sind oder sonstwie aneinander leiden in verschiedenen Graden von Erlebensintensität und mit verschiedenen Bewußtseinsinhalten – wo aber der eine nicht vom andern geht, weil es besser ist „das" noch zu leiden, d.h. den Rhythmus mitzuerleben, als sich zu trennen, das ist das Bewußtwerden der Vereinzelung. Diese Menschen werden sich sogar steigend quälen, statt sich zu trennen, weil dieser Rhythmus wie jeder Lebendigkeitsrhythmus die automatische, die lebendige Tendenz zur Steigerung in sich hat. Weil er eben nicht objektgebunden ist, sodaß der Zustand des Objekts, die Projektion darauf auf das Ichbewußtsein der Einzelnen immer nur wieder als die gleiche rhythmische leid- und glücksvolle zurückwirkt. Diese Beziehung projiziert sich als gegenseitige Vergewaltigung. Diese Beziehung kann sich erst lösen, wenn die Verantwortung des Ichbewußtseins zur Gemeinschaft lebendig, das ist im Erleben bewußt wird, wenn die Besitzassoziation dieses besonderen „Wir" bekämpft und aufgelöst wird zugunsten, kann man sagen, des allgemeinen Wir. Wenn es offenbar wird, daß im Mitleid Lebendiges gebunden erscheint und freigelegt werden muß durch das Gemeinsame gegen das Leid, sodaß sich Mitleid sozusagen in Gegenleid verwandelt, das Lebenstempo bestimmt den Rhythmus. Anders ausgedrückt: Wer leidet, der ist der Feind. *Die Menschen helfen sich nicht einander, sondern miteinander.* Das Miteinander entzieht solchem Erleben die Assoziation der Hilfe. Es ist das lebendige Leben im Rhythmus der Gemeinsamkeit, es ist in seinen Intensitätsschwankungen die steigende Kurve des Glücks. Diese Beziehung erst ist nicht mehr objektgebunden und damit auch zugleich einig und frei und glücklich, das Glück selbst. Da sie auf dem Bewußtsein der Gemeinschaft ruht und somit glücksbewußt ist.

Das Objektgebundene als das im Gegensatz zum Gemeinschaftsrhythmus Besitzgläubige und Werthoffende, ist das Entscheidende. Es ist das Vereinzelnde.

Zum Wesen der Beziehung gehört auch die merkwürdige Erfahrung, daß je enger die Beziehung geknüpft ist, je näher das gegenseitige Miteinandererleben (im besten Fall) gesucht, desto größere Konflikte und Abgründe sich auftun. Es ist ein Irrtum, zu glauben, Wir sei gleich Ich und Du. Wir sind immer

Alle, und im besonderen: Alle und Ich und Du, wobei Ich gleich Du wird – in der Beziehung; also Alle und die Glücksbeziehung, auf das Ichbewußtsein als letztes Glied projiziert. Wenn wir um Liebe als Glücksbewußtsein ringen, wenn wir um die Beziehung uns mühen, so versteinern wir langsam im Objekt. Ich werde gleich Du – allein. Riesengroß, aber dann ungeheuerlich, kalt und Todbefangen. Ich gleich Du, das ist unsere beste Beziehung. Die Besitzassoziation ist zurückgekehrt. Denn das Ich ist willens zu verschwinden im Du, es schmeißt sich auf das Du und wird es erdrücken um – um nichts anderes als von sich selbst frei zu werden. Das Du trägt dann alles, das Ich aber ist frei. Hier ist der Grund der Konflikte. Kann ein solches Ich mit diesem Ich und Du als drittes Neues, als Beziehung miterleben, mitsein? Niemals. Es korrigiert sich fortwährend, es jammert und ängstigt sich, denn wie kann es in Zweien sein, an zwei Orten? Oder es verdrängt sich vollkommen im andern Du und sucht sich fortwährend, gleichfalls ängstlich und das Du leiden machend. So wirkt diese Beziehung aus in ein Karussell von Ichs und Dus, ohne je den Bewußtseinspol der Beziehung zu finden. Zwei leben ineinander hinein, ohne sich doch zu bemühen. Weil das motorische des Zueinander-hinlebens weder vom Ich noch vom Du, sondern vom Gemeinschaftsbewußtsein, also von dem „Allen" strömt und im Ich und Du nur gemeinsam wird. Dann ruht der Rhythmus der Beziehung und ihr Glück.

Die Besitzassoziationen werden aufhören, wenn der Gemeinschaftsrhythmus allgemein gemeinsam sein wird, das heißt, wenn die Beziehung gleich Leben und damit gleich Erleben geworden ist. Wir erleben bereits als Teile und Glieder dieser Beziehung, wir erleben als solche unsere Beziehung, wenn wir glücklich sind. Die Beziehung selbst ist weder das noch jenes, sie ist das Leuchtende, das Buntfarbige in der Bewegung, die dich und mich und alle glücklich macht.

Wir leiden an der Beziehung, weil sie eben allgemein d.h. wie alle noch besitzassoziativ ist und wir uns *gegen* diese Beziehung manifestieren, sturmlaufen. Wir halten den allgemeinen Lebendigkeitsrhythmus als äußersten Bewegungsrahmen im Sichselbstzwingen, in der Arbeit im Tempo des Sicherlebens. Ohne Mitleid und ohne Freude. Nur Tempo. Hart und Hammer sein.

III
Krankheit und Tod

Das Kranke am Wesen der Beziehung läßt sich auch allgemeiner betrachten. Es vergegenständlicht sich in hundertfältigen Assoziationen unserer realen Existenz, unser Körperlichkeit. Obwohl wie die vorstehenden auch diese Ausführungen schon außerhalb des Rahmens dieser Betrachtungen liegen, zum Teil als Anhang anzusehen sind, so soll andeutungsweise auch darüber gesprochen werden, weil die Konflikte und Verknotungen des täglichen Lebens, des in den Tag Hineinlebens oder besser Hineingelebtwerdens sich um den Begriff des Kranken, der Krankheit drehen, der naturgemäß ins Riesenhafte und Übernatürliche betrieben sofort zum Mittelpunkt einer Organisation der Gesundung gemacht worden ist. Mag dies bei der Erkrankung der Beziehung weniger sichtbar sein, obwohl die verfeinerten Organisationsmittel, wie Religion, Ethik, gerade dies zum Ziel haben, so wird es bei deren vergröbernden Verallgemeinerung desto offenbarer. Das Leben bekommt einen neuen Inhalt, nämlich den, sich gesund zu erhalten.

Krankheit, krank sein, ist weder ein neuer Begriff, noch überhaupt ein Zustand. – Es ist ein Verständigungsmittel. Es ist eine zwischenstufige Organisationsform der Menschen, die zum Tode reisen, wie Staat und Familie, eine Blase oder Tiefe im Erlebensstrudel der Vereinzelten, und so direkt Erlebensform. Der Vereinzelte empfindet eben vom lebendigen Erleben nichts und kann es nicht, da er den Tod im Erleben vor Augen hat, nicht das Lebendige, sondern die Krankheit, als einen weniger grausen Tod. Sie ist gemütlicher, sie läßt verschiedene Deutungen zu, sie hat die Assoziationen der Gesundung wie der Tod die der Auferstehung und des ewigen Lebens, und sie läßt gewisse verbindende Organisationen zu, die Raum lassen für ein zwar beengtes Erleben, das aber doch noch lebendig ist, solange die andern auch krank sind und viele davon, daß eine bestimmte Form der Erkrankung gemeinsam erscheint und allgemein angenommen wird, die Gesetzen unterliegt, hervorgerufen und beseitigt werden kann. Man weiß allerdings heute, daß sehr viele Menschen geringen Wert auf Auferstehung legen, solange sie noch lebendig sind, und einige sind sogar lieber gesund als krank.

Der Generalnenner, auf den die Rechnung mit Krankheit zu bringen ist, ist Leid. Die gradlinige Assoziation zu Leid ist Tod, Tod als Bewußtwerdung der Vereinzelung und ein neuer Versteckversuch ist das „krank", eine neue Verdrängung vom Bewußtsein weg. Die Verdrängung ist besonders verwickelt und mit dem lebendigen Erleben durchwachsen, insofern der Assoziation zu einer allgemeinen Gesundheit oder besonderen Gesundung in gewissem Sinne die Rolle des Atems im Erlebensprozeß zugewiesen ist. Der Kranke erlebt sich in der Aussicht auf Gesundung und der Gesunde in der Gefahr der Erkrankung. Es ist sozusagen eine bescheidene Lebendigkeit, die der Mensch als organischer Lebendigkeitsträger, dem Gesetz zur Allebendigkeit abgerungen hat, obwohl er selbst organisch noch zum Tod strebt. Man unterschätze das nicht: *das* ist die Bewegung, die noch unser Leben ausmacht. Unser Ichbewußtsein, das gegen Krankheit und Tod zu kämpfen beginnt, steht gegen unser Leben selbst, so sehr ist dies mit dem Erleben von organischer naturgesetzlicher Unsicherheit und Schwäche, vom „Fall", vom Unfall und Krankheitsfall verknüpft. Es ist für den Einzelnen ein bitterer und aussichtsloser Kampf, und nur das Gemeinschaftsbewußtsein vermag eine zukünftige Plattform anzudeuten. Bis dahin, bis dieses allebendig bewußt ist, werden wir einzeln zugrunde gehen und uns in bitterer Scham verstecken müssen, krank zu sein – wir Schwachen. Man kann als Regel aufstellen: Was krank ist, ist immer krank und wer gesund wird, wird wieder krank, denn die Bewegung zum Krankheitsbewußtwerden wird überhaupt nicht berührt, noch viel weniger das Bewußtwerden über den Erlebensinhalt der Krankheit, den Intensitäts- und Tempoverlust. Dem Gesundbeten liegt, von Gott abgesehen, ein sehr kluger Gedanke zugrunde, der der *technischen Gesundung,* der technischen Ausschaltung von Erkrankungsmöglichkeiten durch Einordnung der inneren Eigenlebendigkeitsbewegung in den Gemeinschaftsrhythmus, durch Aufgehen des Ichbewußtseins in das Gemeinschaftsbewußtsein.

Das erst macht sicher und „gesund" unverletzlich, und wenn man will, ewig. Ich behaupte, daß der Tod durchaus kein unverbrüchliches, unabänderliches Naturgesetz darstellt und daß der Mensch für die gemeinsamen Erlebenszwecke sich der „Naturgesetze" bedient, also beliebig verändern kann, wenn einmal die Intensitätssteigerung des Gemeinschaftserlebens das verlangen wird. Ich kann mir gut denken, daß zukünftige Menschen einmal beschließen werden, nicht mehr zu sterben. Obwohl dieses Sterben heute noch so schön und eine Glückssteigerung ist. Bis zur Auflösung über die Assoziation und das Bewußtsein der Gemeinschaft hinaus in die Bewegung und den Rhythmus selbst. Bis zur organischen Sichselbsterschöpfung, die auflösend und daher glückbewußt ist. Wenn der Einzelmensch aufhören wird, auch sich selbst noch besitzen zu wollen, geschweige denn von andern Besitzassoziationen, dann ist er auch erst gemeinschaftsfähig. Erst dann strömt das lebendige Leben über den Tod hinaus.

IV
Gleichzeitigkeit

Die Eigenschaften des christlichen Gottes münden sämtlich in eine: die Gleichzeitigkeit. Das Problem dieser Gleichzeitigkeit und damit der Gotteseigenschaft und wenn man will der Göttlichkeit ist uns kein besonderes Geheimnis mehr, viel weniger noch ein Heiligtum. Es ist eine selbstverständliche natürliche Eigenschaft des Menschen, die menschliche Eigenschaft des Menschen, die Bewußtwerdung der Gleichzeitigkeit. Wer das Bewußtsein der Gemeinschaft trägt, und das ist das Menschenbewußtsein, das Menschliche und das Menschentum, der erlebt das Gemeinsame und gemeinsam. Die Funktionen des Erlebens, die Mittel des Geschehens sind nicht mehr einzeln, sie wirken nicht weiter vereinzelnd auf das Ichbewußtsein zurück, sie projizieren sich nicht länger als besondere Eigenschaften des Ichbewußtseins. Ich handle, ich denke, ich weiß, ich empfinde – in der Differenzierung der Sinne – heißt jetzt: ich handle mit, denke mit, weiß mit, empfinde mit vom Gesamthandeln, Gesamtdenken, Gesamtwissen, Gesamtempfinden – den meiner Erlebensintensität entsprechenden Teil, ich als Teil mit in dem Streben der Lebendigkeitssteigerung im Tempo zu dem allen hin, *mehr* zu handeln, denken, wissen, empfinden, damit der Rhythmus der Gemeinschaft, der Intensitätsgrad des Ichbewußtseins, das Icherlebenstempo frei wird. Damit der Kontakt Ich zur Gemeinschaft *bewußt* wird und sichtbar am Kristallisationspunkt des Mitgeschehens und Mitseins. Dieser

Kontakt ist zugleich der Erlebenspunkt des Glücksbewußtseins und differenziert sich nach den entsprechenden Assoziationen der sinnlichen Wahrnehmungen. Er wird zu dem, was das Ich sieht, fühlt, hört, tut und weiß. Im Rhythmus des Glücks, das ist der Lebendigkeit, der Mitlebendigkeit und der Allebendigkeit.

Eine ungeheure Kraft wird für den Menschen frei. Eine Kraft, die der Mensch heute noch benutzt, die Lebendigkeit gegen sein Leben, das Leben zum Tode in Verzweiflung zu halten, zu erhalten. Eine Kraft, die in jeder Lebenssekunde den Menschen davor bewahren muß, die Vereinzelung zu erleben, das heißt an der Lebendigkeit des All zu explodieren, sich in Atome aufzulösen. Eine Kraft, die der Kraft des organischen Weltgeschehens standhält. Tausendfältig ist diese Kraft in einzelne Teile in Einzelkräfte zersplittert, zu geistigen, seelischen, körperlichen Kräften und Funktionen des Einzelmenschen – nur zu dem Zweck, sich einzeln zu halten, das Ich neu und allein aufzurichten. Kräfte, die alle Kräfte der Sicherung, alle Assoziationen der Lebensangst und des Todes gegen sich haben und restlos überwinden müssen, will der Mensch leben und dieses Ich erleben, das heißt lebendig bleiben. Wir verstehen vielleicht jetzt, was es heißt, krank zu sein und *warum* wir krank sind, und daß wir alle noch auf der Strecke bleiben, wie bisher alle noch auf der Strecke geblieben sind. Wir ahnen etwas von dem motorischen Inhalt des menschlichen Lebens.

Diese Kraft liegt frei. Wir können sie beliebig anders einsetzen. Wir müssen sie anders einsetzen, wenn wir gemeinschaftsbewußt sind. Diese Kraft ist eine Funktion des Glücksbewußtseins. Ich kann mir denken, daß dieses Glück, jetzt freigelegt, uns zerschmettert. Menschen wie wir, aus diesen Tagen noch, zerfressen von Leid und dem Tod verfallen. Es verbrennt und es löscht uns glühend aus, wie jene letzte Auflösung, die wir noch Tod nennen, und die jenes Freiwerden, das Nachlassen unserer Ichwiderstände ist. Wo bleibt für uns die schmale Erlebenslinie des Lebendigen?

Das Wissen um die Gleichzeitigkeit, das Gleichzeitigkeitsbewußtsein ist für uns die Brücke. Die Gemeinschaft als Erlebensrhythmus und als Erlebensbewegung *war* nicht und *wird* nicht sein, sie *ist,* das heißt sie ist fortwährend, sie wirkt. Wir können Vergangenheit und Zukunft nicht mehr die gleiche

Wesensintensität zuerkennen wie dem gegenwärtigen Sein, dem gegenwärtigen Werden. Die Assoziationen eines Gewesenen, der Aufeinanderfolge und das Hinterher als Auswirkungen von Leid und Lebensangst, aus der naturgegebenen Not sich anklammern zu müssen und festzuhalten, es wird gegenwärtiges Erleben, sich festgehalten zu haben, noch zu sein – – – diese Assoziationen zerflattern, lösen sich auf in der Freilegung des organischen Ichbewußtseins, in der Bewußtwerdung der Gemeinschaft, die Assoziationen der Zukunft, sind es nicht nur Angstgebilde eines vorzuerlebenden Vergangenen, woher das Ich noch ist, ducken sich zusammen, ballen sich in der Intensitätssteigerung, im Tempo, im Glücksbewußtsein. Das Glück frißt die Zukunft auf, kann man sagen. Bleibt die Gegenwart, die Allgegenwart, das Aufeinander des Geschehens, der Gedanken und Empfindungen konzentriert sich im Glücksbewußtsein, in der Lebendigkeit des Ichrhythmus in *eins* und differenziert sich von dort her beliebig und verschieden, wie wir unser Erleben in der Gemeinschaft buntfarbig gestalten und schmücken. Es gibt kein Aufeinander mehr, keine Reihe, kein Hinterher. Die Assoziationen gespeist aus dem Einen, der Gemeinschaft und dem Glück werden als technische Mittel freier. Wir erleben das Mitwissen und das Mitgeschehen und schmücken uns. Wir wissen Alles und fühlen und sehen und hören, welche Bezeichnung wir immer einer sinnlichen Wahrnehmung geben wollen – Alles. Alles, das gleich und rhythmisch verbunden mit Ich ist. Nicht in der Vergangenheit oder Zukunft oder auch im Gegensatz hierzu nur in der Gegenwart, sondern in der Lebendigkeit des Miterlebens, der Gemeinschaft. Unser Begriff von Zeit ist falsch, weil er ohne Inhalt, ohne lebendigen Erlebensinhalt ist. Die Zeit ist für uns das Maß für den Tod. Mit- und Gleichzeitigkeit ist ohne die Vorstellung der Grenzen, des Endes, des Raumes als gleichen lebendigkeitsbaren Wesensinhalt einer zeitigen Lebensangstassoziation. Sie ist als Erlebenssphäre, als Rhythmus zugleich die Zertrümmerung sogenannter Naturgesetze.

V
Die Relativität der Naturgesetze

Dasjenige, was wir als Naturgesetze ansehen, *auf uns wirken fühlen,* ist die gedankliche Kristallisation der assoziativen Differenzierungen des einen Gesetzes der Lebendigkeit, des Lebendigen zur Lebendigkeit. Wir sprechen von Gesetz, weil wir es *in* uns fühlen und nicht über uns, weil wir Träger und Mitlebendiger, das ist Mitschöpfer dieses Gesetzes sind. Die Auswirkung dieses Gesetzes auf das Ichbewußtsein projiziert sich im Glück. Seine Differenzierungen, die assoziativen Teilgesetze können ihrer Intensität nach von dem Gesamtrhythmus zum Allgesetz nicht abweichen, im Gegenteil, jede Verfeinerung bedeutet ja Intensitäts- und Temposteigerung, sie müßten also eine Steigerung des Glücksbewußtseins in seinem rhythmischen Erleben bedeuten. Jeder weiß, daß das Gegenteil der Fall ist. Wir leiden unter diesen Gesetzen, wir bewegen uns gegen sie und unser Streben ist, sie zu durchbrechen und aufzuheben. Die Wissenschaft ist darauf aufgebaut, der Hoffnung Raum zu geben, vielleicht sind sie doch nicht allgemein wirksam, vielleicht anders oder sonstwie nach einer beweglicheren Lösung hin. Wir empfinden jedenfalls, daß sie nicht Glücksmittler und Lebendigkeitsträger sind, denn sie beweisen uns den Tod und das Lebendige außerhalb des Ich, das ist Vereinzelung und Verzweiflung. Sie sind in einem weit größeren und allgemeineren Rahmen dasjenige in der Leidkonstruktion menschlichen Erlebens, was der Zwang, das Sich-selbst-zwingen im Übergangsleben zum Glück bedeutet. Wir vermögen daher durch diesen solche Gesetzmäßigkeiten zu beugen und auszuschalten.

Das Glücksbewußtsein als Intensitätsballung hat Widerstände aufgesogen. Es macht die Widerstände lebendig, rhythmitisiert und *schafft so die Gesetze um.* Es gibt uns die Gesetzmäßigkeit in die Hand. In andern Worten: der Mensch wird leichter. Er fliegt und es unterliegt keinem Zweifel, daß, ist das lebendignotwendige Bedürfnis der Gemeinschaft zur Gemeinsamkeit vorhanden, die Menschen auch in einer Weise sich leicht bewegen werden, ohne die heute in Geltung befindliche Assoziation von einem Gesetz der Schwerkraft als Widerstand zu finden. Die Assoziation wird eine andere sein und wir werden auf das Gesetz nicht nach dem Leid, der Schwere und der toten Körperlichkeit in diesem Falle schließen, sondern der Leichtigkeit, der Lebendigkeit, der Gleichzeitigkeit. Die Vorstellungswelt der Umwandlung von Stoff und Kraft der Elektrizität und des technischen Mittels ist beliebig veränderlich. Je gleichzeitiger wir sie erleben, je intensitätsgeballter, desto bewußter erwächst die Regelung solcher Assoziationen in uns. Je mehr diese Assoziationen nicht nur Verständigungsmittel, sondern Gemeinsamkeitsmittel geworden und in rhythmischer Bewegung sind. Darauf kommt es an. Sie sind abhängig vom Grad der Gemeinsamkeit, der Intensitätsstärke des Gemeinschaftserlebens und dem Tempo des Gemeinschaftsrhythmus. Sie sind untergeordnet dem vollendeten Ichbewußtsein, dem Menschlichen im Menschen, der Mütterlichkeit. *Es steht hier die Frage, ob der Mensch den Mut hat, davon Nutzen zu ziehen. Er wird es tun, wenn dieser Nutzen zugleich das Bewußtsein geworden ist, als gemeinsames Erleben und lebendige Gemeinschaft.*

VI
Das Wesen der Utopie

Von der Darstellung des Thomas Morus über die Einrichtungen und das Leben im Staate Utopia hat sich eine allgemeine Geltung beanspruchende Vorstellung von Utopie gebildet, die als solches Vorstellungsganzes genommen jetzt in Gegensatz zu den daraus gewonnenen kritischen Folgerungen gestellt werden muß. Die *Vorstellung* der Utopie ist das Wesentliche, nicht der Inhalt, noch weniger die sogenannte praktische Forderung. Die utopische Vorstellung, der utopische Gedankengang ist eine notwendige Ergänzung der kritischen Projektion der Umwelt auf das Ichbewußtsein, die Wiederspiegelung der erleidenden Gegenwart, eine Flucht zur Lebendigkeit über das Leben und die Organisation, die dieses Lebendige nicht besitzt, hinaus. Notwendig wie Himmel und Hölle des Gottgläubigen. Der Intensität der Erlebensnotwendigkeit zu dieser Vorstellung entsprechend projiziert das Ichbewußtsein sich in differenzierenden Assoziationen zur Gemeinschaft, in Anknüpfungen und Versinnbildlichungen der Erfahrungsgegenwart. Diese Utopien, die zwar an sich sämtlich Gemeinschaftsutopien sind, gliedern sich doch noch um bestimmte Einzelprobleme sowie ganz allgemein um die Idee, das ist das Erleben der Gemeinschaft. Die Psychotechnik dieser Utopien ist bereits lebendiges Erleben, obwohl überwiegend unbewußt und auf den engen Kreis des Ichbewußtseins beschränkt. Es genügt aber, die Rhythmik utopischer Vorstellungs- und Denkweise freizulegen, um utopische Empfindungsintensität bewußt werden zu lassen. Wir nennen das bisher das religiöse Gefühl, die religiöse Stimmung, die heute noch die Mehrzahl aller Menschen in ihrem Bann hat, einen Zwang zur Konvention der Verzweiflung. Die Furcht kritischen Denkens vor der Vorstellung „utopisch" ist nichts weiter als die aus der Lebensangst folgende Furcht vor lebendigem Erleben.

Die sogenannten sozialen Utopien sind die Verwandlungen der im Erlebenwollen der Gesellschaft, die damit gemeinschaftsnah wird, verbliebenen Lebendigkeitsreste, lebensdrängender Fragen, die eine lebendige Antwort erfordern, die Durchdringung der Gesellschaft mit Lebendigkeitssphäre. Deshalb nennt man sie Utopien, deshalb ist der Grundzug das Mehr, Besser, Weiter und Tiefer. Niemals liegt es im Wesen dieser Utopien, eine neue Gesetzmäßigkeit aufzurichten, wie es doch nicht zum Wesen der Musik gehört, einen Park zu pflanzen, wenn sich beide Vorstellungsreihen um die Harmonie in dieser Assoziation kreuzen. Es ist der Schrei nach Gemeinschaftserleben, nach Erlebenstechnik, nach Arbeit und Glück, der in der Utopie Bewegung wird, wahrnehmbarer Rhythmus. Man hält beispielsweise Charles Fourier für verrückt, weil er, in kümmerlichsten Verhältnissen lebend, bei der Beschreibung der Entwicklung der sozietären Gemeinschaft sich mehr damit beschäftigt, seitenlang die Genüsse, die Leichtigkeit und Schönheit des Lebens zu schildern, so daß ihm schließlich die Worte fehlen und er sich mühen muß, neue zu bilden, die ungefähr das ausdrücken, was er bewußt machen will und muß, weil er es schon empfindet – weil er also Lebendigkeit zu erleben beginnt und den Mut dazu hat, anstatt auf der Basis seiner Kritik der Gesellschaft diese Gesellschaft paragraphiert *kritisch* umzuwandeln unternimmt, das heißt vernunftgemäß. Vernunft ist Irrsinn, ein Sinn, der in die Irre gegangen ist, dem der Gemeinschaftsrhythmus fehlt, ein Sinn, der einzeln ist. Der heilige Augustinus soll bei Abfassung seiner Civitas Dei (Gottesstaates) so laut gesungen und getobt haben, daß seine Freunde Beschwörungsformeln beteten in der Annahme, der böse Geist sei in ihn gefahren. Wir werden mehr oder weniger von allen Utopisten das Gleiche berichten können.

Es zeugt von dem Erlebensbruch im menschlichen Denken, daß man immer wieder versucht hat, diese Hoffnungen auf das Gemeinschaftserleben, das im Unterbewußtsein geblieben ist, aber dort schon lebendig ist, in Wirklichkeit umzusetzen. Was bedeutet aber diese Wirklichkeit? Das Geschehen um Einzelne herum? Das Verbindende aus Lebendigkeitsnotwendigkeit zur Sicherung der Vereinzelung, der Verzweiflung zur Konvention, Staat und fremder erlebensfeindlicher Gesetzmäßigkeit? In dieser Wirklichkeit soll unterbewußtes Dämmern, das im Einzelbewußtsein nach oben züngelt, bestehen können? Es zeugt davon, daß alle religiösen, die sozietären und humanitären Sektierer zwar im Unterbewußten gemeinschaftsbewußt geworden sind, aber den Kontakt des Ichbewußtseins zur Gemeinschaft noch nicht gefunden haben, damit also das lebendige Wissen um die Gemeinschaft nicht besitzen. Weil sie es gar nicht besitzen können, da es als lebendiges Erleben Rhythmus und Bewegung nicht des Ich, sondern der Gemeinsamkeit ist. *Die Gemeinschaft und das Wissen um die Gemeinschaft aufgelöst in diesen Rhythmus für unser Erleben wird zu der allerfüllenden Harmonie nur gemeinsam. Als technisches Mittel zur Gemeinsamkeit wirkt die Gemeinschaftsutopie.*

Rückblick

Damit sind wir am Schluß unserer Betrachtungen. Es ist mir nebensächlich, ob man in manchem oder in allem mit mir übereinstimmt. Auch der Inhalt dieser Schrift ist, wie alles Begriffliche im Leben, nur *Form,* in die das Lebendige hineinströmen soll. Wir räumen der Körperlichkeit und mit Recht eine steigende Bedeutung für unser Leben ein. Die Systeme für das Training der Muskeln, Turnen und Sport sind geeignete Mittel zum Erleben der Lebendigkeit, wenn das Trainieren unserer Geistigkeit, unserer Menschlichkeit damit gleichen Schritt hält, wenn das eine das andere bedingt und auslöst. Es ist Tatsache: *Wir sind schon in Bewegung.* Wir haben nichts zu finden und zu entdecken, sondern uns nur bewußt zu machen. Wir erkennen längst die Mechanik des Denkens, üben wir uns darin!

Manche hier häufiger verwendeten Ausdrücke, wie assoziieren und projizieren, sind technische Begriffsbildungen der Psycho-Analyse, für die es, ohne nicht den Sinn völlig zu ändern, zur Festlegung *dieser bestimmten* Anschauungsweise keine gemeinverständlichen treffenderen deutschen Ausdrücke gibt. Die psycho-analytische Technik verwirft das „Lernen", sie bekämpft die „Erziehung". Sie setzt dafür die Bewußtmachung der Technik, der Erlebensmittel, der Gemeinschaftsverständigung. Sie wird selbst zur Technik der Lebendigkeit, sofern sie vom Lebendigkeitsrhythmus in der Gemeinschaft getragen ist. Unterschiebt man dem Bewußtwerden den schon veraltenden Begriff „verstehen", so kann jeder und besser ohne Bildung und Vorkenntnisse, das, was diese Schrift will, verstehen, und wäre sie in Notenpunkten und Bilddarstellungen geschrieben, ohne Worte – wenn er, statt in Vereinzelung zu leben, in Gemeinsamkeit erleben will, wenn es gelungen ist, beide, den Leser wie den Autor, gemeinschaftsbewußt zu machen. Dafür muß Tempo und Rhythmus dieser Schrift zeugen.

Die ökonomische Umgestaltung des Lebens zum Erleben ist bereits in vollem Gange. Sie überwuchert heute und mit Recht den Intensitätsgehalt der Revolution. Bald wird indessen die Wucht des so überlange eingedämmten Erlebens die Formen erweitern und sprengen, wenn wir sie zu zügeln nicht imstande sind, da wir von der gemeinsamen Arbeit an den Widerständen erschöpft sein werden. Dann wird der Klassenkampf neue Form und veränderten Inhalt gewonnen haben. Die Jugend wird sich erheben gegen das Alter, und die Frauen werden die alte Form der Familie erobern in Umwandlung der Widerstandsorganisation dieses Staates und dieser Familie zur intensitätssteigernden Gemeinschaftsorganisation des Mutterrechts. Auch diese Revolutionen, die nicht so sehr Folgen und Auswirkungen der ökonomischen Revolution, sondern schon gleichzeitig direkt deren Erlebensinhalt sind, werden an den organischen Widerständen einer zum Leid gefesselten Lebendigkeit gemessen werden als Auseinandersetzung der schon Gemeinschaft gewordenen Klasse gegen die Gesellschaftsreste. Ich weiß aber, daß schon mit der kommenden Generation die Intensität dieser

Widerstände schwinden wird, da, wie das aufsteigende Licht im Osten an noch fernem Horizont, der anhebende gesteigerte Rhythmus der Weltharmonie in unserem Blute bereits dunkel kreist.

Ende

Die Technik des Glücks II. Teil
Mehr Tempo! Mehr Glück! Mehr Macht!
Ein Taschenbuch für Jedermann

EINLEITUNG

Um einer falschen Auslegung vorzubeugen

Die Schriftsteller dieser Zeit sind bemüht, auszudenken, sie seien die Schrittmacher der Entwicklung. Nachdem das amerikanische Tempo verflacht ist zu einem engstirnigen Wettlauf um die Norm, nachdem der immer schon lächerliche Schullehrergedanke in einer Weise Schiffbruch erlitten hat, daß er vor lauter Prügel gar nicht mehr weiß, was in der Welt eigentlich vorgeht, ist's für den Schriftsteller von Vorteil, einer tempobeschwingten, psycho-technischen Richtung anzugehören. Aber alle die Leute, die von den seelischen Katastrophen zu den Box-Matches hinübergewechselt sind, haben es nicht für nötig befunden, auch ihren Sessel zu wechseln. Dem Lettern-Tempo folgt daher der Einbruch der Kurz-Atmigkeit und Herz-Erweiterung. Auch das ist Beschleunigung. Würde überdies das Leben jetzt vergröbert, so wäre für den deutschen Verleger die Chance gegeben, amerikanische Leser zu finden, so wie er sie sich vorstellt. Auch der Film winkt. Aber wozu streiten, lassen wir das. Ich will die Wahrheit sagen.

Als wir schon, um dieses Land für immer zu verlassen, mit einem Zuge, der bereits aufgehört hatte, beschleunigt zu sein, durch Ostfriesland fuhren, hatte ich ein sehr seltsames, zwiespältiges, unangenehmes Erlebnis, das mich in der unmittelbar folgenden Erinnerung in zunehmender Weise beunruhigt hat. Der Zug hielt auf einer von den kleinen Stationen in den Moordörfern. Das Stationsgebäude war eine Blechbaracke. Daneben stand hinter Büschen ein wenig versteckt ein kleines Haus, dessen zwei Fenster zu ebener Erde das Wohnzimmer andeuteten. Das dritte, das Giebelfenster, war schon ohne Glas. Ein paar Bäume waren hinter dem Haus. Zwischen Station und Haus lief ein schnurgerader, endloser Weg nach hinten. Weite grüne Wiesen, von kleinen Gräben durchzogen, und am Horizont die schwarzen Segel, die traumgleich dahingleiten. Dort mochte ein Moor-Kanal sein. Der Zug hielt etwas unvermittelt, ich sah aus Gedanken auf – in die pralle Mittagssonne. Um das Anwesen war ein Lichtkreis gezogen, der, von oben breiter, wie nach einer Spitze zu nach unten drückte, Hühner gackerten, eine Lerche stieg auf, und eine breite schwere Stille –

da hatte ich das Erlebnis: der Gedanke stand klar vor mir: warum kann ich hier nicht bleiben – warum könnte ich nicht hier wohnen, in einem solchen Hause, die Wiesen, das Moor – ich stelle keine großen Ansprüche, man wird hier arbeiten, ich kann Bahnwärter sein – was ist das, die große Welt, die Produktions-Zusammenhänge, der Kampf um die organisch-technische Neugestaltung der Gesellschaft – verdammte Phrase das alles! So war das.

Ich bin kein Freund von Idyllen. Sicherlich spann sich hier eine Idylle weiter. Ich bekämpfe Idyllen. Mir stieg das Blut zu Kopf. Es ist notwendig, zu wissen, unter welchen Bedingungen man in den Ring geht. Sonst kann man als Narr, Windbeutel oder Hohlkopf gelten. Wenn Stärke Unverwundbarkeit bedeutet, so bin ich nicht besonders stark. Aber zäh – vielleicht ist diese Zähigkeit nur Eigensinn, Widerstand gegen etwas anderes, das auf mich eindringt, mich aufzulösen. Statt mich hinzugeben, zäh? Es ist gut, daß man derartige Erschütterungen glaubt verbergen zu können. Aber du, der du zu mir sprichst, nicht mit Worten und Gesten, sondern mit deinem Leben und deiner ganzen Welt, bist sehr schnell darauf gestoßen. Unsere Wunden vertragen sich nicht miteinander, während wir das gemeinsame Glück nicht halten können, weil es so selbstverständlich scheint.

So fuhr der Zug weiter und das Leben fing wieder an.

Ein Gespräch

Die Unruhe im Blut. Das Ziel zu zwingen. Aus der Unruhe geboren. Und mit zusammengebissenen Zähnen gegen das Glück. Aus Bewegung Befriedigung zu holen.

Eine Frau mag daran zugrunde gehen. Und wer sich selbst belügt. Tempo oder Angst? Wir Schwachen, weil wir noch so allein sind, oder wir Schwächlinge, uns darauf zu berufen. Der Mütterlichkeit liegt das Wesen der Dinge offen.

Darüber entwickelte sich ein Gespräch, das sich zuspitzte, und dessen Endrichtung, nachdem wiederum über den Konflikt bereits entschieden ist, der Katastrophe näher natürlich, wiederzugeben Literatur wird.

Du: „Wenn man etwas wirklich will, so kann man es auch ausführen."

„Wie kann man das nur immer wissen. Wahrscheinlich am

Erfolg." Jede Bosheit, auch die bemitleidenswerteste, drängt sich zu früh vor und hebt sich damit auf.

Du: „Der Erfolg ist kein totes Ende, sondern eine Bewegung. Für uns liegt der Erfolg und das Ziel bereits im Ausführen."

„Das ist richtig, nur die Widerstände wachsen."

Du: „Je mehr wir sie selbst züchten, weil wir beide aneinander so unsicher sind."

Ich – wollte sagen, für meinen Teil habe ich davon noch nichts gemerkt, und wenn es so wäre, so läge es an dir, für Sicherungen zu sorgen, dich beweglicher zu machen. Ich sagte nur das letzte.

Du: „Wenn man fortgesetzt Knüppel zwischen die Beine bekommt; es ist manchmal, als sollte man ersticken –"

Hier schwiegen wir beide eine Zeitlang. Ich suche nach neuen Waffen.

„Sicherlich tun zwei mehr als einer, sie stützen sich, helfen sich weiter, wenn sie *eine* Bewegung und *ein* Rhythmus sind. Das müssen sie aber *sein*, nicht nur wollen."

Du: „Man zweifelt manchmal, ob wir das noch sind. Ist es nur so, daß der eine Mensch den andern gebraucht für den oder jenen Zweck, und nur beobachtet und kritisiert, wie der andere läuft? Das ist keine Beziehung, von der man getragen werden kann."

Ich – finde das, nachdem du so heftig wirst, nicht. Ich verstehe nicht – der Rhythmus der Menschen zueinander muß reibungslos sein.

„Findest du –" (das greift tiefer als ein Gespräch). Aber du sagst nichts mehr. Ich warte, horche noch auf den brüchigen Ton, der nachklingt –.

Dann: ja so ist es. Wir fühlen uns trotz alledem noch einander im Wege. Der eine gehemmt, daß der andere darauf wartet, eins zu werden und mitzuschwingen, wo ihm alles schon längst natürlich gegeben scheint, während der andere ängstlich wird über die sich daraus verbreitende Unsicherheit und an Tempo verliert und zurückbleibt, nachdem jener im Grunde genommen schon stehen geblieben ist und strauchelt. So geraten sie gegen einander. Weiter – heißt es. Auf der Beziehung ruht alles. Erst müssen zwei eins sein, wenn die Gemeinschaft *alle* umfassen soll. Weiter doch. Aber da krampft sich alles. Tempoverlust, die Wahrheit verloren. Scham ist geblieben, wenn nicht gar ein klein wenig Haß. Das Einzelleben steigt hoch, die Wunden, die Lügen und die Verbrechen an der Gemeinsamkeit. Unnötig, darüber hinwegkommen zu wollen.

Du – wirst es immer mittragen wollen, um es mit deinem Erleben zu umschatten, mit Liebe und Wärme, mit Vertrauen und der Bitte, gut zu sein. Alles lebt, steh nicht still.

Ich gleite von den Vorgängen herunter zur Scham, zur Selbstzerstörung, zur Empörung, weil einmal einzugestehen die Macht der Mütterlichkeit neue Anforderungen stellt, denen man sich zu entziehen strebt, solange man mit der ersten Aufgabe noch nicht fertig ist. Man kann aber nicht eine Aufgabe *hinter* der anderen erledigen, sondern immer nur alle Aufgaben zugleich, soweit sie als Summe dem Intensitäts-Bewußtsein des Einzelnen entsprechen. Darin soll man nicht bescheiden sein. Weiter und mehr, immer mehr und noch mehr!

Die beiden Menschen, auf denen in dieser Sekunde die Welt ruht, sind sich im Wege. Es ist nicht nötig, daß sie sich anschreien oder daß sie anfangen sich zu prügeln, um sich wieder zu finden. Der große Motor, der die Wolken treibt, die Bäume wachsen läßt und die Tiere über die Erde hetzt, greift schon von selbst ein. Der Kahn sitzt fest, Zappeln, Verzweifeln, Katastrophe. Jetzt aufpassen, daß man das Steuer noch faßt. Sonst ist alles hin. So wird es sein bei unserem Tode, der noch lange nicht so glücklich ist wie er sein könnte, sondern eher eine läppische Dummheit, die wie ein Fluch wirkt.

Siehst du – und dann: getrennt, festgesetzt, zurückgeworfen, niedergeschlagen – bricht die Qual an, das Leid. Der Schmerz um das Nichtgenügend-verstanden-sein, die bohrende Bitterkeit über die neue schwere Aufgabe, die daraus „erwächst", die Wut gegen das Nichts-weiter-mehr-tun-können, die Verzweiflung, wiederum nichts getan zu haben – und der Zusammenbruch in der Erkenntnis unwürdig zu sein.

Das ist schwer. Und sehr schwer und hart und unsinnig.

Aber eine Revolution läßt sich damit nicht machen.

Und die Menschen kommen einander nicht näher.

Dann ballt sich in der Brust alles Leben zusammen. Es würgt sich nach oben in die Kehle – Luft! Es wird einem eiskalt, Fieber. Das Herz schlägt noch. Die eine Stimme bettelt: Vergib, die Gegenstimme hohnlacht: weiter, was tuts, grade recht so – man macht sich über sichselbst lustig. Das vermag einen Augenblick zu beruhigen. Doch verträgt der Mensch nicht viele solcher Stunden. Er stumpft ab oder bricht zusammen, ihr Märtyrer. Das Martyrium in der Mütterlichkeit ist ein Glück. Das Unglück aber ist allein, im Verbrechen gegen das Glück, gegen die Gemeinsamkeit, gegen die Beziehung, gegen die Mütterlichkeit. Davon erholt sich einer nicht so leicht, es bleibt eine Wunde. Wenn wir uns mit unsern Wunden vertragen könnten!

Vergib.

Noch immer bricht die Welt zusammen.

Der neue Gott sitzt noch nicht fest genug. Er wackelt noch.

DAS ARBEITSPROBLEM
ARBEIT GLEICH MENSCHLICHKEIT

Die mütterliche Aufgabe

Über den Begriff Mütterlichkeit, um den man nicht herumkommt, muß Klarheit geschaffen werden. Vor nicht allzulanger Zeit war noch das Schlagwort Brüderlichkeit in aller Munde. Man weiß, wie es unter Brüdern ist, und der allgemeinen Brüderlichkeit ist es nicht besser ergangen: man stellt sich etwas sehr Schönes darunter vor, aber es ereignet sich nichts. Die Menschen sind damit in Wirklichkeit keinen Schritt weiter gekommen. Der Grund hierfür ist ein sehr einfacher: Der Einzelne, der heute zu dem andern unter Erwägungen allgemeinster Art Bruder sagt, ja sich als Bruder im Rahmen einer Volks- oder Rassen-Familie oder Familie schlechthin auch so fühlt, wird in seinem Wesen, in seinem Empfindungsaufbau nicht im geringsten beeinflußt. Es bleibt rein äußerlich, weil er ja durch nichts verändert immer derselbe Mensch bleibt. Man kann sogar sagen, daß der Bezug auf den natürlichen leiblichen Bruder einer Mutter eher hemmend wirkt, da bei dem elenden Zustand unserer heutigen Vaterrechtsfamilie die Brüder nur das Negative des Sich-Wehrens gegen den Familieneinfluß gemeinsam haben und im Positiven des Loslösens von der Familie automatisch sich gegenseitig in den Weg kommen, solange die individuelle Kraft diesen Loslösungsvorgang noch entfesseln und entscheiden muß. Mit der Brüderlichkeit ist es also nichts, solange nicht eine Familie in der gedanklichen Vorstellungswelt besteht, die Brüderlichkeit als Intensitätssteigerung, als Lebenserweiterung trägt und auslöst. Eine solche Familie besteht zwar in der Theorie, die Mutterrechtsfamilie der kommenden neuen Gemeinschaft, die auf gemeinsamer Arbeit, gemeinsamem Glück und gemeinsamer Macht aufgebaut sein wird. Für die Beurteilung aber der in der Gegenwart wirkenden seelischen Hemmungen, für die Untersuchung der Ursachen des menschlichen Unglückes, des immer wiederkehrenden Zusammenbrechens von Kameradschaft, für die Auflösung des im Grunde unverändert schwelenden Hasses und gegenseitigen Vernichtungswillens, der trotz aller Technik des Niederzwingens in einem Augenblick hervorbrechen kann, um alles zu zerstören, kommt eine Theorie, ein Zukunftsbild, eine noch so wundersame Hoffnung nicht in Betracht.

Damit der Mensch den andern erträgt, dazu gehört Trag- und Aufnahmefähigkeit. Das ist die erste und zugleich die Grundeigenschaft der Mütterlichkeit. Die Gedanken-Verknüpfung mit der natürlichen Mutter liegt nahe. Die Mutter ist aufnahme- und tragbereit für den kommenden Menschen, es füllt dies im eigensten ihr organisches Leben aus. Sie erlebt sich darin, in Freud oder Leid, und je sichtbarer das Erleben sich projiziert in die Vorstellungswelt, desto größer die innere Befriedigung. Auch Leid wird zu einer leeren Form, die für die Sehenden das Glück birgt. Ein natürlicher Vorgang, der nur nicht genug offenbar ist, weil der Mensch, das menschliche Einzelwesen, also auch die Mutter, Glück und Leben nur innerhalb und mit der Gesamtheit der Menschen erleben kann, zwar auf der Grundlage der von ihr selbst aufgebauten Erlebensintensität, aber in lebendigem Kontakt mit der Umwelt, der Gemeinschaft. Fehlt diese Verbindung, fehlt die Gemeinschaft, ist das ursprünglichste menschlichste Leben nicht gegeben. Es ist belastet, gehemmt und gestört. *Belastet* mit der Angst des Einzelseins, des Sich-nicht-voll-erleben-könnens, *gehemmt* durch die fortwährend zu erzeugenden Sicherungen gegen den Tod – denn die Gedankenverbindungen mit Aufhören und Ende für etwas, was noch gar nicht ist, sich nicht erlebt, lösen eine ungeheure, wenngleich negative seelische Produktion, auf der unsere heutige Kultur beruht – und *gestört* durch den Nebenmenschen, der krampfhaft, wie nach dem Strohhalm greifend, die Beziehung sucht, sich festklammert in der dumpfen Gewißheit, das gemeinsame Erleben zu zwingen – und damit vergewaltigt. Für eine Mutter sind solche Vorstellungen organisch mit dem Kinde verknüpft, das zu schützende, aufzuziehende, wehrlose und nichtwissende zweite Ich – eine aus der unglückseligen gegenwärtigen Gesellschaftsform herausgebildete Überwucherung, Hysterie des Muttergefühls, ein ungeheurer Verbrauch, eine Verschwendung von lebensnotwendiger psychischer Kraft, die der Gemeinschaft entzogen wird und nichts nützt. Im Gegenteil: das heranwachsende Wesen, statt es gemeinschaftsfähig zu entwickeln, wird geschwächt, in seinen Empfindungen abhängig gemacht von der Mutter als Einzelwesen, also selbst wieder einzeln gemacht und dem, was wir Leid nennen, preisgegeben.

Keine Freilegungstechnik von Konflikten, keine Analyse ist imstande etwas anderes dafür zu setzen, weil der beurteilungsmögliche Punkt des Erlebens nicht der des Einzelnen, sondern ein gemeinschafts-getragener sein muß, weil die aufzulösenden Gedanken-Verbindungen immer wieder einzeln – und nicht gemeinschaftsideologisch sind. Weil das, was wir jetzt gemeinsam und gemeinschaftlich nennen, nicht die Summe von Einzelnen, von Einzelerleben, von Einzelempfindung ist, sondern etwas völlig Neues, selbständig Drittes, eine eigene Kraft und Wertung für sich, die die Plattform bildet für die Entwicklung unseres Erlebens, aus dem in einer intensitätsgesteigerten noch explosiven Form sich der kommende eigne, nicht mehr einzelne Mensch individualisiert und sich schmücken wird. Diese Gemeinschaftstechnik ist die Mütterlichkeit. Sie überträgt die organische Empfindungs-Tiefe des Werdens und Geschehens auf die vom Dasein her lebendige Verbindung der Menschen. Das heißt: dasjenige, worin bei dem natürlichen Muttergefühl in der organischen Verbindung zu dem neuen Einzelwesen, dem zweiten Ich, die glückhafte Erlebens-Möglichkeit zu liegen scheint in ihrer Schwankung zwischen Freude und Leid, Hoffnung und Leid, wird verallgemeinert. Es wird auf die Gemeinschaftsgrundlage gebracht. Es wird zu einer Lebensforderung der Gemeinsamkeit, zu einer Vorbedingung. Es wird zu einer Aufgabe und wird zu einem Gesetz. Man soll das Verallgemeinern nicht falsch verstehen: Nicht *nur*, was für einen gilt, soll für alle gelten, sondern was für den Einzelnen, weil er dem andern entzogen wird, nicht gilt, gilt darum *umsomehr* für alle. Das ist die Formel der sozialen Revolution. Dieses „Umsomehr" ist die mütterliche Aufgabe in unserer Zeit, die um den Durchbruch der neuen Gesellschaftsform ringt und noch untergeht, erschöpft in Resignation und Verzweiflung.

Mütterlichkeit und mütterliche Aufgabe ist eine Erlebenstechnik zu den andern und *mit* den andern. Nur mittels dieser Technik kann der Kampf um die Gemeinschaftsform aufgenommen werden. Die soziale Revolution, die im wesentlichsten eine Form dieses Kampfes und zugleich eine Etappe ist, wird meist falsch beurteilt. Man sieht nicht, daß es eine Auswirkung einer psychotechnischen Bindung ist, dem Schrei nach vollem Glückserleben nachzukommen, in der Tat also eine Bewegung und nicht ein Zustand, den diejenigen annehmen, die einen Wertmaßstab anlegen. Man kann den Intensitätsgrad messen, den Wärmegrad und das Tempo zum Glück, aber nicht den Wert oder Unwert. Gibt es denn ein Recht, höher als das zum Leben? Und wer will sich einbilden, darüber zu urteilen, nur weil er Geschichte gehört oder juristischen Unterricht genossen hat? Es scheint, die Überzeugung wird allgemein, daß das ausgemachte Narren sind. Wer den Drang nach Gemeinschaft nicht erlebt, der soll abtreten und sich verstecken. Er ist ein Unglücklicher, aus einer unglücklichen Zeit zurückgeblieben, der wie ein Bleigewicht auf der sich formenden Gemeinschaft lastet. Er würde nichts anderes verdienen als totgeschlagen zu werden, wie wir lästige feindliche Tiere totschlagen. Und doch läßt man ihn leben. Man läßt ihn sogar häufig genug noch in der Macht. Es ist noch so, daß die Gemeinschaftsbewußten sich vor dieser fremden Macht beugen, wenn auch unwillig und voller Scham.

Hier setzt die mütterliche Aufgabe ein. Sie muß die Gemeinschaft aus dem Glauben und der Hoffnung in den Zustand der Lebendigkeit setzen. Sie hat die Gemeinschaft zu sichern und zu festigen, in der Tat erst zu verwirklichen. Leben und Erleben ist Kleinarbeit, ist tausendfältig differenziert. Das aufzunehmen, das zu tragen, die Bedingungen der anderen zu erleben, aufzulösen, freizulegen – zu mir hin, zu dem andern hin – unter dem Ziel der Lebendigkeit des Gesetzes zur Gemeinsamkeit und Gemeinschaft – das trainiert und exerziert, das macht stark und schafft die Sicherheit, das formt den neuen Erlebensblock, auf dem das Glück erblühen, und dem die Macht zufallen wird, wenn die Gemeinschaft sie sichtbar in der Auseinandersetzung mit den kranken gemeinschafts- weil erlebensfeindlichen Resten ihres eigenen Selbst und der anderen brauchen wird. Diese zielbewußte Mütterlichkeit ist die Vorbedingung des Kampfes. Jeder Kampf um die Gemeinschaft wird heute noch geführt mit dem sicheren Bewußtsein zu unterliegen. Es ist ein Genuß, zugrunde zu gehen, weil der Einzelne so allein und das gemeinsame Erleben so fern ist. Warum das, soll das so bleiben? Wollen wir nicht den Mut aufbringen, mütterlich zu sein? Weil es auch unsere Existenzgrundlage tiefer auflöst und faßt, weil daraus unser Wissen und unsere Aufgaben größer werden, weil wir uns verbreitern, über unsern krüppelhaften Zustand hinauswachsen, der Freiheit, der Sonne, der neuen andern Brüderlichkeit, der Gemeinschaft entgegen – und wir sträuben uns, an das Dunkel gewöhnt? Pfui! Niemand wird ernstlich zögern wollen, der sein eigenes Herz noch klopfen fühlt. Kamerad, das Herz des andern klopft noch stärker. –

Laßt uns mütterlich sein. Laßt uns *mehr* sein als gut. Wer weiß, was das ist – *mehr* als gerecht, willst du darüber urteilen – *mehr* als weise, wo alles Einzelwissen nur Dummheit und Qual ist.

Laßt uns menschlich, laßt uns mütterlich sein!

Mehr Tempo

Jeder Streit ist begründet in der Verschiedenheit der Erlebensintensität der Streitenden. Man könnte dafür auch Lebensgeschwindigkeit setzen, wenn man die Gedankenverbindung von Lebens-Ende und Lebens-Ziel ausschaltet. Der Gegenstand des Streites ist immer leere Form, ein Vorwand. Im besonderen Maße trifft das zu für Haß, die Wut des einen auf den andern, Wertung nach Abneigung und Liebe – dieses bequeme, anscheinend so unverantwortliche Gernhaben. Man kann den ganzen Zusammenhang dieser Fragen behandeln, ausgehend von der Beurteilung des seelischen Zustandes des Einzelnen, der streitet, haßt und wütig ist, aber auch von der Wirkung auf die menschliche Gesellschafts-Atmosphäre, auf diejenige Atmosphäre, die das Miteinander-Sein, Miteinander-Leben – und -Erleben trägt und umschattet.

Betrachten wir uns selbst: Jeder weiß, daß wir zu schwerfällig geworden sind, *geworden* in dem Sinne, daß die Atmosphäre, in der wir stehen, die Luft um uns herum leichter, elastischer differenzierbarer ist, wir selbst daher als zu dick, zu plump, zu grob projiziert vor uns erscheinen. Wir waren früher anders, jedenfalls fühlten wir uns so, und die Geschichte zeigt frühere Menschen in einem anderen Lichte. Man hat den Eindruck, es hat früher mehr Genies gegeben. Jeder macht die Erfahrung, daß das Sprechen uns zu hindern beginnt. Wir denken um ein Vielfaches schneller, als wir sprechen, und während wir noch an den Worten kauen, hat die Verstandesprüfung den Gedanken, den wir gerade aussprechen, längst als veraltet und lächerlich verworfen. Wir schwanken, ob wir die geringste Handlung tun sollen, und während der Ausführung noch jagen sich unsre gedanklichen Ordres und Contreordres. Es ist zur Gewöhnung geworden, das Gegenteil zu tun von dem, was man will. Und kaum ein Mensch existiert noch, der selbst das glaubt, was er sagt. Es mag für manchen etwas übertrieben klingen, aber betrachte dich selbst, die Unruhe, das Chaos in dir, den Zwang, den du dir antun mußt, eine grade Linie zu halten, ist das wohl noch das, was man unter Ja und Nein verstehen will? Täuschen wir uns nicht selbst. Für einen aufmerksamen und feinhörigen Beobachter ist es außer Zweifel, daß die Zwischenräume im Hintereinander der gedanklichen Vorstellungen schwinden. Es wird ein leichtes, sich ein gleichzeitiges Mehrfaches von Bildern vorzustellen. Wir werden unfähig, ein einziges Geschehnis zu erfassen. Wir bringen die Atmosphäre herum zum Mitschwingen und siehe da, es tritt uns näher, je mehr noch rings herum und hindurch geschieht. Wir treiben einer psychischen Krisis allererster Ordnung zu. Das Gefühl zu gehen und gleichzeitig zu fliegen, zwingt uns die Vorstellung auf, daß unsere Beine zu dick, unsere Füße zu schwer sind, das Knochenmark scheint aus Blei und die Lungen sind wie der Blasebalg einer alten Kirchenorgel, der von vier Männern bedient werden muß. Ja, wie soll das noch weiter werden? Betrachten wir die Umwelt. Irgendwo und irgendwie bleibt alles stecken. Man wird das Gefühl nicht los, es ist nötig, wo noch mit anzufassen. Es stockt alles, schleicht, und dasjenige, das sich berufsmäßig bewegt, das dahingleitende Auto, der Schnelläufer, etwa ein Zeitungsboy, die Tram und der Expreß scheinen ungeschickt schwerfällig. Es spricht nicht zu unsern Gedanken, schwingt nervenmäßig nicht mit, es sei denn unter Hinzufügung eines abgleitenden negativen Momentes, in dem allerdings schon ein Teil Auflösung steckt, dem des Schreckens, der Angst, des Unerwarteten und der damit zusammenhängenden, der jeweiligen Situation angepaßten Gedankenverknüpfungen. Nur die Zeit rast. Die Zeit, das ist das geschlossenste Vorstellungsbild unseres Lebens, und in der Zeitverwertung, der Berechnung, der Prüfstein für unser Erleben. Man denke sich auf dem weiten offenen Feld stehend, die Augen geschlossen, und vertraue sich der Vorstellung an, alles – Felder, Wälder, Wiesen, das Gebüsch, die Straße nach der Stadt, die Stadt, die Straßen, Plätze, Häuser, Giebel, Fenster und Ecken – alles fließt als ein breiter Strom vorbei. Dann wird es dich schmerzen, du wirst anfangen zu schwitzen bei dem Gedanken, es gleite langsam und langsamer, wie um dich besser schauen zu lassen: du sollst noch die Verzierungen sehen und die Menschen, die Gesichter usw. Du wirst wie auf glühenden Kohlen stehen. Dagegen gleitet es schnell und schneller und immer rasender, wird sich die Brust weiten, dir wird die Lust ankommen, wie einem Jäger, das Einzelne scharf zu erspähen, schärfer und schneller. Aber das Experiment bei Seite. Die Erlebens-Form der Atmosphäre ist unzulänglich. Sie bringt uns mit uns selbst in Konflikt. Man kann diesen Konflikt auf zweierlei Weise aufheben, indem man ihn entweder entzweischlägt, den Konflikterreger zerstört und ausrottet – oder indem man ihn entwirrt und auf seine Ursachen zurückführt. Der Mensch hat heute nicht mehr die Wahl, den einen oder andern Weg zu beschreiten. Er muß nach seinem Erlebenszustand zwangsläufig den einen oder andern gehen, je nachdem er als Einzelner sich und die andern als Sammelform für Umwelt oder als Glied einer Gemeinschaft, diese als sein Erleben in sich trägt und darauf Vorstellungsreihen bildet. Der Vereinzelte wird zuerst gehen, dann fahren, dann fliegen. Er wird mittels Hypnose und später durch unerhörtes Training seine Gedanken übertragen, um seine Befehle zu übermitteln und um die körperliche Bewegung zu sparen. Er wird, wo immer nur angängig, mit Macht Widerstände über den Haufen rennen. Aber es bleibt ein rein äußerlicher Vorgang, ein Poltern, ein überlautes Geräusch, ein Kraft-Verbrauch, über den man später einmal mitleidig lächeln wird, weil es nur eine Theater-Vorstellung von Kraft ist. Beherrscht er die Natur – bricht er nicht vielleicht morgen schon zusammen – ein Krüppel in seiner eingebildeten Macht? – Denn es ist nichts weiter als die Angst vor der Atmosphäre um ihn, die ihn treiben muß, ihn, den Vereinzelten, der auf das glückhafte Erleben als Grundlage und Sicherheit sich nicht stützen kann. Diese Macht – und so ist noch alle Macht heut beschaffen – ist sehr fadenscheinig, eine Konvention nur, und für den, der daran glaubt. Gewiß, äußerlich gesehen, wird eine Beschleunigung erreicht. Unser Leben verlangt diese Beschleunigung, nicht aus Angst, sondern aus dem Gesetz der Verfeinerungen und Differenzierungen der Umwelt, wie wir sie empfinden und erleben, aus unserm Erlebensgesetz heraus, ein Gesetz, das aus Bewußtsein Wissen macht, also die menschliche Wissenschaft. Aber die Beschleunigung verläuft gesetzmäßig, sie liegt in uns selbst und in unserer Beziehung zu den Dingen um uns. Sie ist die Plattform unseres

Erlebens. Sie ist das Glück. Der Erlebenskranke, der Gemeinschaftsfremde, der Vereinzelte, täuscht unter ungeheurem Kräfteverbrauch diese Beschleunigung vor, ohne die er allerdings, so wie er es auffaßt, aus der Konkurrenz ausgeschaltet wäre, in den Graben neben die Straße geworfen – aber er kommt nicht weit. Ein Lüftchen bläst ihn um, der sogenannte Zufall, an den er glaubt und den er nicht zu berechnen wagt, das Schicksal, der Größenwahn und die Gehirnverkalkung. Es mag wie eine Beschleunigung wirken, ohne nur ein Stück Weges wenigstens Schritt zu halten. Aber es ist kein Tempo. Denn es ist kein Rhythmus.

Das Tempo ist eine Umsatz-Form des Rhythmus, der Intensitäts-Gradmesser. Der Rhythmus erwächst aus der Gemeinschaft. Der Rhythmus ist die Assoziationsform des Gemeinsamen. Mehr Tempo heißt mehr Gemeinsamkeit, mehr Erlebensintensität, mehr Gemeinschaftsbewußtsein. Die Beschleunigung liegt in der Kürze und Sicherheit des psychischen Weges. Es ist nicht notwendig, Rad zu fahren, wenn man zu Fuß gehen kann, und die Zeit ist ein Begriff, von dem man erst die Lebens-Angst trennen muß, will man ihn messen. Das volle Erleben mißt die Zeit anders, als heute üblich. Ein Jahr ist kein ewiger Gesetzes-Begriff, aber – ein Jahr Glück? Wie lange mag das währen, wer will das wissen? – Du und wir alle wissen es, wenn wir als Ganzes zusammen sind. Wir bilden uns eine neue Vorstellung, um sie zu verstärken, zu beschleunigen, leuchtender zu machen für eine weitere, die wir bilden, wenn das Tempo es verlangt. Warum denn schnell, wenn die Vorstellung des Langsam und des Allmählich für uns intensitätssteigernd wirkt. Aber der Rhythmus beschleunigt sich, der Rhythmus des Glücks. Er verbindet die Menschen enger, er verfeinert, er schleift die organischen Widerstände ab. Wir müssen darauf achten. In der organischen Erlebens-Verknüpfung, in unserer Gemeinsamkeit entscheidet sich die Technik des Zufalls und des Schicksals. Es wird zu unserer Aufgabe, schneller, das ist gesteigerter, zu sein. Indem wir unser Leben gemeinsam machen, bekommen wir den Zufall in die Hand und die Natur wird uns untertan. Die Macht, die zur Entfaltung treibt, zur Intensität und zum Glück, ist unüberwindlich. Sie ist organisch, ein Teil der All-Lebendigkeit, und sie trägt uns, wenn es uns gelingt, Tempo zu halten. Was für den Vereinzelten Kräfte-Verbrauch, ist für die

Gemeinschaft kräftesteigernd. Das Tempo der Gemeinsamen ist außer Konkurrenz. Es ist jetzt dabei, die Lebensbedingungen umzuformen. Wir werden uns verstehen für eine Zeit und ein Erleben, obwohl die Verhältnisse, in denen wir grade stecken, noch weit zurück sind. Wir sprechen noch, wir winken und machen Gesten, dieweil du mir längst dein Verständnis zugelächelt.

Die tragische Formel

Philosoph zu sein und über den Dingen zu stehen, gilt seit Jahrtausenden als gute Haltung. Allerdings ist diesen Leuten, die nach dem Ursprung der Welt gesucht haben – wahrscheinlich, weil sie es besser machen wollten – bei allen Spekulationen nichts weiter eingefallen, als festzustellen, daß es zwei Prinzipien in der Welt gibt, ein gutes und ein böses, das eine führt zum Glück, das andere zum Unglück. Jeder sogenannte Berufs-Denker hat sich beeilt, seinem Vorgänger darin beizustimmen, nur mit dem Vorbehalt, daß in den Möglichkeiten, sich für das eine oder andere zu entscheiden, Veränderungen und Gesetzmäßigkeiten zulässig sind – schon um der eigenen Philosophie Raum zu erobern.

Ich habe nicht die Absicht, einen Grundriß der Geschichte der Philosophie aufzurollen. Alle Philosophen sind mir gleichgültig. Sie hätten besser daran getan, Schuster zu bleiben, sofern sie nicht durch einen erblichen Charakterfehler zum Diener der Kirche prädestiniert waren.

Ich will alles das kurz abmachen. So einfach ist es mit einem schematischen Dualismus nicht abgetan. Die schönsten Erklärungen helfen über das grob Gewaltsame darin nicht hinweg. Gut ist weder das, was Gott wohlgefällig, noch was zu meinem eigenen Besten ist. Was ist gut – sofern ich mich aus dem Leben ausschalte, Geschichte und Sezierexperimente aus mir mache, mag ich mich je nach Laune für die eine oder andere Erklärung entscheiden können. Sofern ich aber im lebendigen Leben ein Erlebensglied bin, wirkt diese Frage lächerlich. Antwort auf die Frage wäre dann: Was soll ich damit, was geht das mich an, was ihr gut nennt. Wir schleppen diese Begriffe schon viel zu lange mit uns herum. Wir belasten Gedanken-Verbindungen damit. Eine merkliche Unsicherheit unseres Erlebens ist auf diese Erbschaft zurückzuführen. Roden wir sie aus. Gut und böse – sie sind nicht nur etwa relativ, den besonderen Lebensbedingungen entsprechend unterworfen, sie wirken gesetzmäßig gleichzeitig jeweils auch umgekehrt. Was gut ist, ist immer auch böse und umgekehrt. Wie sie eben überhaupt keine Erlebensgrundlagen bilden können und keine Begriffe sind, um die sich eine Erlebensatmosphäre bilden kann.

Jemand sagt: Mir gefällt das Leben. Das ist gut. Erinnere dich einer Zeit tiefster Niedergeschlagenheit, furchtbarster Verengung vielleicht, man sieht keinen Weg hinaus, das Leben, Geschehnisse, Taten lasten entsetzlich – ganz auf sich organisch zurückgezogen, auf den Ausgangs-Punkt zurückgekehrt – dann zieht plötzlich der „Frieden" ein. Der Sturm läßt nach, Tränen versiegen, die noch geballte Faust löst sich – es ist „alles gut", findest du. Alles ist gut, du hast den Erlebenspunkt wiedergefunden, von dem der Rhythmus deines Lebens ausgeht. Das Erleben ist wieder im Kontakt mit der Umwelt. Es löst sich alles, es wird schön, es wird gut. Was immer innerhalb dieses psychischen Vorganges sich kristallisiert zu einem Erlebnis, zu einem Gegenstand, an den sich deine Gedanken binden, zu einem Nebenpol, in engster lebendiger Verbindung zu dir, in gleichem Rhythmus mitschwingend, zu einem neuen Erlebenspunkt, von dem eine dir parallele Bewegung ausgeht, die zu dir gehört, und die du darum wertest, mißt, ordnest und leitest – trägt die unerschütterliche Gedankenverbindung des „gut" als Ganzes und in seinen Teilen. Deine Aufgabe ist, dieses „gut" zu verallgemeinern, es auf eine so breite Plattform zu bringen, daß in dem allgemeinen Sich-Bewegen dieser atmosphärische Punkt, der doch nur eine von dir ausgehende Gedanken-Verbindung war, zu einem suchenden Begriff wird, um den der Rhythmus der darauf aufgebauten Gemeinschaft schwingt. Das Erlebens-Glück erschafft den Begriff „gut", es ist sogar insoweit damit identisch, je mehr es auf den Einzelnen als lebendiges Gemeinschaftsmitglied projiziert wird. Es wird, und zwar in allen seinen Bindungen und Teilen zum Gegensatz, es wird „bös", und zwar gesetzmäßig und automatisch für diejenigen Teile der Menschheit, die außerhalb der Gemeinschaftsatmosphäre stehen. Gesetzmäßig, weil die Wellenlinie, der Rhythmus des Mitschwingens, sei es der Mitfreude oder des Mitleids, eine Gegenbewegung dort läßt, wo in der All-Bewegung ein Krankheits-Herd vorhanden ist. Man kann dieses Gemeinschaftsfremde sich als eine Verknüpfung, Verknotung als Bruchteil vorstellen, zwar vom Leben durchpulst, aber getrennt kataraktmäßig und kräfteverschwendend. Der Erlebenspunkt, von dem der tempobestimmende Rhythmus ausgeht, antwortet mit einer Abwehr. Nur nicht mitschwingen, weil dadurch das so mühsam gewonnene, schwer durchlittene Gleichgewicht verloren geht. Es würde der automatische Auflösungsprozeß einsetzen, der zwar in der Zukunft zum Glück führt, ja schon Glück ist, („gut" ist, heraufdämmerndes gemeinsames Erleben) – aber unter Schmerzen, unter Zusammenbrüchen aller Sicherungen, in denen man sich ja gut verstecken kann, und die einem teuer geworden sind, schon um der Hoffnung und Verzweiflung willen, mit denen sie erfüllt sind, denn auch durch diese ist unser Erleben gegangen und damit auch die paradiesische Gedankenverbindung Glück, wenn auch verschüttet, belastet und bedreckt. So entwickelt sich die scheints organische Gedanken-Verbindung „böse". Wohin wir nicht reichen – sei es aus Mangel an eigener Kraft, aus Unsicherheit, aus zu schwacher Elastizität, aus zu geringem Tempo, sei es infolge der uns sich entgegenstemmenden Widerstände, die uns stärker überfallen, weil sie sich in unserem Rhythmus festsetzen konnten, eine Narbe wieder aufreißen, eine Müdigkeit ausnutzen und eine Hoffnung, still liegen zu können, die wir als Krankheitsstoff noch immer und für Generationen im Blut haben werden, bis wir in Wahrheit die Natur beherrschen – sei es aus dem oder jenem Grunde; dort jedenfalls wird das Böse geboren und dort, wenn man so will, entscheidet sich auch unser Untergang. Es ist das Gift, dem auch unser Organismus noch zum Opfer fällt.

Man kann das berechnen. Nicht im Sinne der Religionen und Moralsysteme. Auf den so engen Raum und den so sekundenschnellen Vorgang des Anpralls, der Durchdringung von Gemeinsamkeitsrhythmus und Eigenbewegung beschränkt sich deren Beurteilung und Wirkungsabsicht. Eine Analyse zudem, von einem unlebendigen Punkt, von einem künstlich unwandelbar „ewig" gemachten Erlebenspunkt und außerhalb des Erlebens konstruiert. Dann kann man verstehen, wenn Begriffe wie göttliche Vorsehung, Zufall und Schicksal auftauchen und so widerspruchslos allgemein werden. Wir setzen sie ein, und wir glauben lieber, aus dem Paradies ausgestoßen zu sein – weil es bequemer ist. Es erwachsen keine Forderungen an uns, keine Erlebensaufgaben, die gemeinsam und in Gemeinschaft zu leben sind – weil wir noch nicht begriffen haben, daß dies das Glück ist, nach dem unsere Philosophen schon seit Jahrtausenden aus sind.

Wir können ohne Zweifel Vergangenheit und Zukunft bestimmen, mathematisch berechnen und als Gemeinschafts-Aufgabe lösen. Wir sind im Besitz ganz anderer technischer Mittel als Vorsehung und Zufall, vom Schicksal schon garnicht zu reden, das ja nur eine Konvention für die Dummen ist. Der französische Mathematiker Laplace suchte eine universale Welt-Formel, mit deren Hilfe man jedes vergangene und zukünftige Ereignis genau vorausberechnen könne. Wir kennen diese Formel. Man muß sich nur dafür entscheiden, die Formel über eine immerhin doch mangelhafte Mathematik zu stellen, das heißt: Der Dritte, der Fremde wird sie nicht beweisen. Mathematik ist die Technik der Vorherbestimmung von Vorstellungsreihen. Niemand wird leugnen, daß diese Bestimmung sehr willkürlich und sehr gewaltsam ist. Wir wissen heute bereits, nicht, daß wir es nur empfinden, daß dies *gegen* unser ureigenstes Gefühl ist. Es gibt nichts mathematisch Sicheres und Beweisbares. Unsere Annahmen lassen sich nicht aufzwingen, durch Zwang zu Gesetzen verallgemeinern. Die Berufsmathematiker beginnen zu zweifeln und der analytische Physiker, der das Experiment nicht schont, wird unserer sogenannten Mathematik den letzten Stoß geben. Die Aufrichtung der „höheren Mathematik" ist der Anfang vom Ende. Es sei denn, daß die Dichtkunst die Mathematik verwandelte und ablöste. Darum kommt die Laplace'sche Welt-Formel gerade recht. Die mystische Zahl ist heute kein Rätsel mehr und für die Größe X und ähnliche vermag man eine bestimmte, wenngleich mathematisch „variable" Größe einzustellen. Ich glaube garnicht, daß diese Formel so umfangreich an zweifelhaften Werten sein wird. Sie wird sich auf physikalische Gesetzmäßigkeiten stützen, die in Psycho-Technik umgewandelt sind, auf Erlebensformen, die ihrerseits wieder bedingt sind und die gesetzmäßig abgeleitet werden können aus der Umwelts-Atmosphäre des Erlebenden, die rhythmisch zu messen ist. Geschwindigkeit des Erlebens gleich Intensität: Und sollte man die letzte Größe, die noch unbekannt scheint, nicht errechnen, die der Steigerung dieser Intensität durch die Mehrheit der gleichen Bedingungen, durch den Bindungsgrad der Gemeinschaft? Nicht die mathematische Zahl, sondern die Kraft – deren Veränderlichkeit und deren Tiefe.

Dann findet man den Punkt zur Berechnung des möglichen Widerstandes, seiner Intensitätsstörung und seiner Gegenbewegung. Wir bekommen damit Zufall und Schicksal in die Hand. Wir haben den Gradmesser für Breite und Tiefe des Unglücks. Wir messen den Zeitpunkt der vergangenen und zukünftigen Katastrophen, und wenn wir wollen, so errechnen wir unseren eigenen Zusammenbruch. Nur müssen wir uns daran gewöhnen, *gemeinsam zu denken,* nicht mehr den fremden Gegenstand im Mittelpunkt und die Zahl, sondern die Gegenstandsbewegung und deren Intensitätsdichte.

Der Zustand der Verzweiflung oder die Rhythmik des Unglücks

Im Kampf gegen das Unglück kann man die Erfahrung machen, daß die wenigsten Menschen begreifen, daß sie unglücklich sind, und derjenige, der es doch wirklich zugibt, der verwechselt es mit dem ruhenden Pol einer versteinerten, leblosen Umweltsassoziation, einem Zustand, dem der Verzweiflung. Die Verzweiflung, so weit verbreitet sie sein mag, ist etwas Seltsames. Sie ist von der Psycho-Technik aus psychologisch garnicht zu erklären – weil sie als Zustand nur in der Annahme, im guten Glauben einer Übereinkunft von Unglücklichen existiert. Die Verzweiflung ist psycho-technisch garnicht da. Sie droht nicht, sie leistet keinen Widerstand und sie läuft nicht weg. Sie ist gelinde gesagt, ein Vorwand. Und unter uns gesprochen, ist sie eine schandbare Dummheit. Sie ist unwirklich und darum unmenschlich. Überlassen wir die Verzweiflung sich selbst.

Dagegen das Unglück! Das Unglück lebt und der Mensch lebt im Unglück. Wir machen uns vom Unglück die verwickeltsten Vorstellungen, vielleicht weil wir uns dann drücken möchten, es abzustellen, obwohl das so leicht ist und dennoch, selbst ob wir es wollen oder nicht, früher oder später eintritt. Wir sind die geborenen Schrittmacher und Beschützer des Unglücks, die getreuen Schildträger. Unglück ist eine Krankheit, ein Pilz, ein Schlinggewächs an der Menschlichkeit. Polieren wir uns blank.

Natürlich müssen wir dann zugeben, etwas klüger zu sein,

als wir vorstellen möchten. Jeder verbirgt noch sein Genie. Er fürchtet, es könnte draußen erfrieren, so wenig traut er seinem Mitmenschen an Wärme zu. Nicht derjenige ist unglücklich, der irgend einen Schmerz empfindet, nicht derjenige, der irgend einem Widerstand begegnet, der ihn zurückwirft und hemmt. Nein – aber derjenige, der sich damit zufrieden gibt. Wer den Schmerz anerkennt, als Zustand, als Erlebensmoment, wer aus Schmerz Leid macht, ist unglücklich. Er bleibt darauf sitzen, er gibt nach, er kommt zum Stillstand, und das lebendige Erleben, das weiter geht – unaufhörlich und in sich steigerndem Rhythmus, wird verknotet. Es bildet sich der Buckel. Das Tempo wird unterirdisch, gedoppelt und rückläufig. Es zerrt und reißt und das tut weh – wir sitzen fest und schreien. Eine krankhafte Anstrengung, Zappeln und der Krampf loszukommen und sich tiefer zu verstricken, zu versinken – so ist unser Leben, es ist unglücklich. Wir sind alle unglücklich.

Aber was tut das?! Wir müssen nur begreifen, daß die Begleiterscheinungen, die Beimischung – der Schmerz, und dann: Leid, Haß, Wut, Zerstörungswille und Verzweiflung – daß das alles nichts ist. Das hat mit dem Erlebens-Rhythmus nichts zu tun, es steht außerhalb unseres Lebens, es ist Unfug, den wir in den Jahren der Verzweiflung uns herangezogen haben. Eine schlechte Angewohnheit. Wenn mich etwas schmerzt, so sollte ich wohl in der Lage sein, das Übel abzustellen. Hauptsache ist nur, daß ich die Ursache kenne, die körperliche und die psychische, was zusammen die Erlebens-Atmosphäre ausmacht, den Fehler im Tempo, die Hemmung im Rhythmus. Diese Fehler und Hemmungen kranken alle am Kontakt mit der Umwelt, am Miterleben, am rhythmischen Mitschwingen, also an Gemeinschaft und Gemeinsamkeit. Das Gesund-Beten ist nicht nur eine Erfindung der Christian Science, die es vergröbert und der Religions-Ideologie angepaßt hat. Es ist, möchte man sagen, eine Selbstverständlichkeit. Der Fehler, der den Schmerz auslöst, läßt sich in Bewegung setzen. Der Schmerz wird zum Wegweiser, wenn die Seele zu dunkeln beginnt. Darin liegt das Entscheidende.

Es mag für uns so schwerfällig Gewordene etwas mühselig sein, uns wieder elastisch zu machen. Aber leuchtet uns nicht die Sonne, die Blumen ziehen ihre Kreise und die Lerche jubelt sich empor? Es ist der Stoß, den wir nach vorwärts bekommen, wenn wir leiden. Dem gegenüber ist der Verlust gering zu achten. Wir verlieren die Beziehung, ein Bein oder Auge, weil wir es nicht halten können. Weil wir eher unsicher sind, schwankend in unserm Lebensstandard, uns im Gegenrhythmus der Tram anzuvertrauen, bis sie zusammenstößt und dich zwischen die Puffer quetscht oder weil und bis du dich dem Kugelregen aussetzt, unentschlossen, was du eigentlich tun sollst – weglaufen, so drückend, so langweilig, so voll Tränen der Angst – bis dich die Kugel endlich trifft. Gut, mags noch so sein. Gewiß, das ist noch unsre Krankheit, das Gift in uns. Aber immunisieren wir uns, machen wir uns giftfest, eine Kleinigkeit stärker. Mehr Tempo! Mut zum Leben. Erleben wir uns. Leben wir mit einander und zu einander. Dann, ist schon das Bein weg und der Buckel da, freuen wir uns mit dem einen Bein. Das Leben hat an Schönheit nicht verloren. Aber eine Intensitätshemmung ist weg, konnten wir sie schon nicht auflösen. Es ist für dich glückhafter, als mit beiden Beinen, wenn du Hemmungen und Konflikte dabei mitschleppst. Die Intensitäts-Spannung ist größer geworden, also auch dein Glück.

Darum sind wir noch unglücklich, weil wir uns alle noch so sehr auf dem Wege fühlen. Wir erleben uns voraus und drücken uns vor der Gegenwart. Erleben wir uns gemeinsam, dann erleben wir die Arbeit. Und die Arbeit verträgt keine Kinderkrankheiten mehr. Sie brennt das aus und tut es noch so weh, was wir Unglück nennen.

Über Leben und Tod
Ein Rückblick, an einem Feiertage zu lesen

Es ist ein Zwang zur Beschwingung der seelischen Restbestände in uns, die außerhalb unseres Erlebens liegen. Diesen Zwang empfinden wir so oft als dasjenige, was über unserem Leben steht, als Zufall oder Schicksal, als Vorbestimmung und in breiter Form erlebt als Naturgesetz. Diese Beschwingung wird zum Rhythmus der Dinge in und um uns, unserer Gedanken und Handlungen und zum Inhalt unserer Gemeinsamkeiten. Der Eigen-Rhythmus fügt sich in den Rhythmus des All-Organischen ein, und wir beginnen erst Mensch zu sein, wenn wir erkennen, daß das Ganze, das All, diesen Eigenrhythmus bedeckt, mit Empfindung (nämlich der Gemeinschaft) ausgefüllt in Gleichschwingung gebracht hat. Daraus regelt sich für unser Bewußtsein das Tempo, als Forderung und als Intensitätsbeschwingung, das ist Geschenk. Wir beginnen uns zu erleben, was jetzt mit einem atmosphärischen Unterton zugleich heißt, sich dessen bewußt sein. Daraus leitet sich die organische Gesetzmäßigkeit des Gleichen, Gemeinsamen, ab. Man kann diese als solche zwingen, heute allerdings noch für sich selbst mehr erzwingen, entsprechend den im eigenen Blut keimenden Widerständen, deren Ursachen bekannt sind. Aber eine spätere Zeit wird die Erziehung darauf richten, als die einzig denkbare Form der Einwirkung des Wissenden auf den Noch-nicht-wissenden, dann, wenn bereits die Erziehung identisch ist mit Liebe und in den atmosphärischen Rahmen der mütterlichen Aufgabe fällt – diese Gesetzmäßigkeit automatisch über die Widerstände zu erheben, sodaß sie organischer Teil unseres Erlebens ohne Reibungsmöglichkeit und Intensitäts-Spannung wird. Dann wird das Bewußtsein eines Mit-Schwingens im Gleich-Rhythmus frei, die Fesseln fallen, und jene ungeheure Last, unter der wir Tag für Tag um die Freilegung unseres Erlebens ringen müssen. Dann erleben wir das Tempo. Nicht mehr als Beschleunigungs-Kraft gegen die Hemmung, sondern als Regulativ des Gemeinsamen, als Ordnung auf der Fahrt zum Glück. Von diesem Punkt an ist die Gedankenverbindung frei: der Mensch als Herr seiner selbst, der Mensch über der Natur, als ihr Vollender, ihre zusammengefaßte und zugleich differenzierteste Kraft.

Es bleibt noch ein Gedanke nachzuholen: der Unterschied zwischen gut und böse, beschwingt und verknotet, Wissen und Nichtwissen wirkt auf die eine gemeinsame Linie von Rhythmus und Tempo gebracht, beschleunigend. Es ist der Gegensatz zwischen Zergliederung und künstlicher, das ist willkürlicher Bindung, zwischen Analyse und Assoziation. Man sagt, das sei der Unterschied zwischen Alter und Jugend und setzt das Tastend-Verbindende, das Assoziative gleich dem Noch-nichtwissen der Jugend, des Heranwachsenden. Dann wäre allerdings jedes Wissen zum Untergehen verdammt. Wenn das richtig wäre und unsre Erfahrung von Alter scheint das zu bestätigen, so ist der allein mögliche Schluß daraus zu ziehen, daß unser Wissen falsch ist – was richtig ist. Wir wissen, daß wir nichts wissen, sagt der Philosoph. Es dreht sich immer um dasselbe: wer zufrieden ist mit dem Nicht-Wissen, dem Unvollkommen-

Wissen, dem Falsch-Wissen, der erlebt sich nicht, der verwest auf Kosten der Andern, der ist und muß sein gemeinschaftsfeindlich, unlebendig. Er schafft sich, da immerhin das Organische in ihm pulst, der Zwang im Natur-, im Allrhythmus – Verknüpfungen, Sentiments, Organisationen, Gesetze, Staat, Familie, Religion – und er dämmert hinüber. Er mißt sich am Grad des Alterns, des Bewußtwerdens vom organischen Vergehen. Dagegen aber: eine Analyse, eine Auflösung in die organischen Bestandteile und Verbindungen mit der Umwelt des Bewußtseins und des Wissens, sofern das Bewußtsein gemeinschaftsgetragen ist, kann nur bewußtseinstechnisch sein, nicht assoziativ, also bewußte Erlebens-Grundlage, Gemeinschaft. Die Analyse einer Assoziation ist in Wirklichkeit Humbug und Spielerei, weil der Lebendigkeitsgrad nicht verändert wird. Ist die Hinzufügung einer neuen Verbindung schon zu einer Summe Vorhandenen, die schon für sich allein Gestrüpp genug sind. Wobei die Verbindung der Gradmesser für Nichterleben, Unsicherheit und Anklammerungs-Bedürfnis ist. Deswegen weicht noch jeder der Frage aus, warum wir altern, warum wir sterben – und warum wir überhaupt leben. Wir altern nicht. Es gibt für das Erleben kein Alter oder, um in der Umgangssprache zu bleiben: es braucht nicht zu sein. Der Unterschied zwischen „alt" und „jung" ist ein beschleunigungstechnischer, zugunsten von „alt". Die rhythmische, sich als Erleben unaufhörlich erneuernde Bewußtseinsauflösung und -zergliederung erhält Tempodruck durch das Heranwachsende, der Tastende. Ein Beschleunigungsprozeß setzt ein, in rhythmischer Spannung der Gemeinschafts-Atmosphäre, gehalten durch das Tempo der Umwelt, des Gesamtorganischen, aus dem der Mensch seinen Eigenrhythmus und entsprechend seine Macht über diesen zu kristallisieren beginnt. Aber das Gesamt-Menschliche setzt eine neue Geschwindigkeits-Umdrehung an. Es rückt einen Schritt vorwärts und schneller – die Geschichte des Menschen sollte das dem Widerwilligsten schon bewiesen haben. Also, es wird mehr, es wird schneller, es wird wärmer, die Gemeinschaft wird enger, das Gemeinsame wird breiter – nennt man das „Alter"? Dann bleibt uns die Frage zu lösen: Was dann? Nun, man hat noch nicht entschieden. Wen die Natur nicht mehr schreckt und im Ungewissen läßt, dem bleibt seine organische Körperlichkeit auch kein Rätsel mehr. Ist das etwa was anderes?

Der Unfug einer Scheidung von Körper und Geist, hinter dem die Angst zur Lebendigkeit gedrängter Absterbender sich so lange versteckt hat, zieht nicht mehr. Wenn wir uns anschicken werden, von unserer Macht über die Natur lebendigen, bewußten Gebrauch zu machen, werden wir auch wissen, was zu unserm Erleben rhythmisch gehört – sich aufzulösen, sich zu vollenden oder zu bleiben, im Dasein rhythmisch zu verharren, einem Eigengesetz von Beschwingungen unterworfen. Sicher wird es der gute Geschmack und die Erinnerung verbieten, zu sterben oder gar abzusterben.

Mehr Glück

Das chinesische Volk gilt als besonders praktisch. Alle Reisenden sind sich darüber einig, daß es ein glückliches Volk ist. Das Glück liegt dort förmlich auf der Straße, wenn diese auch schmutzig ist. Auch die Deutschen gelten als praktisch, und weiterhin das Volk, das man mit dem Schlagwort Amerikaner nennt. Ich weiß nicht, ob die Amerikaner glücklich sind. Sicher aber ist, daß es die Deutschen nicht sind. Noch weniger als die romanischen Völker etwa oder die Russen. Die Deutschen schämen sich „praktisch" zu sein, fest auf dem Boden zu stehen. Sie sind lieber „unzufrieden". Sie sind, wie man sagt, mit Gott und der Welt unzufrieden und könnten doch gerade als Volks-Gemeinschaft „glücklich" sein. Es wird gar nicht so lange mehr dauern, daß man die Verwandtschaft, die Ähnlichkeit, die gleichen Bedingungen der Chinesen und Deutschen erkennen wird. Aber in welcher Hinsicht wirken die Chinesen als Ganzes auf den Volksfremden grob als glückliches Volk. Es wird schwer fallen, von solchen Beurteilern dann eine genaue Antwort zu erhalten, die analysierbar ist. Grade die Chinesen haben, wie kein anderes Volk, sich mit Zwangsvorstellungen eingeschnürt, von denen die des allgegenwärtigen Drachen für ein europäisches Gehirn die seltsamste und widersinnigste, weil unfreieste scheint. Aber die Brücke zwischen dem Einzelnen und dem Drachen, der in bösen Zeiten auch Flüche vertragen kann, ist immer und immer wieder das Erleben, die Lebensatmosphäre des Einzelnen, wie er zu sich, zu seinem Volke, zu seiner Familie steht. Er wird vom Drachen nie als Vereinzelter, immer dagegen als Kollektivwesen erfaßt. Der Chinese hat die Überschwemmungen zu erdulden, die ein Böswilliger, ein Vereinzelter, ein Ausgestoßener verschuldet, der den Drachen gereizt hat, ein Mann, der nicht gemeinsam in der Prozession mit gefleht oder geschmäht hat. Daraus nimmt sich der Chinese das Recht, den Missetäter zu strafen, den Gemeinschaftsfremden. Die Strafe bekommt einen ganz anderen Sinn, einen entpersönlichten, kollektiv verantwortlichen, die sie erträglich macht. Strafe, so lange die Gemeinschaft noch im Kampf um ihre Bewußt-Werdung steht, und auf den Persönlichkeitswiderstand stößt. Die Tatsache der Zwangs-Vorstellung beweist nichts. Wir kennen nicht ihren Intensitätsgrad innerhalb des Gemeinschaftsbewußtseins, haben nur Vermutungen zum Inhalt ihrer Erlebenstechnik. Die Plattform für die Beurteilung des Glücks ist ihr Arbeits-Erlebnis, die Intensität ihrer Arbeit als Erlebens-Grundlage. Diese Plattform ist für alle Völker und Rassen gleich. Sie schichtet sogar die Menschen der Zukunft in neue Rassen und Gemeinschaften um. Die Chinesen besitzen in dieser Intensität einen ohne Zweifel sehr hohen Grad, einen Grad, der es verdiente, näher untersucht zu werden auf seine Bedingungen, Wirkungen und den Grund hin, seiner Verflauung und Stagnation, die trotzdem an Erfassung und Einschätzung der rhythmischen Atmosphäre noch heute dem Europäertum weit überlegen ist. Es unterliegt für mich keinem Zweifel, daß der Osten über die Welt herrschen wird.

Mehr Glück heißt mehr Tempo. Mehr Tempo, nur mit einem neuen feinen sphärischen Unterklang. Man muß gute Ohren haben, rhythmik-empfindliche. Diese neue Betonung ist wiederum tausendfältig differenzierbar. Sie entfaltet sich, wie das Erleben sich entfaltet und ästelt. Es lohnt sich nicht, die Frage zu beantworten, was das Glück ist, es sei denn, daß eine Glücksintensität – wir sagen noch Verstehen – darin liegt. Aber man wird vielleicht dann etwas anderes tun, schon um nicht an Tempo einzubüßen. Eine Zeit lang, besonders im Deutschland der Unzufriedenen, verstand man darunter Zufriedenheit, eine Gedankenverbindung, die sehr nahe liegt, etwa wie auch diejenige der Ruhe oder der Verdauung. Ich weiß nicht, was das ist: zufrieden. Der Begriff allein ist schon unmöglich. Mit was zufrieden – es wird sich erweisen, daß das nirgends existiert, jede Analyse schmeißt es um. Du bist zufrieden – so wie du bist, was du hast, ja was bist du und hast du? Bewußtsein klar! –

Nichts ist – als eine denkfaule Anmaßung, der Betrugsversuch eines Abgehängten, die Forderung einer lebendigen Gegenwart zu verdrängen. Man wird einmal sagen: es ist bei Strafe verboten, in die Gesellschaft hineinzusterben. So ist das mit den Zufriedenen.

Dagegen die Unzufriedenen – das sind die Feinde, die heute noch stärker belasten als die Zufriedenen. Denn der Unzufriedene begründet seinen Erlebensanspruch auf die Zufriedenheit, auf ein Verbrechen an Rhythmus und Tempo. Er strebt danach hin, unter dem Vorwand damit zufrieden zu sein, was für die Umwelt, für die Atmosphäre, in der und mit der wir doch organisch verbunden sind und atmen, ein Tempohindernis, ein Widerstand, eine eiternde Wunde wird. Der Gegensatz rhythmisiert sich sodann, wie alles ja gesetzmäßig in eine Schwingung kommen muß, in eine Gleichmäßigkeit des Erlebens der Unzufriedenheit hinein. Das Ziel, die Gedankenverknüpfung, verschwindet, und es entwickelt sich beispielsweise das Deutschtum, eine seelische Erkrankung, die an Bösartigkeit nichts zu wünschen übrig läßt.

Die Assoziationen zum Glück, so zahlreich sie sein mögen, schlagen ins Gegenteil um, und zwar automatisch, sofern sie den konkreten Zustand kristallisieren, festhalten und als Grundlage für weitere Assoziationen umreißen wollen. Und das liegt in der Assoziations-Technik selbst begründet. Glück ist eine Bewegung. Es ist die Bewegung in einer bestimmten Atmosphäre, derjenigen des Menschentums, und in weiterer Analyse derjenigen der Gemeinschaft. Das gemeinsame Sich-Bewegen ist Glück. Nicht das, was, sei es von Natur, sei es durch Zwang dir gemeinsam geworden erscheint, als Gedankenverbindung. Das Bewußtsein des Menschlichen ist Glück, weil bewußtseinsgetragen das Erleben, die Erlebensbewegung, Gemeinschaft und rhythmisch ist. Erlebenstempo. Es ist die Tiefe des Tempos. Werfen wir schleunigst unsere alten Begriffe auf den Abfallhaufen. *Glück ist kein Geschenk, es ist eine Pflicht.* Es ist mit die menschlichste Pflicht und es ist eine Aufgabe, erfüllt von dem tiefen Ernst der Verantwortlichkeit. Wer nicht glücklich ist, schädigt die Gemeinschaft. Er ist nicht nur gemeinschaftsfremd, das ist unglücklich – er ist, wie alles im Organischen unlösbar verbunden ist, und das eine das andere nachzieht, auch gemeinschaftsfeindlich, auch wenn und gerade weil er sich dessen nicht bewußt ist, sondern sich danach sehnt, aus seiner Vereinzelung herauszukommen. Er kämpft auf Grundlage einer Lebensform, die der Erlebensintensität mangelt, gegen das Gemeinsame, und je unglücklicher der Einzelne sich erlebt, desto stärker wird die Anspannung des Widerstands, das bedeutet, desto tiefer sinkt der Einzelne in die Vereinzelung, in Verzweiflung und Lebensangst. Es gibt keine Rettung. Es wird zu dem Beispiel der für den Himmel und der für die Hölle Geborenen und der Gezeichneten – wer sich zufriedengibt, wer darauf wartet – auf das Glück, wer nicht bewußt wird seines Erlebens. Unglück ist Verbrechen, in der Tat das menschlich Gegensätzliche, das, was diese Bezeichnung allein verdient. Und dennoch sind wir alle noch unglücklich.

Schmerz ist eine häßliche Gewöhnung, eine unserm Bewußtsein peinliche Ausdrucksform, die es leicht sein wird, endlich abzuschütteln. Das Gesunde und Erlebensfähige des Schmerzes, etwa die Assoziation des Verlustes, weckt das Bewußtsein, macht uns gemeinsam bewußt der Intensität unseres Erlebens, auch wenn dies sichtbar vorüber ist, und – macht uns froh. Wir fühlen uns „leicht". In der Tat leicht, wenn es uns gelungen ist, die Rhythmik des All um uns zu erfassen und Anschluß zu gewinnen. Gewiß ist das schwer. Das tut weh. Du schreist vielleicht dabei und bedenkst nicht, daß du damit wenig gemeinschaftsfähig bist, in deinem „Schmerz". Eben darum ist das Glück eine so ernste Aufgabe.

Glück hält das Tempo, sichert und verbreitet den Rhythmus. Aus derselben Gesetzmäßigkeit heraus, mit der jedes Tempo deiner Intensität nach und seiner Lebendigkeits-Aufgabe sich steigern muß, vertieft sich das Glück. Es wächst in die Gemeinschaft hinein. Es rhythmisiert die Massen. Es schafft die Gesamt-Atmosphäre, aus der dann der Einzelne das Eigenglück kristallisiert und erlebt. Als Lebensodem, als tägliches Brot, als die Befähigung, mit den andern Menschen und zu ihnen hin zu leben. Die atmosphärische Steigerung gebietet Anspannung: mehr Glück. Ein Bibelwort erfüllt sich: Wenn du nicht ein weißes Gewand angetan hast, wirst du nicht zugelassen werden. Das Himmelreich ist die Menschengemeinschaft, und das weiße Gewand der Zustand des Glücks, der in Erlebensbewegung umgesetzt ist.

Besser und gut

Dem Beschleunigungsgesetz nach seiner Tiefe zu, dem Glück folgend, ändert sich auch der Begriff von einem Zustand, der erlebensfähig nach außen mitteilbar ist. Der allgemeine Zustand, der sich aus dem Erleben kristallisiert, ist gut. Aber in Bewegung gesetzt, dem Erlebens-Tempo angepaßt, erhält man das Besser. Es entwickelt sich ein Gegensatz zwischen besser und gut, nicht nur der Steigerung der Intensität und der Beschleunigung nach, nicht nur zwischen Bewegung und Zustand, sondern ein Gegensatz, der grundsätzlich innerhalb einer fortlaufenden Wertung nach einer Entscheidung drängt. Dieser Gegensatz brauchte nicht zu sein und wird wahrscheinlich für eine spätere Zeit auch verschwinden. Eine mitschwingende Komponente der Erlebenssteigerung wird immer nach rückwärts, schon um der Sicherung und Verbindung willen, lebendig sein und einen Erlebenspunkt kristallisieren, der im Unterton mitschwingt als gut und eine organische Plattform für das Besser bildet. Das Besser ist gut in Bewegung umgesetzt, in Gemeinsamkeit und Gemeinschaft. Um nicht mißverstanden zu werden, es handelt sich nicht um Zufriedenheit oder Unzufriedenheit, auch das Gute ist bereits gemeinschaftsbewußt. Deswegen wiegt der Gegensatz zum Besser so schwer, weil er an sich nicht natürlicher Widerstand, Gegen-Rhythmus wird und Tempoverlust bedeutet. Er ist heute noch Ausgleichs-Bedürfnis. Wir haben unser Gesetz noch nicht über uns, das zugleich unsere Eigen-Bewegung ist. Wir ringen noch darum, und insbesondere um das Bewußtsein, das uns die menschliche Formel schaffen soll. Wir sind noch Einzelpersonen, nicht für die besondere Leistung an Glücks- und Erlebensintensität, um das Leben und die Natur vielfarbiger und bewegter zu gestalten, aus der Gemeinschaft her, sondern aus der Vereinzelung, aus der Angst ums Dasein, um Raum und Lebensmöglichkeit, Freude und Rhythmus, aus Angst vor dem Unbekannten in uns, dem Lebendigen. Die seelischen Reste, die als nicht in Bewegung aufgelöst zu schwelen beginnen, eine eiternde Wunde, auch wenn wir uns bereits um Tempo mühen, individualisieren, schaffen denjenigen Intensitätsgrad von Leid, selbst gemeinsames, das von der Bewegung getroffen wird, indem sie den Widerstand als Erlebens-Inhalt und -Form entgegensetzen. Unsere Ethik stammt davon her. Sie ist die Technik des Sichentgegen-stemmens gegen den Strom menschlichen Gemeinschafts-Erlebens, gegen das Besser. Daher die Intensitätswertung von Besser und Gut, das organische atmosphäre-spiegelnde Nebeneinander, das im Grunde keine Berührungspunkte hat, sondern in einer Gedanken- und Empfindungsverbindung auf dritter Linie erst sich zu einem vollendet.

Jeder Streit ist darauf zurückzuführen, der Intensitätskampf und seine Assoziationen, jene scheinbare Bewegung, die zur Vereinzelung führt, Haß und Rache. Der Haß ist keinesfalls, wie viele Leute heute noch meinen, eine Erlebens-Form. Haß enthält keinerlei lebendige Intensität, und die Tiefe des Hasses, von der man spricht, ist nichts anderes als der Dichtigkeits-Grad der Umnebelung des Bewußtseins durch Lebens-Angst, durch Erlebens-Fremde und -Feindlichkeit. Es ist, wie wenn sich jemand zur Belustigung der andern den Fuß abhackt und nun zu tanzen anfangen will. Ich glaube nicht, daß noch viele Menschen an diesem Schauspiel Gefallen finden werden, und der Haß-Wütige wird dies bald allein und zu seinem Privat-Vergnügen tun. Haß wirkt als ungeheure Belastung des Tempos. Unser Erleben steht still, ein Kreisel, aus seiner Bahn geschleudert, wühlt sich in den Boden – so wirkt der Haß –. Eine Beschleunigung zum Tod. Es ist als sicher anzunehmen, daß der Haß-Besessene, sähe er sich im Spiegel seines Bewußtseins, über die Komik seiner Haltung laut herauslachen würde, so furchtbar ernst es innerhalb seines Erlebenskonfliktes auch aussehen mag. Wichtig ist zu erkennen, und wer das organische Beschleunigungs-Gesetz fühlt, wird jede weitere Bemerkung darüber überflüssig finden, daß der Gegenstand oder eigentliche Inhalt des Hasses in jedem Falle und unter jeder Voraussetzung beliebig und gleichgültig ist. Er ist der Konfliktspannung des Hassenden, und um es ganz allgemein deutlich zu machen, dessen Bequemlichkeit angepaßt. Er kann nach Belieben wechseln und die Erfahrung, die die Menschen mit dieser ihrer Eigenschaft bereits herausgebildet haben, zeigt, daß man das Objekt spaltet, einen Grundkreis von Vorstellungen bildet, um den sich dann die auswechselbaren Assoziationen gliedern. Aber jeder weiß, daß dieser Vorstellungskreis ein sehr loser ist, und daß er schnell zu durchbrechen ist – man braucht nur an den Haß auf Personen als Mittelpunkt zu denken. Haß ist diejenige Lebenstechnik, welche die eigene Angst und Unsicherheit, jenes spürbare Gegen-sich-selbst-leben nach außen projiziert, in Bewegung setzt und rhythmisiert, um in Kontakt mit der Umwelt zu kommen. Aber diese Bewegung ist eine scheinbare. Sie krampft sich fest an einen wahllos herausgegriffenen Gegenstand, schlägt um sich, glüht und frißt das organische Tempo des All. Hemmt als typischer Gegenrhythmus das Erlebenstempo und macht so gemeinschaftsunfähig. Der Begriff Feind ist abgeschmackt. Der Mensch, der einen Feind hat, wirkt lächerlich.

Weit weniger belastend für das Erleben wirkt die Rache, nur noch ganz Dumme fallen darauf hinein. Ein Mensch, der genug damit, daß er schon haßt, sich obendrein auch noch „rächt", wirkt wie ein Tier, dem Bewußtsein und dem Sichselbstbewußtwerdungs-Prozeß völlig fremd. Rachegelüste sind nicht nur das Eingeständnis der Schwäche und der Lebensunfähigkeit, sondern auch der Versuch damit zu prahlen. Es fragt sich, ob für diese Menschen einmal der Zeitpunkt gegeben ist, wo sie erkennen werden, daß sie vor sich selbst ein unsagbar unwürdiges Schauspiel aufführen, daß ihre Angst, die sie nach außen projizieren, keineswegs die gleiche Angst bei dem Partner und dem Zielpunkt auslöst, sondern Erstaunen und allenfalls Mitleid mit dem Absterbenden. Die Rache besitzt nicht soviel Lebensintensität, sich überhaupt mitzuteilen oder gar rhythmisch zu übertragen. Sie geht über ihren Kompromißkreis, das Leben zu Ende zu wursteln und das Lebendige nicht aufkommen zu lassen, nicht hinaus. Und doch wirken Haß und Rache so furchtbar. Wir alle sind noch davon angesteckt, und die Mühe unserer Bewußtwerdung ist deswegen so riesengroß, weil wir alle Augenblicke im Gestrüpp der automatisch aufsteigenden Haß- und Rachegelüste, die unsern Erlebensrhythmus zu überwuchern drohen, versinken. Es ist harte Arbeit zu leisten, sich wieder frei zu machen. Die Gemeinschafts-Intensität, der wir das Tempo verdanken, richtet sich nach dem Grad dieser Anstrengung. Und viele straucheln von neuem.

Die Formen der Auseinandersetzung sind umrissen. Leid und Kampf gehen um Bewegung und Rhythmus, um den Intensitätsgrad des Tempos, um die Intensität des Verbindungsgrades der Menschen im Rahmen des Erlebens und des Glückes. Gut gegen besser heißt: Warte noch, ich verstehe noch nicht, wohin denn – und er hofft gezogen, gestoßen zu werden, und den Antrieb zu bekommen, den er selbst zu geben sich zu schwach fühlt. (Mit eiternden Wunden über und über bedeckt, leidzerrissen.) Aber das Besser kann diesen Antrieb nicht geben, es folgt seinem eigenen Beschleunigungs-Gesetz, seinem Glücks-Rhythmus, der Aufgabe glücklicher zu sein, mehr Tempo, tiefer erleben – es wird sich auseinandersetzen, abwehren, zurückstoßen und das Bewußtsein schärfen. Die Bewußtwerdung, die analytische Projektion wird das Gute einzureihen beginnen in das Fremde, das Gemeinschaftsferne, das für das Gemeinsame Untaugliche – der Begriff gut verschwindet – und krankhaft festgeklammert daran, gleitet sein Träger aus dem Tempo hinaus, gelingt es ihm nicht, sich selbst stärker in Bewegung zu setzen. Auch dies tut weh, und man tut gut, die Zähne zusammenzubeißen, denn der breite und bequeme Weg der Verschmähung und Verbitterung lockt. Von da geht es unaufhörlich bergab zum Einzelsein. Aufgepaßt! Streit und Kampf wird eine Form, die dem Prozeß der Bewußtseins-Durchdringung noch angepaßt scheint. Es ist noch eine rein äußerliche und unlebendige und daher mit so vielem aus der Umwelt belastende Form innerhalb unserer Anstrengung nach Gemeinschaftsintensität. Aber ihr Inhalt ist die Bewegung, die Gesamtatmosphäre und der Rhythmus. Ihre Waffen sind Geschwindigkeit und das Lachen der Tempostärke.

*Zwischenbemerkung
über Gemeinschaft*

Das, was wir unter Gemeinschaft verstehen, ist mehr, als die Summe ihrer Eigenschaften angibt. Es ist etwas Drittes, etwas Lebendiges, ein Erlebens-Inhalt und zugleich Führung, an dem wir Teil haben, während wir es zugleich aufrichten. Es ist die Technik unseres Bewußtwerdens und das Beschwingende schlechthin. Wir ahnen erst ihre organischen Bedingungen, ebenso wie wir noch eine gewisse Scham haben vor Begriffen wie Menschentum und menschlich.

Man beschränkt sich zumeist darauf, von dem Nutzen der Gemeinschaft zu reden. Ausgehend von den Bedingungen unter denen die Menschen miteinander leben – man täte besser, in dem Falle hinzuzufügen, zu leben gezwungen sind – bedarf es einer Gliederung und Ordnung, einer Organisation, die dieses Miteinander-Leben möglichst reibungslos von statten gehen läßt. Die

Entwicklung zeigt die Bildung von gleichen Plattformen, sei es auf dem religiösen, dem nationalen, dem sozialen, und ökonomischen Gebiet. Man kann für jedes davon besondere Gesetzmäßigkeiten für das Gemeinschaftliche herausfinden und sie beweisen. Einer psychologischen Untersuchung liegt eine derartige Betrachtungsweise, so nützlich und notwendig sie sein mag, fern. Sie untersucht nicht die äußeren sichtbaren Bedingungen, deren Wesenheit, ja auch nicht deren Ursprünge, sondern deren Intensitätsgrad. Sie geht nicht aus von der Tatsache des sichtbaren Verstehens solcher Bedingungen, sondern von der Schwingung, sondern von den Spannungen des Erlebens und folgt ihnen bis zu deren sichtbarer Projektion in die Umwelt, bis zum Problem der Organisation des Zusammenlebens und prüft sodann die Berechtigung von Begriffen wie Problem oder Aufgabe und Organisation. Der Beschleunigungsgrad, die Bewegung ist alleinige Voraussetzung.

Alles Erleben ist Ausfluß des Gemeinsamen. Das Menschliche, die uns bewußt möglichen Bedingungen menschlichen Erlebens sind verankert in eine unlösliche organische Bindung des Einen zu dem All und des All zu dem Einen. Die Bewußtwerdung und in verbreiterter Plattform das Bewußtsein ist der Schnitt-Punkt. Es ist der Erlebens-Punkt der Gemeinschaft, des Bewußtseins von organischem Verbundensein mit dem All. Der Einzelmensch erkennt den andern und sich selbst, und aus dieser ersten Bindung wächst die zweite – nicht mehr seine Stellung zu dem Lebendigen und dem das Leben Widerspiegelnden, den toten Gegenständen, die in unserer gedanklichen Bindung leben – sondern die Stellung des Menschen überhaupt, die gemeinsame menschliche Stellung. Diese zweite Bindung ist in Lebendigkeit und in der gleichen Bewegung ein rhythmisches Gegenspiel zur ersten, der Gesamtrhythmus der Atmosphäre des Menschentums. Beide sind voneinander nicht zu trennen, weil sie das Organische, die Natur in der Bewußtwerdung des Menschen sind. Man denke sich die ungeheure Summe von Differenzierungen und Assoziationen, die heute das menschliche Leben und den Versuch, sich dessen bewußt zu werden, ausmachen. Die trübe Flut der Belastungen, die wir mit uns schleppen, mit uns entwickeln und in jeder Sekunde überwinden müssen, nur um „normal" zu sein, die Übereinkunft einer zufällig gewordenen Lebensweise innezuhalten. Dann wird man zugeben, daß die Bewußtwerdung der einfachsten Grundlage unseres Erlebens auf mancherlei Schwierigkeiten stößt, die erst beseitigt werden wollen. Dazu ist eine Kraft notwendig, eine Intensitätsspannung, die uns auf unserm Wege die Balance halten läßt, sonst schießen wir wie ein Luftballon in die Höhe oder segeln in den nächsten Abgrund hinab. Diese Kraft ist der Zwang zum Gemeinsamen. Das Gemeinsame ist die Technik der Gemeinschaft. *Gemeinsam* erleben wir den Rhythmus, der die Widerstände schwinden läßt.

Eine ungeheure Kraft in uns wird frei, die an die Aufrechterhaltung von Übereinkünften aller Art, religiöser und moralischer und sozialer oder welcher immer, gebunden war. Eine Kraft, mit deren Hilfe der Einzelmensch sein Leben gegen die Umwelt, die Mitmenschen, die Natur und gegen sich selbst verteidigte. Nicht etwa weil er gern leben wollte, sondern weil er leben mußte, weil das Gesetz zum Leben, das Lebendige in ihm ist, das ihn treibt und drängt, häufen sich die Verstrickungen – und das ihn aufblühen und wieder vergehen läßt, zerbrechen, wenn die Körperlichkeit von der Intensität dieser Kraft verbraucht ist. Diese Kraft wird frei, wenn dem Einzelnen sein Vereinzeltsein bewußt wird, als toter Punkt in einem atmosphärischen Gesamtrhythmus, als ein Strudel im Strom des Lebendigen. Wenn er beginnt, wenn er frei ist das Menschliche zu erleben, erlebensfähig zu sein. Wenn er die beiden Bindungen als ein einheitliches Erleben, als eine motorische Glücksquelle sich bewußt macht als Glied des All, der Menschheit und der ihm nächst Verbundenen, als ein Teil, der zum Ganzen lebt und atmet. Wenn er gemeinschaftsbewußt ist. Dann ist der Sündenfall im Paradies aufgelöst und überwunden.

Es gibt keine Bedingungen des Einzel-Seins, keine der Vereinzelung. Man versteift sich auf die Übereinkommen. Man baut eine sogenannte Kultur darauf auf. Aber man besitzt dabei so wenig Kultur, an eine Kraft zu glauben, als einzel-menschliche Aufgabe und Pflicht, die den Menschen nachweislich vom Leben zum Tode befördert. Bis auf sehr wenige sind bisher noch alle Menschen gestorben. Niemanden ist das recht, aber die Mehrzahl hält eigensinnig daran fest. Daraus kann keine Kultur entstehen. Es ist kindisch. Aber noch etwas anderes. Es ist ein plumper Selbstbetrug. Es ist wahr, es ist leichter in Angst zu leben, als frei. Man hat weniger dabei zu tun. Die Krümmungen der Angst ähneln zudem der Intensitätsspannung des freien Erlebens. Sie gleichen dem Lebensrhythmus scheinbar aufs Haar, und selbst Spannungen, wie beispielsweise die Unterdrückung, sind möglich, die für den Unterdrückten das Verbindende der Gemeinschaft haben. Aber zum Tode hin, zur Bewußt-Werdung der Angst vor dem Leben statt des Lebens – das Gegenlebendige, das Unmenschliche. Wir stehen inmitten einer Auseinandersetzung zur Bildung neuer Rassen, ein Aussonderungsprozeß der Absterbenden, der als Menschen zu Schwachen, der Gemeinschaftsfremden, der Vereinzelten. Ein neuer Mensch lebt bereits in uns hoch, der völlig frei im Bewußtsein erst viel später geboren werden soll. Dann – ja – wird alles anders sein. Wir haben aber noch die Aufgabe als Teil unserer Lebendigkeit zu erfüllen, ihn entwickeln, reifen zu lassen, bis er die Macht über sich selbst und über die Natur ergreift – herrlich schön anzuschauen in unserem Glücksgefühl.

Die Abwehr der Dummheit

Die Dummheit des Nicht-Wissens ist bekanntlich nicht nur die Unwissenheit. Wer nicht lebt, ist tot, und die allgemeine Ansicht geht noch immer dahin, daß der Tote nicht mehr stört. Anders der lebendige Tote. Es gibt eine Lebens-Form des Nicht-leben-Wollens, ein Sich-Spreizen gegen Natur, Bewegung und Atmosphäre. Es ist eine Lebens-Form statt einer Erlebens-Form, sie täuscht das Erleben vor. Sie erhebt den Anspruch, damit in Kontakt zu sein. Sie stellt sich ein in die rhythmische Auseinandersetzung der Umwelt und stört. Sie belastet das Tempo und verbreitet ringsum ihre eigene Atmosphäre, den Hauch der Verwesung. Sie erregt und ruft alle Krankheits-Keime wach, in demjenigen, womit sie in Verbindung steht. Darin liegt ihre besondere Gefährlichkeit.

Zweifellos wird in dem großen Ausscheidungsprozeß der Beschwingung ein großer Teil dieser Lebensform konfliktlos ausgeschieden und beiseite geschleudert, wo er abstirbt und in seinen Verrenkungen unbeachtet verkommt. Das übrige aber schleppen wir mit uns. Es ist der Bazillus, vor dessen Überwucherungen wir ständig auf der Hut sein müssen, und den wir auf Grundlage von Intensitätssicherheit, Energie und erlebensbewußter Zähigkeit niederhalten und wirksam bekämpfen können. Ausrotten läßt er sich nicht, solange die Gemeinschaft noch um ihre Bewußtseinsexistenz ringt.

Die Summe aller unserer Schwächen vom Nicht-wollen bis zum Möchte-gern, die Lebensangst und Unentschlossenheit, zum Glück berufen zu sein, die Scham vor uns selbst, das Verstecken vor der Umwelt und die Plumpheit, sich auf sich selbst zu stellen, die Verzweiflung und der Betrugsversuch, Tempo zu starten in der Verdrängung – alles das und das Tausendfältige menschlicher Unsicherheit wächst zusammen zu einer organischen neuen Form, die fast alles uns Bekannte enthält, außer der Erlebenssicherheit und dem Gemeinschaftsbewußtsein. Diese Form, die getreu wie nur je ein Spiegelbild alle Gedankenverbindungen wiedergibt und daher so lebendig und rhythmisch wirkt, ist das, was wir unter Dummheit verstehen. Wir glauben im Erlebenstempo zu sein, aber es klappt nicht. Wir sitzen fest – und dabei haben wir uns so bewegt. Das ist die Dummheit, der wir zum Opfer gefallen sind. Vielleicht, daß wir etwas übersehen haben.

Dieses Vielleicht, in unserer erst auftauchenden Gedankenverbindung legt den Krankheitskeim bloß. Vielleicht sollten wir das nicht – oder jenes haben wir ausgelassen und so fort – dieses Vielleicht *scheint* guten Willens. Ein Zufall, das Schicksal, ein entschuldbares Versehen hat das Ziel umgebogen. So scheint es. Dabei ist dieses Vielleicht in der Tat bereits das Bewegungsfremde. Ich weiß oder ich weiß nicht. Es gibt kein halbes, kein Zum-Teil-wissen, kein Ahnen, Erraten oder ähnliches. Damit täuscht sich der Einzelne etwas vor. Denn das Wissen steht nicht auf sich selbst, unverändert als steinernes Denkmal, sondern es bildet den Drehpunkt eines Bewußtwerdungsprozesses, den lebendigen Inhalt eines Bewußtseins. Es ist daher beliebig veränderlich in seiner Projektion nach außen, es ist beweglich in dem gleichen Grade und Rhythmus der Intensität unseres Erlebens. Man sagt mit mehr Recht als man gemeinhin denkt: was heute richtig ist, ist morgen falsch. Aber noch weiter: nichts ist richtig oder falsch oder beides zusammen als das Erlebenstempo, als die Bewegung in der Gemeinschaft schlechthin, als das Ja-sagen im Gemeinsamen. Davon differenziert sich das Wissen, und wenn man will die Wissenschaft. Die Gemeinschaftswissenschaft kennt nur eine einzige, jedem sofort sichtbare Fehlerquelle: die der eigenen Meinung. Es gibt keine eigene

Meinung als die, lebensunfähig zu sein, und diese entscheidet sich sofort, in der aufsteigenden Bewußtseinssekunde schon – zum Tode oder zum Leben, für Aufhören oder Steigerung. Dazwischen versucht die Dummheit sich Raum zu schaffen.

Sie wirkt daher aggressiv, und es ist notwenig, sie abzuwehren. Die eigene Meinung tritt auf als etwas Gewonnenes, Erarbeitetes, das miterleben, mitarbeiten, mitschwingend gemeinsam sein will, wenn der andere aufnahmewillig ist. Sie verschiebt also den Erlebenspunkt jener Bewußtseinsentwicklung zu einer Gemeinsamkeit geschickt auf den andern. Der andere soll die Verantwortung haben in dem Rahmen, wie die „eigne Meinung" wächst und sich verbreitet. Hierin liegt der entscheidende Vorstoß. Da ich selbst mich nicht voll erlebe, nicht gemeinschaftsbewußt bin, so werfe ich meine Erlebensreste, meine fauligen Stoffe, die mich belasten, auf den Markt als Rhythmikersatz. Ich präge sie um – und alles, was Angst vor denselben Residuen in sich hat, faßt zu. Es findet eine Verbindung gegenseitiger Reste statt oder eine Unterordnung bezw. Aufsaugung der in Bewegung gesetzten, von dem einen zum andern hin. Der so hervorgerufene Rhythmus, wenn man davon überhaupt sprechen kann, wird eben dennoch zu einer automatischen Bewegung, tritt selbstverständlich gesetzmäßig auf. Wir erleben die Geburtsstunde der Wahrheit. Alles, was wahr ist, ist dumm von vornherein. Nicht daß es, wie die Philosophen meinen, erst dazu wird. Die Wahrheit wirkt als Zahnweh für das Erlebensbewußtsein, alle schlechten Gewohnheiten werden noch einmal wach. *Gegen die Wahrheit kämpfen, führt zu sich selbst.* Die Kehrseite der Wahrheit ist die Lüge, nicht ihr Gegensatz. Wer lügt, spricht immer noch wahr, er bleibt im gleichen Verdrängungssystem. Nur macht er es sich weniger leicht, er tut noch von sich selbst etwas hinzu. Die Intensitätsspannung ist größer. Es kann sein, daß er sogar darunter leidet, während der Wahrhaftige sich befriedigt auf den Bauch schlägt. Der Lügner verschwendet dagegen unnütz Kraft, und über kurz oder lang erreicht er den Punkt, dem der Wahrhaftige noch vorsichtig ausweicht, nämlich um Hilfe zu schreien. Dann hört jeder Schwindel auf, auch der der Wahrheit. Dann kommt das Um-sich-greifen nach dem Strohhalm, und es kann dann leicht sein, daß der so gut überdauerte Wahrheitsträger daran glauben muß. Die Komödie des menschlichen Lebens baut sich darauf auf. Es bleibt kein Raum von dem Strudel, in dem beide versunken sind. Ein Bewegungswiderstand, rhythmisch im Bewußtsein, hat sich aufgelöst.

Die Abwehr der Dummheit ist organisch, ein lebendiger Teil des Beschleunigungsgesetzes. Die Gemeinschaft, das Gemeinsame und das Einzelglied im Erlebensbewußtsein wird davon nicht berührt. Es ist der automatische Spaltungsprozeß, die Intensivierung eines künstlichen Gegensatzes von Wahrheit und Lüge, richtig und falsch, gut und böse, und insgesamt jener Blähungsprozeß, den wir Kultur nennen. Eine Riesenseifenblase, die das Unbewegliche, Verdrängende, Ängstliche und Lebenskranke zusammenzieht, aufbläst und schillernd zerplatzen läßt. Ein Schauspiel für die Dummen.

Das Machtproblem

Es gibt keine andere Macht als die Macht über sich selbst. Alles andere ist ein Mißverständnis. In der Bewegung und noch mehr in der Beschleunigung ist das Machtproblem bereits restlos aufgelöst. Man könnte auch sagen: es liegt zwischen beiden. Die Macht über den inneren Widerstand, die Beherrschung des natürlichen Gegenrhythmus, die Beharrung ist diejenige Gedankenverbindung, die sich als Pol für die Assoziation zu diesem Problem kristallisiert. Was in Beharrung ruht, stört die Bewegung nicht. Dieser Satz sollte einleuchtend sein. Es sei denn, man nimmt an, daß die Bewegung von der Beharrung ausgeht oder von ihr abhängt. Die Bewegung, als solche ins Bewußtsein gehoben, ist aber lebendiger, organischer Teil einer Atmosphäre, die wir als Umwelt oder Rhythmus selbst erleben. Sie ist um uns und daher ohne Anfang und ohne Ende. Sie ist lebendig, das heißt, sie lebt um sich und in sich selbst und aus sich selbst heraus. Den Begriff der Beharrung finden wir erst über die Brücke eines Konfliktes, den wir aus dem eigenen Erleben heraus in die Umwelt projizieren. Wir empfinden: das bewegt sich nicht – natürlich ein Trugschluß, aber wir haben es uns übereinkommensgemäß bequem zurecht gemacht: es ruht. Ein Konflikt zwischen Bewegung und Ruhe besteht nicht, denn es gibt nichts, was beharrt und ruht – es sei denn, wir selbst. Wir sind am Problem angelangt. Wir ruhen – allerdings nur für unser Bewußtsein, das heißt, unsere Bewußtwerdung ruht, wenn wir dem Beschleunigungsgesetz in uns Widerstand leisten, die

Faktoren sind schon auseinandergesetzt. Wenn wir beginnen, dem Auflösungszwang der Erlebensresiduen auszuweichen und die Lebensangst anstelle des Erlebens tritt. Wenn wir beginnen, an Tempo und Intensität in Verlust zu geraten. Auch der Ruhende ist in Bewegung, nur die Bewußtwerdung rhythmisiert sich zur Vereinzelung, wird Gegenrhythmus und wirkt, in Verbindung mit der Umwelt gesetzt, bewußtseinstechnisch als Beharrung, als Hemmung und Widerstand. Je mehr als Widerstand, je stärker dieser Bewußtwerdungskonflikt auf den Rhythmus der Beschleunigung trifft, das heißt, noch aufnahmefähig ist. In der Atmosphäre der Beschleunigung entwickelt sich in der Technik der Assoziationen der Begriff der Beherrschung und der Macht. Die Kraft zu zwingen: schneller! weiter!

Diese Kraft greift nicht ein oder über auf das Erleben. Sie beschäftigt sich nicht mit dem Gegenstand oder dem Assoziationsmittel. Sie setzt sich lediglich auseinander mit der Erlebenswirkung, und dies zwangsläufig. Es ist das Organische, das Atmosphärische, das lebendige Selbst, das motorisch ausscheidend und beschwingend wirkt. Das lebendige Erleben, dessen Bewußtseinsträger zugleich organischer Teil ist, wird rhythmisch mit beschwingt. Es existiert nicht, und es ist auch garnicht denkbar, eine direkte, das wäre vereinzelnde, lebendige, das wäre rhythmische Verbindung zu dem Beharrungsgegenstand. Es findet also auch keine Auseinandersetzung zwischen Beschwingungs- und Beharrungsträgern statt. Darum kann von einer Macht über etwas, über Menschen oder sonstwie Wesenhaftes nicht gesprochen werden. Die Macht über sich selbst umfaßt das Erlebensganze, das unserer Gedankenverbindung so bequeme Spiegelbild einer Eigenbewegung.

Soweit ist also das Machtproblem eine Auseinandersetzung über das Tempo. Es ist der „Sport" intensiverer Beschleunigung. Die Frage, wer schneller ist, bekommt ihren Intensitätsgrad nicht von dem rhythmisch Gleichschwingenden, sondern von Rhythmus und Gegenrhythmus. Daher ist jede Machtfrage, sofern sie nur ins Erlebensbewußtsein tritt, im Grunde genommen automatisch von vornherein entschieden. Unsre mit so vielem noch belastete Gedankenwelt formt den Begriff Macht in einer Weise, der den Gedanken „Widerstand" förmlich zu Hilfe ruft. Obwohl die Ausscheidung eine organisch bedingte ist. Die Beschleunigung zum Besser und die Vereinzelung von gut her, das Erleben zur Gemeinschaft und das Absterben in Verzweiflung und Haß, der Rhythmus des Glücks und die Zufalls- und Schicksalsverbindungen des Unglücks, Sicherheit und Angst! In der Bewegung, in der lebendigen Technik des Ausscheidungsprozesses organisiert sich für unser Bewußtsein die Macht. Macht gründet sich auf einen psychotechnischen Vorgang. Dieser gewinnt die entscheidende Bedeutung, wenn die Gemeinschaft allebendig sein wird. Denn dann wird die Frage entschieden werden, was den Menschen als die Spitze und Summe der Bewegung des All in den Stand setzt, dieses Beschleunigungsgesetz selbst in die Hand zu nehmen. Das Schöpferische und die Last, Gott zu sein, steht dem Menschen heute noch schlecht zu Gesicht. Es werden sich Umwälzungen formen, die, in unser Bewußtsein getreten, geraume Zeit brauchen werden, um aufgenommen zu sein. Unsere Erlebenstechnik ist noch so wenig elastisch und tragfähig. Dann werden wir uns derjenigen zu schämen beginnen, die aus der Macht ein Problem gemacht haben, nur um sich selbst zu demütigen, und sich besser vor einander zu verstecken. Noch immer ist der Sündenfall vor Gott lebendig.

Im Kampf um die Macht

Der Versuch, diese Technik eines Ausscheidungsprozesses, die wir Macht nennen, sich dienstbar zu machen, füllt zu einem sehr großen Teile den mechanischen Ablauf des Lebens aus. Anstelle der Erlebensintensität tritt die, man möchte sagen, organische Unzufriedenheit, die sich fortgesetzt steigert – die Hast nach der Sicherheit jener Entscheidung im Ausscheiden, der Hunger nach Macht. Je mehr die Bewußtwerdung dabei verdrängt wird, und es ist im Grunde genommen sogar nichts anderes, als das Übereinkommen zu einer Lebensform auf der Grundlage solcher Verdrängung, umso schärfer heben sich die Bedingungen, unter denen dieser Prozeß vor sich geht, heraus, als Tempo – oder Erlebensersatz, als sagen wir Glücksmöglichkeit, das ist der Verzicht auf das organisch menschliche Erlebensglück, und als die scheinbaren unumgänglichen Vorbedingungen unserer Existenz selbst. Es ist ein zweites Leben, das da künstlich geschaffen werden soll. Wie das Leben im Bewußtsein des Erlebens erst seinen Rhythmus, seinen Bewußtseinssinn, das

Lebendige, offenbart, so erhält dieser Lebensversuch erst sein Ziel in dem Kampf um die Macht als Pol, um den sich der Lebensablauf dreht. Es leuchtet ein, daß dieses Streben nach Macht die Steigerung jenes Hanges ist, der schon den Gegenrhythmus hervorgerufen und den Tod bedingt hat, die Sucht zur Vereinzelung, die Auswirkung der Lebensangst, das Gemeinschaftsfremde. Diese Steigerung, die ja auch dem organischen Beschleunigungsgesetz folgt, beschleunigt das Ende, den Widerspruch zur Lebendigkeit. Es ist der Erlebenspunkt der Dummheit, der Gipfelpunkt der Vereinzelung und menschlicher Verwirrung, denn die Auflösung jener Unzufriedenheit, die Befriedigung des Widerspruches und die Bewußtwerdung des erreichten Zieles ist der Tod. Der Kampf um die Macht ist das Drängen zum Tode. Er ist die Auswirkung der Lebensangst, die in der Vernichtung dem Drange nachgibt, sich selbst zu erleben. Man ist versucht, sich der Strafen der Apokalypse zu erinnern.

Die fast allgemeine Plattform aller Verbindungen und Auseinandersetzungen der Menschen der heutigen Gesellschaftsform bildet jener Kampf um die Macht trotzdem. Er ist nur ein weiterer Beweis, warum die Menschen es so selbstverständlich finden, unter unsäglichem Schmerz gegen ihren Willen und gegen ihre zutiefst sich aufbäumende Erlebensintensität zu sterben. Weil die Notwendigkeit die Lebensangst aufzulösen, jenes Gift im Organischen des All, stärker ist, rhythmisch bedingter, als die Beschleunigung der Erlebensintensität, die zudem belastet, verdrängt und gebrochen ist: darum sterben wir. Aber nichtsdestoweniger verwenden wir unsere Kraft darauf, das Bewußtsein hiervon, das wir alle ahnen, als Beschwingung fühlen und in unbewachten Augenblicken einer überquellenden Freude wohl auch gestehen, nicht zum Erlebensdurchbruch kommen zu lassen. Wir krampfen uns fest an die Erlebensangst, um zerrieben zu werden. So wie sich jemand an den Wagen festklammert, der ihn zu Tode schleift. Prinzip: nur nicht loslassen. In diesem „Nur nicht loslassen" gewinnt der Kampf um die Macht seine besonderen Formen.

Der sogenannte Existenzkampf, den Darwin in der Natur gefunden haben will, wird zur mißverständlichen Verallgemeinerung, wenn man unsre Gedankenverbindungen vom Sichdurchsetzen, Raum und Futter darauf anwendet. Es wäre beinah so, als ob man den Mangel seiner eigenen Bewußtwerdung damit wettmachen wollte, daß man ihn auf die Umgebung, auf die übrige Lebewelt projiziert. In der Tat ist es auch so in der Mehrzahl der Fälle. Ein Mensch, der sich in Sentiments für die Tiere nicht genug tun kann, wird nicht zögern, seinem Mitmenschen jede Erlebensmöglichkeit zu ersticken. Er wird das sogar höchst in der Ordnung finden. Betrachten wir dagegen das Menschlich-Lebendige. Es ist eine seltsame Vorstellung, zu glauben, es sei für die Menschen zu wenig Raum da, und man müsse sich seinen Platz erobern. Möglich, daß die Organisation einer Übereinkunft da und dort Grenzen gezogen hat, an die der Einzelne sich stößt. Was aber bedeutet das? Es ist doch nichts anderes, als daß die Auswirkung der Vereinzelung sich in der Form einer Organisation widerspiegelt, die das Unlebendige des Gemeinschaftsfremden enthält, also bereits im Bewußtsein durchzudringen beginnt als Aufzulösendes, zu Beschwingendes, Lebensunfähiges. Es drückt, die Wunde beginnt zu eitern. Das Ringen um den Raum kann nur Erfolg haben, wenn es bewußtseinstechnisch geschieht. Dies stößt aber automatisch auf die Quelle allen Widerstandes, auf den Erlebensbruch, auf die Vereinzelung. Der Erfolg, einem Drang der Empfindung nach mehr Raum nachzugeben, beschwingt und rhythmisiert bereits zum lebendigen Glück hin. Er krempelt schon im Bewußtwerdungsprozeß den Menschen um. Dem gegenüber wirkt die tatsächliche Auseinandersetzung um den Raum wie Seewasser auf den Verdurstenden. Selbst das dämmernde Bewußtsein der Täuschung stört nicht mehr. Wer die Organisation über das Erleben stellt, der mag sich in gleicher Weise über Beruf und Existenzmittel streiten, um den Platz an der Sonne, die den Menschen erkalten läßt. Der Bewußtwerdungsprozeß stellt eine ganz andere Gedankenverbindung auf. Er legt die Intensitätsquelle, aus der aller Widerstand, Leid und Schicksal strömt, frei. Enger zusammen! Mehr Verbindung! Nicht mehr die oft belächelte und allenthalben bekämpfte Notwendigkeit, aufeinander angewiesen zu sein, sondern der Wunsch als Rhythmus des Erlebens, das sich steigernde Tempo nach dem Erleben dieser Verbindung, das Einatmen der tiefen unlösbaren Zusammengehörigkeit. Aus der Differenzierung, der aus der Beschwingung sich auflösenden Umwelt in die Begriffe ihrer Zusammensetzung in das mittelbar und unmittelbar Lebendige kristallisiert sich der Mitmensch, der gleicherweise und gemeinsam Mitlebendige, formt sich das

Wissen um die Gemeinschaft. Die Gemeinschaft will enger zusammen und die Gedankenverbindung der Abhängigkeit ist verknüpft mit der Sicherung der Unlösbarkeit, dem Intensitätsgehalt des Glücks. Alle menschlichen Eigenschaften, das Menschentum geht davon aus. Das Sichdurchsetzen zum Erleben ordnet die Organisation zum Allrhythmus, zur durch sich selbst getragenen Lebendigkeitsatmosphäre um, aus der wir unsern Atem schöpfen. Die Vorstufen, die Entwicklungskompromisse, mögen Namen und Formen tragen, welche sie wollen. Ihr Grundinhalt richtet sich nach der Erlebensintensität der Gemeinschaft. Er empfängt daraus Rhythmus und Tempo und alles das, was wir in unsern unzulänglichen Begriffen noch die Lebensformen und ihre Möglichkeiten nennen, wobei es doch nur das eine ist: die Erlebensform. Der Begriff von Macht verändert sich. Er wandelt sich organisch um, verdichtet sich zur Lebendigkeit. Er wird wirklich Macht.

Mehr Macht

Mehr Tempo, mehr Glück – das ist mehr Macht. Macht ist Erlebenstiefe. Intensitätsdichte, die Beherrschung im Rhythmus. Es ist nicht mehr in uns begrifflich überkommene Macht in ihren Differenzierungen und Auswirkungen der Lebensangst. Diese Macht setzt nicht mehr das Ziel an die Spitze, den Willen zum Herrschen. Es ist die Steigerung des Ichgefühls im Rahmen der Gemeinschaft. Es ist dieser tiefe, beschwingte Unterton, der die Sicherheit des Erlebens ausmacht, ein Jubel zur Welt, die Rhythmik des Ja-sagens. Diese Macht ist eine atmosphärische Krönung. Sie weitet sich in der Erlebensspannung des Gemeinsamen zu der breiten Ebene, die das erwachende Bewußtsein als die Menschheit erkennt.

Es ist jene Macht, die ins Bewußtsein geht. Sie beschwingt, könnte man sagen, nach innen, sie strahlt, durch die Gemeinschaft in Glut gesetzt, zurück. Erhält den Weg, den der Einzelne gegangen ist und grade noch geht. Es ist eine psychotechnische Disziplin, die an Tempo voraus ist. Soweit voraus den Ereignissen, den Auseinandersetzungen, den Erlebenspunkten, wie der Intensitätsgrad der Gemeinschaft verschieden ist von demjenigen des Gemeinschaftsbewußten. Diese Steigerung des Bewußtseins als Macht hat diejenigen Eigenschaften, die wir so vergeblich erträumen, so daß wir einen Scheinbegriff mit allen unsern Schwächen erfüllt dafür einsetzen – nämlich die absolute Sicherheit. Das Erleben fürchtet nichts mehr, es hat keine Feinde und wird nicht angegriffen, so daß es sich zur Wehr setzen brauchte. Seine Bewegung drängt nach Erweiterung und Vertiefung, nach Intensitätssteigerung. Sie wird nirgends bestritten und angezweifelt, daß sie sich erst durchsetzen muß. Sie entsteht erst im Glücksrhythmus des Bewußtseins, von dem die Macht zugleich dann getragen wird. Sie ist also schon als Erleben vorhanden, wenn wir uns ihrer erst bewußt werden; wen sollte sie, das heißt wir als die Machtbewußten, zu fürchten haben, als nur uns selbst. Es gehört eine mehr als menschliche Kraft dazu, im Glück zu sein und zu sündigen. Sie ist unfehlbar und schmilzt jeden Widerstand, ihr Rhythmus steigert sich zur Allmacht, je organischer das Erleben der Gemeinschaft wird.

Sollen wir herrschen? Das Lebendige herrscht. Es lebt in der Umwelt, es lebt im Menschen. Der Einzelne erlebt es. Darin entfaltet sich die Macht, darin beginnen wir zu herrschen, je stärker, je lebendiger wir uns dessen bewußt werden. Die Machtentfaltung zum Lebendigen hin, zur Steigerung, im Tempo – das ist eine Forderung, die wir zu erfüllen haben, sie ist Teil unseres Eigenrhythmus. Mehr Macht, auch darin erleben wir uns. Es ist eine tatsächliche Macht. Alle Auseinandersetzungen mit den Differenzierungen des Vereinzeltseins prallen daran ab. Ein Kulissenziel sollte uns nicht schrecken. In mir, und an meiner Erlebensintensität liegt es, so soll es heißen, ob ich den Widerstand solcher Zielaufrichtung von Abhängigkeiten anerkenne. Man mißt den Intensitätsgrad des Widerstandes mit dem Lebendigkeitsgrad unseres Gemeinschaftsbewußtseins. Darin liegt die Entscheidung. Sie ist immer und von vornherein gegeben, oder man müßte denn annehmen, daß der Tod über das Leben Gewalt hat. Sehr viele glauben daran, und sie mögen sich weiterhin hassen, bekämpfen und versuchen, sich die Luft abzuschneiden. Es ist immerhin ein sehr unwürdiges Belastungsspiel. Denn es stirbt niemand, der sich nicht selbst aufgibt. Der Mörder ist ohne dichterische Kulturphrase Werkzeug. Ebenso wie der Unterdrückte den Unterdrücker benötigt. Machen wir uns nichts vor. Der Gewaltmensch, in der Gedankenverbindung der Gegenwart, so wie ihn die Lebensängstlichen sehen, spielt die traurige Rolle des Handlangers. Er macht bestellte Arbeit, wenn er dazu übergeht, jemandem eine Macht aufzuzwingen, und diese Macht auszuwirken. Eine einfache Überlegung macht ihn unschädlich. Wird er lebendiger? Hat er die Lebendigkeit dieser Wesenheit, die er sich unterordnet, sich hinzufügt, in sich aufgesogen? Sicherlich nicht, er ist ohne Zweifel schwächer geworden. Der Unterdrückte hat sich viel eher ein Ziel gegeben, nämlich das, gegen den Unterdrücker zu leben, was erlebensfähiger, wenn auch von Grund auf belasteter macht als umgekehrt. Die Menschenfresser waren uns darin weit voraus. Man frißt die Menschen, die einem als Beute zufallen, um sich deren Eigenschaften anzueignen. So vom feindlichen Krieger dessen Tapferkeit. Das ist durchaus verständlich, das deckt auch unser Bewußtsein. Darin kann auch heute noch der lebendige Machterlebensfaktor begründet sein. Der Gefressene hat sich dem Überwinder geopfert, dem Stärkeren an Intensität, dem Temposchnelleren, das ist durchaus sinnvoll, und es ist gar nicht gesagt, daß die falsche Sentimentalität der Ungenießbarkeit des Menschenfleisches in der kommenden Allgemeinheit recht behalten wird. Es handelt sich nicht um die Frage des Genusses, sondern um ein tiefes Erlebenssymbol, das lebendiger ist, als unsere heut üblichen Freundschaftsbeteuerungen. Aber schließlich, was ist sogar Genuß anders als ein Symbol, ein projektives, ein über sich hinausgehendes – zur Gemeinsamkeit und deren Bewußtwerdung oder zur Selbstbefriedigung, dem Gemeinschaftsgegensätzlichen und, sagen wir, unterirdisch, gegenrhythmisch Gemeinsamen. Das Kanakertum steht höher als die Mehrzahl der Eigenschaften der Kulturmenschen. Trennen wir der besseren Verständigung willen das Geistige und die Verbindungsgegenseite, das Körperliche, Materielle oder so. Es existiert diese Trennung nicht, nur in der Konvention einer Organisation der Vereinzelten. Es gibt keinen Unterschied, aber sprechen wir trotzdem jetzt von der geistigen Macht. Der Vereinzelte wird dagegen nichts einzuwenden haben. Er glaubt vielleicht selbst sich darauf zu stützen. Er merkt nicht, denn die Erlebenslebendigkeit des Bewußtseins fehlt ihm, daß er aufgesogen wird: geistiges Kanakertum. Ein motorisches Vampyrtum zehrt ihn auf, bis er ausgequetscht zur Seite geworfen wird. Das ist Macht. Das ist die glücksgetragene jubelnde Erlebensmacht. Mag der Lebensfeindliche sich winden, um sich greifen, erobern, unterdrücken, vergewaltigen und alles das. Er trifft immer auf seinesgleichen, die ihn noch obendrein dazu benutzen, er stört nicht und er zerstört nichts. Er ist der Typ des Absterbenden, an den wir als den Lebensablauf, so gewöhnt sind. Die wahre Machtschichtung erfolgt organisch und automatisch. Wir sind nur Teil und Träger davon, aber nur wenn wir lebendig genug sind in Tempo und Glück. Dann herrschen wir.

Mehr Arbeit

Die dreifache Lebendigkeit unsres Bewußtseins, Tempo, Glück, Macht, setzt sich in eine sichtbare Technik unseres Erlebens um. Um diese Technik gliedern sich die Bewußtseinsverbindungen, von denen aus unser Wissen von den andern Menschen und zu den andern Menschen geht. Diese Technik ist Plattform und zugleich Weg zur Gemeinschaft und Gemeinsamkeit. Sie ist für das Erleben zugleich Sicherung und Auswirkung, ebenso wie sie zur Gemeinschaft führt dadurch, daß sie bereits gemeinschaftsbewußt und gemeinsam ist. Es ist, kann man sagen, ein nach außen umgesetztes Miterleben der Bewußtwerdung, die Lebendigkeitsspiegelung des neuen Menschen. Diese Technik ruft in der Atmosphäre des Lebendigen einen Rhythmus wach, der den Menschen erleben und wiedererleben läßt. Es ist der Rhythmus der Bewußtwerdung im Erleben, das Glück des endlichen Wesens vom Unendlichen. In diesem Rhythmus erleben wir die Gemeinschaft, die Dreigliederung von Tempo, Glück, Macht, als Erlebensatmosphäre. Ihre Technik und ihre Plattform ist die Arbeit.

Die Arbeit ist diejenige Erlebenstechnik, die die Menschen am sichtbarsten miteinander verbindet und die Gemeinschaft der Menschen mit dem Lebendigen ringsum. Arbeiten heißt sich bewußt sein, daß der Mensch als Einzelwesen seinen Platz an Lebendigkeit im Rahmen des Allebendigen einnimmt. Die Beschwingtheit solcher Erkenntnis, Urteil und Wert, hängt von der Einschätzung der Lebendigkeit ab. Erlebenstechnik heißt das, wie tief der Einzelne seine Verantwortung zur Gemeinschaft erlebt. Der Grad dieser Mitarbeit, die Wertung an Glücksintensität, bedingt das Tempo, mitzuschwingen mit dem Lebendigen ringsum, und das davon abhängige Bewußtsein der Macht – mitzuwirken, mitzuschaffen, Teil zu sein am Rhythmus des

Unendlichen. Das Ziel der Arbeit ist sich erleben in lebendiger Gemeinschaft, ist die Gemeinsamkeit. Man könnte auch von der Gemeinschaft aussagen, die Arbeit ist die Erlebensform der Gemeinschaft. Die Spannung zwischen dieser und dem Einzelwesen ist rhythmisch bedingt von der Erlebensintensität des einen zum All und umgekehrt. In dem Beschwingungsgrad des einen wie des andern inmitten dieser Spannung bildet sich der Eigenrhythmus, das Buntfarbige, Glücksgetragene der Ich-Persönlichkeit. Die Arbeit ist hier Fundament. Durch die Arbeit wird diese Ich-Persönlichkeit umrissen, gesichert und individualisiert. Das Eigenpersönliche bekommt seinen Erlebenssinn, es wird beschwingt. Der Eigenrhythmus entfaltet sich, mit dem gleichen Gesetz sich zu beschleunigen wie das Lebendige ringsum und in der Gemeinschaft. Diese Beschleunigungs-Tendenz wirkt sich in der Arbeit aus. Sie differenziert das Atmosphärische in sich schärfer kristallisierende Bindungsbedingungen, in die Erlebnisse, die Gedankenverknüpfungen und die Ablaufswertungen unseres täglichen Daseins. Sie stellt überhaupt erst den Begriff des Daseins auf. Sie wirkt wie eine sich organisch gliedernde Blüte aus der Naturbewegung lebendigen Wachsens heraus. Im Fluß des Gesamtgeschehens kristallisiert sie Ruhepunkte, Erlebenspunkte, obwohl diese nur rhythmisch in Ruhe sind und zur Gesamtbewegung unter der besonderen Bedingung eine Eigenentwicklung sehen. Eine derartige Individualisierung wirkt bewußtseinstechnisch als Ruhe, weil durch die Beschwingung zur Eigenentwicklung der Rhythmus zur Gemeinschaft eine Vertiefung erfährt, einen neuen Unterton, der sie verbreitert und glücksfarbiger macht. Der Niederschlag als Eigenbewußtsein gibt dem Erleben davon einen neuen Sinn, einen Einzelsinn, den der Befriedigung, der Auflösung. Man erlebt, daß die Erlebensreste im Schwinden sind, verarbeitet werden – in der Arbeit. Sie lösen sich auf, und man atmet auf. Dieses Aufatmen kristallisiert das Erleben des Daseins, den Erlebenspunkt als eigenen Rhythmus und als Individualität. Solche Erlebensreste, die wir aus unserer Atmosphäre der Vereinzelung und der Konvention immer wieder mitbringen und neu entstehen lassen, sind die Bakterien, die Giftstoffe, an denen wir früher oder später noch zugrunde gehen. Wir können uns davor schützen, wir können sie unschädlich und uns giftfrei machen durch die Technik ihrer Auflösung, durch Arbeit, durch ein Sich-in-Bewegung-setzen über das organisch Lebendige, das wir im Erlebensbewußtsein zwar empfinden, aber nicht rhythmisch beeinflussen können, sondern nur mitgetragen werden, wenn wir Herz und Verstand öffnen – über die atmosphärische Lebendigkeit hinaus. Das Eigenpersönliche beginnt lebendig zu werden, und die Aufgaben unserer Individualität stehen vor uns.

Individualität ist ein Mehr an Bewegung. Dieses Mehr ist Arbeit. Das Gemeinsame der Arbeit individualisiert. Die Gemeinschaftsgrundlage setzt diese Individualitäten in Bewegung. Das Eigenpersönliche rhythmisiert die Glücksintensität, macht das Bewußtsein dafür erst aufnahmefähig. So stellen wir den Grundsatz von der Arbeit auf: *Arbeit ist Glück.* Nicht ein zufälliges, beigeordnetes, assoziierbares Glück, sondern Glück schlechthin, das Eigenglück, das Eigenerlebnis und der Eigenrhythmus.

Darum ist Arbeit auch Macht. Die Individualisierung schärft automatisch die Bewußtseinsbindungen, weil sie sie differenziert, auseinanderfaltet; man könnte sagen: noch bewußter macht. Die intensive Aufsaugung der Erlebensreste immunisiert und sichert, stärkt. Das Bewußtsein der eigenen Bindungen verbreitert sich, drängt nach Beschleunigung. Diese Beschleunigung beschwingt das Erlebenstempo. Es schwinden Reibungen und Widerstände, Kraft, sonst da und dort gebunden, wird frei. Der Mensch, der rhythmisch lebendige Eigenmensch, die Individualität greift in das Lebendige ein. Sie bringt die Kraft mit, sich zu zwingen und über sich zu herrschen. Denn das Bewußtsein, als Spiegelzentrum, geschärft und beschwingt, drängend nach den Aufgaben lebendiger Gemeinschaft, hat die inneren Widerstände, die noch organisch sind, solange wir die Krankheit der Vereinzelung nicht atmosphärisch aufgelöst haben, zurückgedrängt, bis auf die Narbe ausgerottet. Dann tritt das Individuum die Herrschaft über die Natur an.

Darum mehr Arbeit. Unsere Narben sind noch frisch und bluten zuweilen. Das Eigenpersönliche, im Zustande des Kindlichen und des Heranwachsens, schwankt im Winde. Das Erleben ist für uns noch Sturm, und keiner steht besonders fest. Wir schämen uns noch, voreinander, von dem Bewußtsein der Gemeinschaft Kenntnis zu geben. Und daß wir arbeiten – dahin gehen unsere Gedanken – das braucht niemand zu sehen. Könnten wir so bestehen, individualitätsbewußt werden, Tempo,

Glück und Macht halten? Sicher nicht, und das Bewußtsein hiervon, grade wenn wir es noch vor Glück nur stammeln, stottern, schwindet wie das Rot am Abendhimmel, zu dem unsre Sehnsucht geht; verblaßt. Wir können es nicht halten. Es ist notwendig, über sich selbst hinauszugehen.

Aus der Geschichte des Arbeitsproblems

Die Geschichte der menschlichen Arbeit hat noch niemand zu schreiben unternommen. Mag man ausgehen von Arbeitstechnik oder Arbeitsleistung oder Arbeitswert oder was sonst immer, es versteht sich jetzt von selbst, daß man dem Arbeitsproblem damit nicht einen Schritt näher gekommen ist. Man wird sich eben daran gewöhnen müssen, daß Arbeit nicht nur eine Pflicht, sondern eine menschliche Eigenschaft ist, die den Einzelnen, wird sie nicht restlos in ihrem Intensitätsgehalt erlebt, in allen ihren Bedingungen, verdammt und verkrüppelt.

Man hat sich bisher große Mühe gegeben, nachzuweisen, daß der Lebendigkeitsgehalt der Arbeit ein negativer sei, daß das Arbeiten, dem menschlichen Geschlecht als Strafe von Gott auferlegt, die menschliche Kraft organisch verbrauche. Man hat die Qual und Last der Arbeit als etwas aufgerichtet, gegen das alle menschliche Intelligenz einzuspannen allerwichtigste Aufgabe sei. Aber es ist bei den Worten geblieben, wie auch noch niemand außer mit dem Mund Gott gestürzt hat. Das mag fatal sein, aber es ändert nichts an der Tatsache, daß man bisher nicht gewagt hat, an das Arbeitsproblem energisch heranzutreten. Es unterliegt keinem Zweifel mehr, daß die Lösung der sozialen Frage in ihrer heutigen Form eine Fehlerquelle aufweist, auf die man nicht oft und nicht dringend genug aufmerksam machen kann. Es hat sich ein Mißverständnis eingeschlichen, eine Verschiebung an Intensitätsgraden zugunsten eines greifbar Verständlichen, das aber nur Verbindungsmittel und eine Form ist, die beliebig veränderlich und Gegenstand eines Übereinkommens ist. Ich meine jene Technik, die Menschen als Ganzes zu organisieren, der wir unsere heutige Gesellschaftsbildung verdanken. Was man heute unter menschlicher Gesellschaft versteht, ist ein wüstes Chaos, ein Trümmerhaufen; niemand, der die Wahrheit sich eingestehen will, wird annehmen können, Sprache und Besitz, Farbe und Geschlecht stellten etwas so allgemein organisch Verbindendes dar, das seinem Bewußtsein sich als Erleben projiziert. Wir finden dann die Organisation in Berufe, in Arbeitende und Nichtarbeitende, was wiederum weiter nichts als ein Mißverständnis ist, denn wer vermag wohl das festzustellen grade von denen, die das Arbeitsproblem als Ganzes nicht rhythmisch erleben – es sind doch nur Vermutungen nach der Leichtheit oder Schwere, nicht einmal nach der Beschwingtheit, der Freude. Wir finden die Stufenleiter von Abhängigkeiten und Verdienst; finden Organisationspflichten, Übereinkommen nach Tausenden, um die der Rhythmus des Widerspruchs lebendig ist und Erleben kristallisiert, finden einen Riesenapparat von Machtansprüchen, Machtgelüsten. Eroberungen, Vergewaltigungen und jenen Kampf, der einen Preis auf den auszusetzen scheint, der zuerst unterliegt. Darüber schwebt eine stickige giftige Atmosphäre – die menschliche Gesellschaft. Diese Form dem Leben in uns gerecht zu werden, ist ein schwacher Notbehelf, es ist ein glatter Betrug. Man kann sagen, wir stecken den Kopf in den Sand. Aus diesem Chaos steigt auf die Krise, die Menschen als Ganzes weiter zusammenzuhalten. Die Gesellschaft selbst enthält ja aus sich heraus keinen einzigen verbindenden Lebendigkeitswert. Sie kann durch Mittel von Zwang und Drohung, Ausnutzung der Lebensangst, auf der sie selbst ruht, dies vortäuschen und sich Glauben erzwingen. Aber wie lange denn und wie sicher. Ein Bewußtseinsfunke vom Allebendigen, gleichen Gemeinsamen läßt den ganzen Hexenkessel hinter sich. Er besitzt mehr Macht, wirkliche Macht, von sich aus allein die Gesellschaft zu stürzen und aufzulösen, falls man sich die Notwendigkeit solcher Auseinandersetzung denken könnte, als die Gesellschaft insgesamt in der Zwangsbindung ihrer Mitglieder. Aus der Atmosphäre dieser Lebensangst, die für die Menschheit allgemein geworden ist, wächst die soziale Frage. Und hier taucht die Fehlerquelle auf. Es ist ein Gesundungsprozeß, zweifellos. Aber er wird überschätzt. Er stützt sich auf die Analyse des Chaotischen der Gesellschaft direkt. Er zerlegt die Ursachen und Grundlagen ihrer sichtbaren Verbindung, die bewußtseinstechnisch bereits erstarrt, festgelegt und eingeordnet sind. Er konstruiert daraus die ökonomischen, die materiellen Bedingungen. Da sie im Widerspruch zur Gesellschaftsentwicklung stehen, die ja eine negative ist, wirken sie positiv. Diese Bedingungen gehen aber noch weiter.

Sie konstruieren den Begriff der Masse, die gleich sein will und gemeinsam. Es ist ein ungeheurer Schritt vorwärts und das Massenproblem ist bereits der Griff an die Gurgel für die heutige Gesellschaft. Es ist also bereits der Lebendigkeitsfaktor zum Erleben hindurchgedrungen, und das Massenproblem rollt automatisch das Arbeitsproblem auf. Aber, und hier ist der Fehler unberührt geblieben, auf der Plattform der Bewegungen der heutigen Gesellschaft und des Gesellschaftlichen schlechthin. Man wird sich daran gewöhnen müssen, *daß Gesellschaft der Gegensatz von Gemeinschaft ist*. Die erstarrte unlebendige Plattform ist geblieben, Raum zu schafffen, Existenzmittel für alle, die Möglichkeit der gleichen Bedingungen – und Arbeit zu finden. Es ist der „Fluch der Arbeit", der uns entgegenhemmt. Arbeit – findet man nicht, man organisiert sie nicht, und kann sie nicht verteilen oder sperren. Arbeit ist Erleben, wahres menschliches Erleben in die Umwelt projiziert, ist eine Form der Menschlichkeitsäußerung, und sie bildet sich erst um zum Begriff der Arbeit, den wir kennen, samt seinen wie immer gearteten Verbindungen, Zielsetzungen und Bedingungen, – durch ihre Gemeinsamkeit, dadurch, daß die Arbeit zur Lebendigkeitsauswirkung der Gemeinschaft wird. Das Ökonomische, das Soziale verschwindet, oder, um der allgemeinen Zustimmung sicher zu sein, es rückt an zweite Stelle. Erlebensintensität, Bewußtseinsentwicklung formen die Menschheit um. Sie machen sie erst lebensfähig und sie sind auch die Faktoren, die die soziale Frage, falls sie starr in den gleichen Bedingungen hängen bleibt, zu lösen berufen sind. Es handelt sich eben um den Rhythmus des Organischen, der erlebt werden, der sich durchsetzen muß. Das Ziel ist, den Menschen bewußt zu machen, daß sie die Pflicht haben, glücklich zu sein, dann haben sie auch die Macht. Es bleibt ein atmosphärischer Unterschied, und es ist besser zu sagen, die Arbeit als ökonomische Bedingung gewertet, rückt nicht an zweite Stelle, nein – sie verschwindet überhaupt. Es ist das Überbleibsel der Vereinzelung und ein Stein auf dem Wege zur Gemeinschaft. Die Intensität braucht keine Entwicklung. Sie ist da und blüht. Erkennen wir das als Grundsatz an, dann haben wir die Macht, die ökonomische Seite reibungslos zu lösen. Wir werden dann wahrscheinlich einen andern Namen dafür setzen.

Die Technik

Die Arbeit als Fluch kennt keine Technik. Sie steht, kann man sagen, direkt in Widerstreit damit. Sie „müht" sich um Technik. Es ist einleuchtend, daß ein Erträglichmachen der Arbeit, Erleichterungen und Verbesserungen in diesem Sinne nichts an Tempo und Beschwingung gewinnen, denn die Grundverbindung dieser Lebensform strebt doch zur Ruhe und zur Erstarrung, zu demjenigen Beharrungspunkt, dem nur die Erleuchtung seiner Bewußtwerdung noch fehlt, nämlich der Tod. Diese Bemühungen, die Arbeit schneller, leichter und vielleicht erlebensferner zu gestalten, da ja die Erlebensmöglichkeit in diesem Konflikt das Drückende ist, vor dem man Angst hat, alle unsere Konzentration der Gedankenverbindungen zur Beschleunigung der Arbeit wirken sehr bedingt. Die Beschleunigung mag wohl erreicht werden und zwar als Gegenrhythmus, als etwas dem Ende näher zu, als eine Lebensform, die das Leid und die Verzweiflung im Grunde steigert, je mehr sie die drückende Last einer Arbeitsnotwendigkeit zu mindern bestrebt ist. Und in der Tat, die Beschleunigung solcher Arbeit, die Verringerung der Mühe, die Steigerung eines äußeren Erfolges haben noch niemals die Intensität des Erlebens zu steigern vermocht, es sei denn, daß sie im Zusammenhang mit anderen Bindungen bewußtseinsfördernd gewirkt haben und umgeformt worden sind. Im Gegenteil, jeder weiß, daß die Beschleunigung der Kultur (wenn man ganz allgemein, wie es ja auch heute der Fall ist, Kultur dafür setzen will) einen neuen Begriff eingeführt hat, der so eine Art Bewußtseinsersatz bilden soll, nämlich die Einsamkeit. Es erübrigt sich, auseinanderzusetzen, welche Summe von Leid, Verknotungen und Konflikten das Wort einsam enthält. Jeder von uns hat das zur Genüge zu spüren bekommen. Es wirkt wie die letzte Station vor dem Tode, und es ist als ein Prozeß, der im Sinne der Bewußtwerdung liegt, so weit lebendigkeitsgetragen, daß Einsamkeit eine Bindungsgrundlage bildet für die Gesamteinstellung, die Lebensangst. Der Kreis schließt sich und der Rhythmus wird lebendig. Der Versuch, jene vermeintliche Last abzuschütteln, macht die Einsamkeit bewußt, und aus deren Bewußtwerdung erwächst der Drang nach Beschleunigung der Arbeit, um das Einsamkeitsbewußtsein zu verdrängen – was zur Vertiefung der Einsamkeit führt. Der Konflikt tritt ins Leben. Es ist ohne Zweifel, daß dieser Einsamkeitskonflikt überhaupt der Lebendigkeitsersatz für den Vereinzelten ist. Darin erlebt sich der Gemeinschaftsfremde.

Die Technik allgemein gesehen als Beschleunigungsmittel und Träger der Intensität wird von hier aus gespalten. Als Differenzierung des Arbeitsbegriffes wirkt sie steigernd sowohl zur Einsamkeit wie für die Lebendigkeitsintensität, und der Einzelmensch, der im Begriff ist, durch alle Lebenskonflikte hindurch zum Erleben sich durchzukämpfen, steht unausgesetzt vor der Entscheidung, seine Bindungen zum Arbeitsbegriff sich bewußt zu machen. Sonst wird er zerrieben. Man wird sich erinnern, daß der vieltausendfache Notschrei aus der modernen Kultur heraus, gerade dies Zerreibende immer in den Vordergrund stellt. Aber dies wäre noch das geringste. Der Tod steht ja sowieso noch auf der Stirn geschrieben. Viel wichtiger ist die Frage: hebt sich diese Technik in ihrer Wirkung dadurch nicht auf? Und ist damit nicht alles, was wir tun, zum Ende höchstens statt der Steigerung im Erleben ein Ausgeglichenes? Nur grade, daß wir leben. Vielleicht, und für die Gegenwart trifft das zu, ist es so. Wir halten uns grade. Aber eine psychologische Beurteilung kann sich damit nicht begnügen. Sie hat die Lebendigkeitsmöglichkeiten dieser Technik zu untersuchen und festzustellen die Gründe ihrer Schwankungen, die sich dem Steigerungsbedürfnis der Menschen entziehen. Man findet also zuerst, daß unsere Technik ein trauriger Notbehelf geblieben ist, eben weil sie ihre Wirkungen der Zusammensetzung nach selbst aufhebt. Die Technik selbst konstruiert sich Naturgesetze, von denen sie ihre Abhängigkeit erklärt. Sie rückt also von selbst schon in zweite Linie, und ihre Steigerungsmöglichkeit gilt nicht mehr dem Erleben, sondern der Lebensform. Sie wird dadurch statt zum Rhythmus zur Anspannung. Sie zehrt Kraft und Intensität auf und verbraucht dich. Die Einsamkeit taucht auf und macht erzielte Beschleunigungen selbst in ihren Abhängigkeiten zunichte. Erlebe dich rückwärts, heißt das, der Mensch ist doch zum Unglück geboren. Technik wird zum Zwang, dem das Zwingende, das ist das Lebendige, fehlt. Es wird zur bloßen Form, die zu zerschlagen mehr Lebendigkeitsintensität verrät, als sich ruhend ihr unterzuordnen. Trotzdem ist die Technik als psychische Disziplin im Sinne des Beschleunigungsgesetzes tätig. Ihre Abhängigkeit ändert zwar die Aufnahme jenes atmosphärischen Allebendigkeitsrhythmus, der die Technik zum Glücksträger, zum Beschleuniger der Erlebensintensität macht. Aber kraft ihrer Disziplin wirkt sie dennoch ausscheidend auch auf dem Wege nach unten. Sie stabilisiert die Konflikte zu Grundformen, sie gibt gewissermaßen dem Menschen das Gesicht. Sie macht tempobewußt und schärft den Konfliktsträger für den Rhythmus. Sie schafft die Erlebensbedingungen und tritt als solche auf gegen das menschliche Beharrungsempfinden. Das heißt: die Technik schmerzt, sie brennt und hetzt den Atem. Es fehlt nur ein Weniges an Bewußtsein, damit sie die Ketten sprengt und das Glück frei macht – manchmal. Denn ihre Disziplin, ihre organische Atmosphäre geht gegen die Lebensangst. Sie rennt immer wieder dagegen an. Wir sagen, in einer Umdrehung unserer Gedankenverbindungen, die Technik ist berufen, das Leben zu sichern, uns sicher zu machen. Wir erleben es nur nicht, weil wir die Technik selbst, die wir benutzen wollen, infizieren mit jener Angst, die sagt, es führt ja doch alles zum Tode. Daher vermag die Technik uns allein nicht aufzulösen und bewußt zu machen. Es ist eben nichts mehr als eine Disziplin, die wie die Natur selbst ist, die wir teils drohend, teils lebenspendend, teils nützlich in ihren Bindungen um uns aufbauen, um uns dahinter zu verstecken. Man begreift nicht, daß Technik über einem solchen Begriff von Natur steht. Aufzulösen allein vermag die Technik des Gemeinschaftsbewußtseins, die die Macht des Rhythmus und die Intensität des Glücks verwendungsfähig, das ist lebendig macht.

Es ist selbstverständlich, daß alle Bindungen zur Technik für die vereinzelnde Lebensform unvollkommen und tastend sind. Die Mühe ist vorherrschend, der Schweiß der Ängstlichen und entsprechend die Abhängigkeit. Daher das Charlatanhafte des sogenannten Wissens, der Charakter des Stückwerks. Die Technik in unsern Händen ist nicht lebendig genug, sie besitzt nicht die Atmosphäre des All, sie ist nicht einmal organisch, Natur – daher ist sie von dieser so bedingt. Sie soll uns die Arbeit lebendiger machen, erlebensnäher bringen, die Arbeit und das Glück ist. Und wir tun alles, sie fernzuhalten. Wir fliehen die Technik im Grunde, weil das Ordnende, das Selbstverständlich Zwingende, noch in uns ein Grauen erweckt an eine Macht, ein Gesetz, das über uns ist, eine Gedankenverbindung vom Schicksal. Dabei wollen wir nicht sehen, daß darin grade das

Mittel liegt, uns zu befreien, nämlich selbsttechnisch zu werden, selbst Zwang – zum Erleben und in Arbeit.

Der Teil und das Ganze

Der einzelne Mensch ist der Teil eines Ganzen, mag man nun annehmen, der lebendigen Umwelt, der Natur, oder schon bestimmter der Menschheit. Man mag sich noch so sehr als Vereinzelter empfinden, diese Zugehörigkeit dürfte nicht abzuleugnen sein. Das Ganze ist rhythmisch bedingt. Es lebt außerhalb unseres Bewußtseins, unter eigenen Bedingungen, in der Lebendigkeit des All, in eigener Intensität und Wesenheit. Es lebt aber in unserm Bewußtsein in den Bindungen zu uns selbst, zu unserm Erleben, zu der Eigenintensität und dem Eigenrhythmus, der Vereinzelte empfindet es als Zwang und Abhängigkeit inmitten seiner Lebensform, als drückend, gegen das er sich selbst zu erleben beginnt. Der Intensitätsgrad dieser Bindung zur Erlebensbeschwingung des Ganzen an sich bedingt den Rhythmus, und da Rhythmus und Beschwingung, Intensität und Widerstand immer der gleichen Lebendigkeit folgt, sich selbst zu bewegen, und rückwirkend dem Einzelbewußtsein lebendig zu sein, so entstehen entsprechend und dem Intensitätsgrad folgend Leid und Glück, Haß und Arbeit, Hemmung und Steigerung. Es ist klar, daß dadurch die Bindung selbst nicht geändert wird, weder nach der einen noch nach der anderen Seite, weder im Sinne der Gemeinschaft noch der Vereinzelung.

Die Kraft, mit welcher der Teil organisch zum Ganzen strebt, ist immer gleich der Kraft, die das Ganze aus sich selbst heraus zum Teil hinauswirkt, um die organische Bindung lebendig zu erhalten. Es sei denn, das Ganze oder der Teil stirbt ab, was im Grunde genommen ja dasselbe ist, wodurch die Lebendigkeitsbedingungen verschoben würden. Dieser Ausscheidungsprozeß, denn um einen solchen handelt es sich, ist in der Tat vorhanden. Der Einzelne, das Teil stirbt ab, während das Ganze unverändert bleibt, ja, man kann sogar sagen, sich intensiviert, beschleunigter und breiter sich erlebt. Die Empfindung des Sterbens wirkt für den Vereinzelten besonders deshalb so bitter, weil er sieht, daß seine Eigenbewegung zur Stabilisierung eines Ichlebens vergeblich war und im Grunde grade dazu beigetragen hat, die Allbewegung des Ganzen, gegen die sie gerichtet war, zu vertiefen. Es ist wohl das furchtbarste Gefühl der Ohnmacht, das überhaupt der Mensch haben kann. Man sagt sogar, daß darin im letzten Atemzuge etwas Versöhnendes, Schmerzlinderndes liegt, das Hineingleiten dennoch und endlich wieder zum Ganzen. Aber für die Erlebensintensität des Einzelnen ergibt sich daraus eine Verschiebung der Kraftverhältnisse, die eben nicht mehr gleich sind. Die Kraft des Ganzen zum Teil hin erscheint organisch ungleich stärker. Sie löst das Beschleunigungsgesetz aus. Sie setzt das Einzelerleben unter atmosphärischen Druck.

Es ist gut, wenn sich dieser Druck im Tempo Glück und Macht auflöst. Die Erfahrung zeigt leider, daß wir ihn mit dem Tode bezahlen sollen. Zwischen beiden Polen erleben wir uns noch, himmelhoch jauchzend und zu Tode betrübt. Mag es so sein, so geht es doch vorwärts. Eins haben wir schon jetzt in der Hand zu unseren Gunsten zu entscheiden. Das ist die Bewußtseinstechnik zur Arbeit. Es versteht sich von selbst, daß die Bindungen zur Technik schwanken unter denselben Bedingungen und zwischen denselben Polen wie unser Erleben. So bildet sich dann der Begriff der Müdigkeit, der Schonung, des Haushaltens mit unsern Kräften, da unsere Lebensangst assoziiert, wir können sie verbrauchen und somit wehrlos sein, ausgeliefert. Diese Bindung setzt den Teil offensichtlich in Gegensatz zum Ganzen, sie muß es tun, weil das Erleben, das sich aus sich selbst heraus steigert, eben ausscheidend, das ist feindlich wirkt. Das lebendige Ganze sondert ab, verbraucht, stößt in den Abgrund. Das Wehren liegt durchaus in der Richtung der Vereinzelung, die es vertieft. Die Bewußtseinstechnik zur Arbeit räumt also zunächst den Widerstand solcher Bedingungen hinweg, sie löst sie auf. Aber sie tut mehr, als Teil der Erlebenstechnik des Ganzen, die sie nur widerstrahlt und bewußt macht, zwingt sie den Menschen, über sich hinauszugehen. Die Erlebensbedingungen, dem Teil bewußt, werden beschwingt, sie werden über die eigenen Bewußtseinsgrenzen hinausgetragen. Die Arbeit wird zu intensivem Erleben, mehr Erleben. Aus einer Gedankenverbindung von Verbrauch und Schonung formt sich das Über-sich-hinaus-gehen. Nicht nur das restlose Aufgehen, sondern die Intensität zum Ganzen selbst hin, die Durchglühung der eigenen Existenzbedingungen mit dem Mehr eines organischen rhythmischen Zwanges. Die Spannung zum Bewußtwerden genügt nicht mehr, das Ganze zu erleben. Es ist das

Bewußtsein vom Dasein. Die Arbeit aber ist das Bewußtsein vom Mehr-Dasein, von der lebendigen Gemeinschaft, deren Intensität der Teil zu erleben beginnt.

Die Kräfte, die im Einzelnen bewußt werden, verdichten sich, weil sie gemeinschaftsgetragen werden, je stärker ihre Anspannung, je mehr man sie, um bildlich zu bleiben, verwendet. Eine Anspannung, eine Steigerung nutzt nichts ab, verbraucht nicht, sondern erschließt neue Kraftquellen. Das ist der Sinn vom Teil und dem Ganzen. Je intensiver du arbeitest, je arbeitsfähiger wirst du diesen Satz haben, wir zwar auch, aber wir meinen damit, desto geringer wird die Lebensbelastung. Arbeiten ist schon an sich Erlebenssteigerung, und Intensivierung der Arbeit bildet den Gemeinschaftsrhythmus. Es ist die lebendige Auflösung der Lebensangst. Sie heißt: verbrauche dich, damit du mehr wirst als du selbst. Sie löst die Vereinzelung auf, sie läßt das Leben ringsum dir erblühen. Dieses Mehr-als-du-selbst, das ist dein Intensitätsbewußtsein in der Arbeit, die dein Erleben steigert. Das ist deine Eingliederung in die allgemeine organische rhythmische Beschleunigung. Das ist die Technik, die dir Tempo, Glück und Macht verleiht.

Die Arbeit verbindet Teile in Ganzes und schafft das Neulebendige, die Gemeinschaft. Das Schöpferische, das wird zum Ich-erleben, zum Eigenrhythmus, zur Individualität. Es lebt nicht mehr draußen, von uns nur geahnt, erträumt als nebelhafter Begriff herum, als Naturwalten, Gott und was sonst noch, es wird zum Erlebensmittelpunkt, zur Lebendigkeit des Ich und zur Überwindung des Todes. Lebendige Arbeit, rhythmische Arbeit, das ist Gemeinschaftsarbeit, das ist die Gemeinschaft. Gemeinsam erlebt sich der Einzelne, erlebt sich der Gemeinsame in der Steigerung wieder, in der Arbeitsintensität, der Arbeit zur Gemeinschaft hin, buntfarbig schillernd vor Glück. Es ist so, daß der Einzelne bewußtseins-technisch sein Erleben erst stufenweise entwickeln muß, soll er nicht an der Glücksintensität verbrennen. Die Macht lebt für alle Einzelnen, die Allmacht um sie gegen sich selbst zu verwenden, sich in die Bewegung und Beschleunigung des Allrhythmus zu zwingen. Dafür wollen unsere Knochen und unsere Gedanken erst umgeformt werden, denn sie sind wenig elastisch und sehr grob. Immer über dich hinaus, immer das Mehr vor Augen sichert solche Entwicklung, weil sie im Ichbewußtsein die Gemeinschaft bildet und lebendig macht.

Mehr Liebe

Der Schritt über sich selbst hinaus, den wir in der Arbeitsintensität, im Arbeitsglück ausdrücken lassen zur Herrschaft über die Natur, das ist die Macht über uns selbst, vertieft auch im gleichen Grade und Rhythmus die Erlebensintensität. Aus der Intensivierung und Beschleunigung jener organischen Spannung zwischen Gemeinschaftsbewußtsein und lebendigem Eigenerlebensbewußtsein verdichtet sich diese Lebendigkeit mit allen ihren Bindungen zu der höchsten und wahrhaft menschlichsten Eigenschaft des Menschen, der Liebe. Die Liebe vollendet die Menschheitsentwicklung.

Die Bewußtwerdung des Allebendigen, die sich in der Gemeinschaft vollzieht, duldet im Einzelnen weder Hemmungen noch Widerstände. Hart und zwingend setzt sich das Lebendigkeitsgesetz für unser Einzelerleben durch. Aber all das Bunte und Blühende, die Schnörkel und Verzierungen, die wir mitbekommen haben in dem Bewußtwerdungsvorgang, unsere Wunden und Farben und vor allem unsere Bindungen zu den Menschen insgesamt, zu denen die abseits stehen, die feindlich und voller Haß sind, sollen in gleiche Bewegung gebracht werden. Erst der Rhythmus scheidet das Kranke darin aus, oder löst es auf. Dieser Rhythmus, der organisch mitschwingend ist im atmosphärischen Gesamtrhythmus, ein neuer Unterton im menschlichen Akkord, ist eine Beschwingung zum Gemeinsamen mit dem Ziel über sich hinaus das Gemeinschaftserleben zu beschleunigen, das Erleben des andern und der andern Menschen, deren Bindungen gleiche sind, zu steigern. Das Glück aller und der andern zu intensivieren und bewußt zu machen. Das ist die Liebe. Sie geht über den Einzelnen hinaus zum gemeinsamen Erleben. Es ist zugleich auch die Erfüllung und Vollendung der mütterlichen Aufgabe und deren Intensitätswirkung im Rahmen der Beschleunigung.

Man spricht von so vielen Arten von Liebe, es gibt aber immer nur eine: die der Verschmelzung des Eigenrhythmus von ich und du zu einem dritten Gemeinsamen. Dieses Schöpferisch Neue dritte Gemeinsame ist Farbe und Form unseres Erlebens, und erst von dieser Bewußtseinsvertiefung können wir den Kopf erheben, den Atem der Welt empfangen und sagen, ja, wir sind: im Tempo des Erlebens formt sich der im

Glück schwingende Erlebenskreis, das Dasein, das sich als Spiegelbild unserer selbst bildet und die Ruhe ist. Es ruht wie eine Schaumkrone inmitten der Wellen. Auf diesem Dasein bauen wir uns auf, um das Leben auszufüllen, zu schmücken und immer lebendiger zu machen. Vergessen wir nie, daß es Kraft und Auswirkung bereits einer Gemeinsamkeit ist, und daß dies Gemeinsame die lebendige Vorbedingung unseres Daseins ist.

Die Liebe ist in einem anderen Sinne wie die Arbeit die Technik des Glücks. Was für die Arbeit der Gattungs- und Menschheitsbegriff, das ist für die Liebe das Persönliche und Individuelle. Arbeit und Liebe sind darin Gegensätze, sie formen in ihrem Nebeneinander einen neuen tieferen und breiteren Erlebensrhythmus. Sie ergänzen sich und sind wie die Komponenten eines jeden Rhythmus ohne einander nicht denkbar. Man kann auch sagen, daß die Liebe eine Ausstrahlung der Arbeit ist, in dem Sinne, wie die Technik eine Auswirkung der Macht. Beide führen in stärkerer Intensität, als höhere Beschwingung zum Ausgangspunkt zurück, von dem sie dann Beschleunigung an Tempo und Kraft, an Erlebensbedingungen empfangen. Sie verschmelzen ineinander zur Macht und zum Jubel unseres Daseins. Es sind dies die beiden Bindungseigenschaften der Gemeinschaft. Von dem Gemeinschaftsbewußtsein her erhält die Liebe ihre Notwendigkeit und ihre Sicherheit, aber von dem Gemeinsamen empfangen sie erst das Erlebnis ihres Daseins. Es ist ein Irrtum zu glauben, die Liebe sei den Bindungsbedingungen eines Einzelnen unterworfen, sie könnte in die Irre gehen, sie könne erkalten oder vereinzeln, oder irgend wer sonst habe Bestimmung und Einfluß darauf. Alles das sind die Gedankenbindungen der Vereinzelung, die Glückszufälle und die Launen des Schicksals, von denen man soviel Wesens macht. Das organisch Menschlichste der Gefühle ist naturgemäß auch dem Vereinzelten stark gegenwärtig. Es scheidet als letzter der Bewußtseinspunkte vor dem Ende, dem Tod. Der Vereinzelte und wir alle, wir haben sogar die Meinung, daß die Liebe den Tod überwindet, so tief erleben wir sie als menschlich und als Auswirkung unseres Daseins. Die Liebe, von der hier zu sprechen ist, lebt im Gemeinschaftsbewußtsein und nicht jenes Schattendasein in Vereinzelung. Sie ist der Machtfaktor über die Natur und den Rhythmus in uns. Sie ist erlebt, das heißt in harter

Arbeit über uns hinaus getragen als Glück, als Bestätigung zur Gemeinsamkeit und als Auswirkung der Gemeinschaft. Sie ist unfehlbar und unüberwindlich. Man kann sie nicht verletzen, noch zurückweisen, und was immer man in dieser Hinsicht denken mag, sie ist da wie das Dasein, das ohne Liebe nicht denkbar ist. Sie ist der organische Intensitätsgradmesser und der Quell aller Steigerung. Ohne Beschleunigung kein Leben – so ist die Liebe der Ursprung alles Lebens und ein Rhythmus des Lebendigen und des Allebendigen.

Der Kreis in unserm Bewußtsein schließt sich, aus dem das Dasein sich in Bewegung setzt. *Wir sind da.* Das Erleben weitet sich. Die Menschen und wir und ich und du werden sich als Gemeinschaft bewußt. Das Erleben bekommt Tempo. Der Rhythmus macht das Glück bewußt. Glück steigert. Steigert das Erlebensbewußtsein zur Macht. Die Technik intensiviert das Lebendige, und das Dasein formt sich in Arbeit und Liebe, den Rhythmus des Gemeinsamen. Der Mensch wächst über sich hinaus. Er wird menschlicher.

Alle Bedingungen zum Erleben vereinigen sich schließlich in einer, der der Gemeinsamkeit. Damit die Gemeinschaft lebt, muß das Gemeinsame sein, es ist ihre Technik. Das bewußt Gemeinsame ist diejenige Disziplin, die den Menschen über sich selbst erhebt und den neuen Menschen im großen Ausscheidungsprozeß des menschlichen Bewußtseins zu bilden beginnt. Das Lebendige schreitet für das menschliche Bewußtsein einen Schritt weiter. Mehr Tempo, mehr Glück, mehr Macht – das sind die Grundformen jenes neuen Daseins. Bald werden die Zusammenhänge mit dem Vereinzelungstyp, in dessen Übergang wir uns noch selbst erleben, zu schwinden beginnen. Wenn die Bewußtseinstechnik sich durchgesetzt und vollendet haben wird, wird auch das äußere Bild, die Kulissen unserer Assoziationen und Gewöhnungen, die tausendfältigen Übereinkommen, alles das, was unser Leben und seine Beherrschung durch die Lebensangst ausmacht, schnell und automatisch sich ändern. Eine Welt von Arbeit und Liebe rollt sich in unserer Zukunft auf. Trachten wir schon jetzt, uns eines Funkens davon bewußt zu werden. Denn dazu leben wir, und auf uns ruht das Naturgesetz, das Gesetz zu vollenden.

ANHANG

VOM NEUEN MENSCHEN

Gewissenserforschung

Die römische Kirche der Päpste war als „Gemeinschaft der Gläubigen" gegründet, die die Verbindung zu Gott, die Brücke zu dem für das Bewußtsein Verschlossenen, dem Gemeinsamen, war. Der Zwang zur Lebendigkeit innerhalb dieser Gemeinschaft entwickelte eine Krise, die auf der Plattform des lebendigen Glaubens zum Ausdruck kam. Es war eine rein organische Beschwingungskrise, die von der Erlebensnotwendigkeit der Gläubigen getrieben wurde. War der Glaube eine allgemeine Übereinkunft, ein Lebenskompromiß als Konvention oder trug er lebendiges Erleben in sich, das war die Frage. Diejenigen, die vom Eigenerleben her entschieden, in diesem Falle völlig gleichgültig, ob mit Recht oder Unrecht, stellten die guten Werke in den Mittelpunkt. So selbstverständlich das erscheinen mag, vollzog sich dennoch grade auf dieser Frage die Spaltung. Es hieß, nicht allein die guten Werke – aber einmal soweit, konnte sich die Gegenseite nichts anderes mehr denken. Die andern aber, denen die Aufgabe überliefert war, eine Gemeinschaft zu halten, und sei es eine künstliche, begriffen sehr wohl, daß der reine Werkglaube die Gemeinschaftslebendigkeit nicht trägt, weil er seinem ganzen Wesen nach als Glaube nicht auf dem Bewußtsein beruht. Er erlebt sich nicht. Deshalb trugen sie Sorge um diesen Erlebensersatz. Dieser ist auch schließlich in der römischen Kirche mit größter psychologischer Meisterschaft organisiert. Man erfand das Gewissen. Zwischen der Übereinkunft vom Glauben, durch Bibel, Überlieferung und Papsttum gefestigt, und den guten Werken als Auswirkung desselben wird ein leerer Raum aufgerichtet, in dem der Mensch künstlich getrennt von allen Bindungen sich erleben soll in der alleinigen Bindung zur Glaubensgemeinschaft. Die Beschwingung und der Lebendigkeitsersatz ist geschaffen. Wir finden dafür jetzt die Intensitätsspannungen, die Gnade, Versuchung und Sünde, das Lippenbekenntnis und die lebendige Reue, die Organisationsformen der Sakramente und insbesondere der Beichte, die zwangsweise den Einzelnen in das Lebendigkeitsbewußtsein von der Gemeinschaft zurückführt, und ohne welches diese ja nicht erlebensfähig ist. Wir finden die Beschwingung von Erlebens- und Bindungspunkten in der Heiligung von Personen und andern Bindungen wie das heilige Herz, der heilige Rock und ähnliches, und wir werden in den Stand gesetzt, das Wunder zu erleben. Es ist wirklich, wenn man sich so ausdrücken darf, alles da, was der Mensch zu erleben braucht, und man kann ruhig zugeben, daß sich ein großer Teil der Menschen in dem durchaus naturgemäß unter denselben Bedingungen folgenden Glücksersatz erlebt und zufrieden gefühlt hat. Der motorische Erlebenspunkt, von dem die Beschwingung ausgeht, war das Gewissen.

Nun sind wir einen Schritt weiter in der Menschheit. Man kann sagen, die Glaubensintensität hat sich gesteigert oder das Bewußtsein sich geschärft. Es ist aufnahmefähig geworden, löst Übereinkünfte als hemmend auf, weil es aus sich selbst heraus für den Lebendigkeitsrhythmus empfänglich geworden ist. Weil das Tempo der Lebendigkeit sich beschleunigt hat, wird das Erleben freier, es benötigt keine Bindungen mehr. Der Ersatz fällt ab. Das Gewissen wandert zum alten Eisen. Da wir uns nicht mehr darauf erleben, ist es überflüssig.

Aber seine technische Konstruktion sollten wir als eine neue Bindung beibehalten und unseren Erlebensbedingungen anpassen. Es ist für die Intensivierung unseres Kampfes um Bewußtwerdung, für jene noch so belastete Übergangszeit, die wir leben, eine gute Hilfe, eine lebendige Kraft, die den Zwang über uns fördert. Diese neue Gewissenserforschung ist die Technik zum Bewußtsein, der Zwang zur Bewußtwerdung, der Bewußtwerdungsprozeß. Darin müssen wir ein Tempo gewinnen, einen Automatismus, der ausscheidet, prüft und nach Lebendigkeit wertet. Eine Aufgabe des Eigenerlebens, des Einzelnen, der sich allerdings an der Bewußtwerdung des Tempos der anderen schult. Es ist, könnte man sagen, die Lebenskunst, Schritt zu halten. Laß keine Erlebensreste überdauern und zu Giftstoffen werden, kurble dich immer von neuem an, sorge für höchstmögliche Anspannung und verarbeite das. Schaffe dir jede Konvention neu und erlebe deinen Glauben in der Weise, daß du einen neuen schaffst, der über dich hinausführt. Deine Bindung soll sein die Zukunft, etwas vor dir voraus, in deinem Erlebensbewußtsein bestätigt. Diese Zukunft mag Übereinkommen eingehen. Du bist für dich die äußerste Spitze einer lebendigen Entwicklung. Du bist für das Ganze hinter dir verantwortlich, du trägst es in dir, und dein Erleben, dein Glück, deine Macht muß es dir lebendig machen und aufweisen. Gewissenserforschung, Rhythmus des Sich-bewußt-machens. Darüber hinweg zu gleiten, bedeutet Tempoverlust. Er zieht die Bindungen der Vereinzelung nach sich. Daher grade dort, wo die Hemmung sich bildet, zufassen, das Stockende in Bewegung setzen. Der Intensitätsgrad im Bewußtsein ist ein untrüglicher Maßstab. Er fragt dich, ob du glücklich bist. Dann sieh zu, denn es ist deine Aufgabe. Du scheidest sonst aus der Menschheit aus. Du wirst unmenschlich. Rhythmisiere dein Glücksbewußtsein. Dein Ziel muß sein, dem Bewußtsein zuvorzukommen. Damit du den Schmerz der Auflösung dir sparst, denn der hindert dich und wirft dich zurück. Zwinge dich zum lebendigen Erleben einer gleitenden Bewußtwerdung – Gewissenserforschung. Der Zwang macht frei.

Die geschlechtliche Not

Der Erlebensreste, die unsere Giftstoffe sind, werden wir uns am sichtbarsten in unseren geschlechtlichen Beziehungen bewußt. Die Konfliktspannung der Vereinzelung macht sich naturgemäß in der organisch bedingten Geschlechtsbindung im ganzen Umfange fühlbar, aber die ganze Reihe der damit zusammenhängenden Fragen soll von einer näheren Untersuchung von vornherein ausgeschaltet sein, insofern sie im Grunde nur Parallelen sind, entweder zur Lebensform oder zum Erleben. In dieser Lebensform, die ja überwiegend noch die unsrige ist, findet man zugleich und auf einer Linie eine maßlose Überschätzung des Geschlechtlichen und eine ganz entwürdigende Mißachtung. Man kann sagen, daß jeder, der an der Geschlechtsbeziehung leidet, sich beider Verstöße gegen die Erlebensintensität schuldig macht. Allein schon die Tatsache seines Leids verrät ihn. Derjenige, der sich seiner Erlebensintensität bewußt wird, der sich über sich selbst hinaus steigernd erlebt – diesem Menschen wird es nicht einfallen, sich daraus für sich und die andern das Spiegelbild einer Gewöhnung zu projizieren, an die sich Konvention und Übereinkommen bindet. Wer sich lebendig erlebt, schafft sich in jeder Sekunde neu und seine Glücksintensität läßt sich nicht wiederholen, nachmessen oder festhalten, sie ist im Erlebenspunkt des Bewußtseins immer einmalig und höchst gesteigert. Die Geschlechtsverbindung, die im wesentlichen ein natürlicher Organismus ist, der sich dadurch vermenschlicht, daß er das Gemeinsamkeitsbewußtsein heraushebt und rhythmisiert, ist ein Teil des lebendigen Erlebens, eine Intensitätsballung, die einer eigenen Assoziationsbeurteilung sich entzieht. Man kann sogar sagen, sie kann nicht Bindetrieb für unsere Gedankenverbindungen sein, obwohl sich heute noch alle unsere Assoziationen darum gliedern. Sie ist wie das Atmen. Man kann sich sehr wohl vorstellen, daß ein intensiveres Atmen die Bewußtseinsbindungen vom lebendigen Erleben leuchtender macht, den Eigenrhythmus verstärkt in der Beschwingung zum Rhythmus der Allebendigkeit. Aber man hat dem Atem damit noch nicht einen besonderen Platz im Bewußtsein angewiesen. Er erscheint von Natur gegeben, wie nur je eine Gedankenbindung zum Glück. In noch erhöhtem Maße ist dies bei der Geschlechtsverbindung der Fall. Das Bewußtsein der Glücksintensität ist beschwingter und der Gemeinschaft näher, da sie zugleich die höchste Form des Erlebens der Gemeinsamkeit symbolisiert und erleben läßt. Es ist daher anzunehmen, daß die Geschlechtsbindung wieder den Charakter einer „heiligen" Handlung, eines Menschlichkeitsrhythmus annehmen wird und daß das Symbol der Gemeinschaft hierbei in den Vordergrund treten wird. Ich glaube, daß die Geschlechtsbeziehung auch nach außen unserer Vorstellung der Gemeinschaft sich nähern wird. Jedenfalls werden die barbarischen Zeiten, wo unter der Flagge der Scham als höchste Eigenschaft der Menschlichkeit, wie man sie nennt, die Verschwiegenheit des Geschlechtsverkehrs'organisiert wurde mit dem Ziel, sich vor einander zu verstecken, um die Möglichkeit einer Bewußtwerdung eines wahren Lebendigkeitsrhythmus zu verdrängen und im Keim zu ersticken – hoffentlich bald für immer hinter uns liegen. Sie sind die Ursache unserer geschlechtlichen Not. Die Überschätzung hebt an, insofern das Lebensgeheimnis von der Überbrückung der Vereinzelung konstruiert wird und alles, was sich im Menschen zum Leben drängt, schleunigst auf das Geschlechtliche abgedrängt wird. Aber auch die Mißachtung, indem man den Geschlechtsgenossen mißbraucht, den Erlebensersatz zu bestätigen. Was sich an Verdrängungen aufgestapelt hat, soll von andern aufgelöst und rhythmisch als Lebendigkeit verarbeitet werden, damit der Vereinzelte sich wenigstens im andern erlebt. Dies nennt man dann Liebe. Wenn man sich nun vergegenwärtigt, daß der Partner auf der Plattform der gleichen Lebensart steht und ebenfalls seine Erlebenskrise, welche der lebendige Naturorganismus immer wieder zur Entwicklung bringt, zu projizieren sich anschickt, so wird man das Bild von zwei Betrügern nicht mehr los, in dem jeder grade das auf den geliebten Partner abschieben will, was ihn am meisten drückt. So führt denn auch diese Gewöhnung bei Menschen, die noch von Zeit zu Zeit sich um Lebendigkeit mühen, auch in der Vereinzelung zur Verzweiflung. Die stärkste Liebe entfremdet sich, wenn die Lebensangst zum Vorschein kommt. Unsre gesamte Geschlechtsbeziehung ruht noch auf Lebensangst, auf Unlebendigkeit. Wir glauben, wir sind der Verpflichtung zum Glück ledig, wenn wir uns an einer vorgetäuschten Intensität berauschen. Denjenigen aber, der an der Einseitigkeit seiner Liebe leidet, soll man auslachen. Er wird ausgeschieden werden. Er ist der betrogene Betrüger.

Die Beziehung

Aus der Geschlechtsbeziehung und rhythmisch davon bedingt geht jene wundersame Ruheempfindung inmitten der Bewegung hervor, die das Dasein so buntfarbig bewußt macht, jenes Zusammengehörigkeitsgefühl, nicht mehr als Aufgabe, sondern als Auszeichnung, das man die Beziehung schlechthin nennen sollte. Es ist eine Auswirkung der motorischen intensitätsbeschwingten Liebe, die das Symbol der Zusammengehörigkeit im organisch-geschlechtlichen, im natürlichen Sich-über-sich-hinausheben des Einzelnen erlebt. Es ist eine Bewußtwerdung des Gemeinschaftsempfindens zum Gemeinsamkeitsbewußtsein, Steigerung und Lebendigkeitsentfaltung im Gemeinschaftsbewußtsein zur Intensivierung unseres Erlebens. Das Glück bekommt Form und Inhalt. Das ist die Beziehung.

Das in unseren Gedankenverbindungen noch wuchernde Übergewicht des Geschlechtlichen verschwindet, wie die Bindungen zum Organischen zurücktreten in der Erlebenssteigerung des wahrhaft Menschlichen. Sie bleiben lebendige Erlebensgrundlage, aber zur Lebendigkeit des Daseins treten in einem höheren Intensitätskreis jene Glücksrhythmen, die aus Arbeit und Liebe gewonnen sind, die eine neue Wesensmacht begründen, den neuen Menschen, in seiner Herrschaft über das Organisch-Lebendige und sich selbst. Mit diesem Menschen wird das Natürliche zum technischen Mittel. Und die Erlebenssteigerung im Gemeinschaftsbewußtsein räumt alle Hemmungen und Beschränkungen, die in Bewegung und Zweifel zu erleben unser Erlebnis von Beziehung bisher ausgemacht hat. Dieses Erlebnis, mögen wir's nennen, wie wir wollen, war immerhin ein Teilerlebnis zur Lebendigkeit hin, und auch der Verstockteste und Gemeinschaftskranke hat in solcher Beziehungsstunde schon die Geburtswehen des neuen Menschen gespürt. Unser Glück zehrte von dem Zweifel, ob wir diese Lebendigkeit überdauern, es enthielt eine Summe von Fragen, die sich widersprachen an Intensität, um den Zustand zu halten, das heißt, nicht in Beschwingung gesetzt zu werden. Leute, die mit feurigen Zungen reden, wie die Herren vom heiligen Geist zu Pfingsten, sind unserem Vorstellungsvermögen fremd geworden. Denn die Beharrung der Gewöhnung aufgeben, heißt für denjenigen, der an dem Gemeinschaftsbewußtsein als Lebendigkeitsquelle zweifelt, die Frage aufwerfen: was dann? Und dennoch enthielt Zweifel und Frage für uns bereits soviel Glücksintensität, diese Freude, die sich nicht so recht heraustraut, weil sie fürchtet, sie könne erfrieren oder einen Gegenrhythmus wecken, wahrhafte Glücksintensität bereits, weil das Erlebnis der Beziehung als menschliche Beschwingung des Natürlichen das menschliche Dasein ins Bewußtsein ruft, unabhängig von der gewählten Lebensform. Es ist das Erleben, das sich in unsere Lebensform drängt. Wir können es nur nicht halten.

O, halten wir es! Es ist das Menschliche und macht uns erst als Menschen bewußt. Es schmilzt alle Verknotungen und Verkrampfungen hinweg, es beschwingt Leid und Unglück und macht das Schicksal lebendig, das ist zum Glück. Und wo eine schwärende Stelle im Erleben, ein Rest geblieben ist, der wird aufgelöst. Erinnere dich, damals, als du vor Glück aufschreien wolltest und schnell etwas zu tun begannest, um es abzulenken, daß man es nicht sehen soll, und um dich abzulenken, daß du wieder ins Gleichgewicht kommst – nun, es ist dir gelungen – wem hat es genutzt? Etwa dir – sicherlich nicht, denn du bist sehr schnell unzufrieden geworden, voller Scham, du fühltest dich bald unbehaglich, wie von allerlei Lasten bedrängt, du sahst dich plötzlich selbst allerlei Widerstände um dich herum aufbauen, das Erleben stockt, kreist um den toten Punkt. Dann braucht man Gewalt, du zwingst, aber nicht dich, sondern den andern. Du hörst ordentlich das Leben kreischen, die Zähne zusammengebissen, weiter zum Ende hin. Sieh dich selbst! Hast du andern damit genutzt – etwa der Gewöhnung, daß alles im Gleichmaß bleiben soll, im Sinne einer allgemeinen Übereinkunft, sich vor einander zu verstecken, weil, wie du fühlst, alle noch nicht lebendig genug sind, während in dieser Erlebenssekunde du selbst ein Mehr als lebensnotwendig ahnst. Und du gleitest zur Gewöhnung zurück. Ist das nun „Pflicht", was du dir glaubhaft machen möchtest, oder Feigheit? Rufe dir diesen Rhythmus zurück, sieh nicht die andern Menschen, sieh dich an. War es nicht, daß du heraustreten und Zeugnis ablegen solltest, drängte es sich nicht nach außen? Nun, dann tritt doch heraus. Schrei in die Welt, daß du glücklich bist, daß du lebst, weil du erlebst. Deine Stimme wird tausendfaches Echo wecken. Schrei stärker, noch in Angst und Zweifel um die Gemeinschaft, und die Gemeinsamkeit wird wachsen, glühender und drängender. Was sind denn die Dichter anders, überhaupt die sozusagen produktiv Schaffenden, denen man so gern eine Sonderstellung einräumt, als Leute, die etwas davon begriffen haben, irgendwo ist, sei es organisch, sei es technisch erzwungen, eine Hemmung weggefallen. Sie treten, meist noch ein widerwärtiger Beziehungsersatz, heraus. Sie projizieren sich selbst, ihren Lebendigkeitsgrad in die Umwelt, in das Bewußtsein der Mitmenschen – und man räumt ihnen sofort eine Sonderstellung ein. Man beneidet sie und läßt sich führen. Du – das, was den Dichter, den Künstler, den Schaffenden, das Genie macht, die Produktionsintensität, das lebt in jedem Menschen, der in Beziehung ist. Die lebendige Beziehung, und irgendwann im Leben geht jeder Mensch hindurch, wird immer wieder zur Entscheidung gestellt, ist das Produktive, das Jubelnde, das die Welten schaffende und Bewegende. Verschütte dir das nicht selbst. Blick auf. Du selbst bist ein größerer Dichter, als derjenige, dem du verschüchtert nachbetest. Setz dich in Bewegung, sprich, singe und arbeite und erlebe dich in der Beziehung. Trag dein Glück, das aus dem Gemeinsamkeitsbewußtsein in der Liebe dir emporddämmert, nach außen, mach es allgemein, mach es öffentlich, mach es lebendig. Erlebe dich in der Beziehung gemeinsam zur Gemeinschaft. Das heißt es. Das Genie ist eine menschliche Bindung und jeder Mensch ist ein Genie. Betrachte die Vorstellungsreihen, die sich daran knüpfen. Willst du die Leichtigkeit des Erlebens opfern, den mühseligen Kreisen, den Hemmungen und Widerständen zuliebe, die man das menschliche Leben nennt? –

So wird eines Tages die menschliche Gesellschaft ein anderes Gesicht bekommen. Das Sprechen und die Laute werden ihren besonderen Inhalt, auf dem wir eine Gewöhnung aufgebaut haben, dieser Konvention wegen verlieren. Das Übertragungsmittel wird der Rhythmus, die Intensitätsschwingung sein. Man sagt, daß sich daraus die Sprache der Tiere zur menschlichen Sprache entwickelt hat. Die Differenzierung zum Wortbewußtsein hat uns nicht glücklich gemacht und wir werden bald darüber hinausschreiten. Die Bildung der Wortbegriffe wird zum Hemmnis werden, weil der Glücksrhythmus schon vorher derartiges erlebt und lebendig gemacht haben wird. Vielleicht werden die Menschen verstummen, weil die Steine reden und die weiten Ebenen singen werden. Dann werden wir aufnahmefähig sein für den so vielfältig verfeinerten und vertieften Glücksrhythmus der Beziehung. Wir werden von einander, von den Dingen und Kräften wissen, nicht mehr, weil sie sich äußern, sondern weil sie sind, weil sie da sind. Unsere Äußerung, das ist unser Erleben, wird dann das Ganze sein, die Menschheit, die Gemeinschaft.

Gelübde

Das Mehr an Lebendigkeit, das dem Erleben einen Intensitätsgrad verleiht, zieht die Schwankungen der Vereinzelungsatmosphäre in besonderm Maße auf sich. Es löst sie auf oder wird selbst von diesen überwuchert und zur Beharrung gebracht. Es ist das technische Mittel im Ausscheidungsprozeß. Dieses Mehr quillt aus der Tiefe und der Beschwingung des Bewußtseins, es ist ein Rhythmus im Bewußtwerdungsprozeß. Es will also sozusagen erarbeitet sein. Eine Aufgabe, die der Einzelne zur Lebendigkeit hin aus sich selbst heraus zu leisten hat. Die Erfüllung ruht in der Bewußtwerdung. Das bedeutet, daß die Kraft strömt von einem Bewußtseinspunkt, der an Tempo und Intensität voraus liegt, als Erlebensintensität des Gemeinschaftsbewußtseins, zu dem der Einzelne sich erst erlebt. Um in derselben Gedankenverbindung zu bleiben, eine Beschleunigung, die nach der Steigerung hin rhythmisiert. Es ist also der Zwang, dem Gesamtrhythmus nachzukommen, und im Rhythmus selbst und elastisch zu bleiben, die Ausspannung, einer im Einzelbewußtsein als außerhalb erkannten Bewegung zu folgen und mit ihr Schritt zu halten. Das Einzelbewußtsein erlebt es als Mehr an Lebendigkeit, die Lebensform der Vereinzelung als Zwang, als den Zwang zu sich selbst. Unsere Gedankenverbindungen schieben für diesen Zwang, der ein naturrhythmisch bedingter und atmosphärischer ist, den Begriff der Erfüllung, der Belohnung unter. Die Sehnsucht und der Wunsch wird aufgelöst, das Leid in Bewegung gesetzt, das ist erfüllt. Desgleichen die Angst einer Entwicklung, deren lebendige Bedingungen wir kennen und in der Gewöhnungserfahrung zu berechnen gelernt haben, jene Bedrückung des Unabwendlichen; die eine Parallele und Auswirkung der allgemeinen Lebensangst, wird beschleunigt und in Rhythmus gebracht, das ist weggenommen, wenn –

Ja, wenn die Lebensform durch das Mehr an Lebendigkeit ihrer Bindungen beraubt zum Erlebensbewußtsein beschwingt wird. Wenn der Einzelne sich seiner schlummernden Kraft bewußt wird und diese zur Lebendigkeit einsetzt, zur Lebendigkeit des Erlebens, des Gemeinschaftsbewußtseins. Wenn dadurch die übernommenen Gedankenverbindungen seines Einzeldaseins zur Gemeinsamkeit gegliedert ein Ziel projizieren, das jenseits des Erfahrungsbewußtseins der Vereinzelung liegt. Wenn aus dieser Erkenntnis- und Bewußtseinsspannung sich eine Erlebenstechnik bildet, die in dem der Spannung entsprechenden Intensitätsgrad lebendige Aufgabe vor sich hinstellt, auf die sie das Mehr an Lebendigkeit als Erlebensintensität projiziert. Das ist das Gelübde. Dann können Wunder geschehen.

Auch an diesem technischen Mittel einer Gemeinschaftspsychologie ist die römische Kirche nicht vorbeigegangen. Es mußte ihr daran gelegen sein, jene Kraft, die als Glaubensübereinkommen einer Gemeinschaft von Gläubigen als übermenschlich und überirdisch Gott und seinen nächsten Auswirkungen, den Heiligen, zugeschrieben wird, unser Mehr an Lebendigkeit, diese wahrhaft menschliche Eigenschaft – diese Kraft auch in Erscheinung treten und den Gläubigen zu Bewußtsein kommen zu lassen. So erfand sie das Gelübde. Der Gläubige kann diese Kraft auf der Grundlage eines Gelübdes für sich verwenden. So überirdisch sie sein mag, sie steht für den Gläubigen zur freien Verfügung, wenn er gewisse Bedingungen zu erfüllen bereit ist. Diese Bedingungen, freiwillig aufgelegte Verpflichtungen, sind im Grunde nichts anderes, als eine Rhythmisierung und Intensivierung des täglichen Erlebens und Lebens zur Ausschaltung freier, das ist aus der zufälligen Umwelt stammender Gedankenverbindungen und Umwandlung derselben zu Gott hin, das ist Beschwingung zum Gemeinschaftsrhythmus. Das Ziel, den Wunsch bestimmt der Intensitätsgrad des Einzelerlebens. Es bleibt für die Beurteilung gleichgültig – mag man um Schutz oder Erfolg oder was immer gefleht haben. Wichtig ist, daß man das Ziel erreicht hat und tatsächlich der Erfolg eingetreten ist, mag er auch wie bei der Mehrzahl der Wunder die Bewußtseinsbedingungen inzwischen verändert haben, das Erleben jedoch bleibt.

Die Gläubigengemeinschaft zu Gott ist zu einem Ersatz, die Menschengemeinschaft zur Lebendigkeit geworden. Die Bedingungen haben sich geändert und die Technik wird bewußt, das ist wirkungslebendig. Diese „freiwilligen Verpflichtungen", dieses Mehr an Lebendigkeit, setzen die Menschen in den „Stand", aus den Erlebensbedingungen heraus Bindungen einzugehen und diese als Ziel voraus zu projizieren, dem das Erleben in fortschreitender Bewußtwerdung folgt und zwar nach dem Beschleunigungsgrad und der Intensität zwangsmäßig und automatisch. Dir ist in die Hand gegeben, das zu erreichen, was du willst. Die Zukunft fällt dir als Geschenk und Belohnung zu. Steigere dich darin, steigere deine Verpflichtungen zu dir selbst, damit solche Erlebensbindung als Schicksal ineinanderfließt zur Technik des Glücks.

Training

Einmal wird sich die Lebensform über das Erleben, um das wir heute noch ringen, zur Erlebensform verbreitern und vertiefen. Sie wird sich beschleunigen und die Lebendigkeitssteigerung, die wir zumeist als Leid empfinden, zur Glücksintensität hin bewußt machen. Dieser menschliche Bewußtwerdungsprozeß ist ein organischer Vorgang inmitten der Beschleunigung der

Naturlebendigkeit, die für den Einzelnen gleich der Umwelt ist. Jedes Erleben führt bereits zu dieser Erlebensform hin, auch wenn es unser volles Bewußtsein noch nicht trägt, solange wir die Macht über uns selbst noch nicht halten. Aber das Dämmernde und Ahnungsvolle, das über Arbeit und Liebe zur Macht und zum Glück drängt und uns bereits zittern läßt vor der Fülle der Intensität in Lebendigkeit, formt einen Erlebensrhythmus, der gesteigert werden soll. Die Intensität des Gemeinschaftsbewußtseins, das Erleben der Gemeinsamkeit wird davon rhythmisch bedingt. Es handelt sich sozusagen darum, sich fest auf die Beine zu stellen, inmitten der Atmosphäre des Gesamtorganischen das menschliche Dasein aufzurichten, und dieses Dasein zum Bewußtsein des Ich zu verdichten.

Aus unseren Schwankungen um das Erleben droht immer das Ende, dem wir ja aller Sehnsucht zum Trotz als Einzelwesen immer noch zufallen, fehlt uns doch der Lebendigkeitsgrad jenes Gemeinschaftsbewußtseins, das uns giftfrei macht, die Lebendigkeit als organisch gegeben, als Naturrhythmus, während wir ja erst noch darum ringen, unser Erleben noch in seinen Bindungen als Mittelpunkt darauf einstellen, während man es sich bewußtseinstechnisch weit darüber hinwegflutend, lebendig machen (denken) könnte – dieses Ende droht und ist die Quelle fortgesetzter Widerstände und Hemmungen, die einmal aufgelöst, wiederkehren und sich steigern. Wir haben eine Kraft nötig, eine Technik, die diese Widerstände niederhält, im gleichen Erlebensrhythmus mitschwingend niederzwingt und sie ausschaltet. Man kann sagen, sie neutralisiert und automatisiert. Diesen Automatismus erreicht man durch Training.

Alle unsere Aufgaben sind bisher noch zur Entscheidung von Leben und Tod gedrängt, immer ein Entweder – Oder. Jede Beurteilung derselben muß davon ausgehen. Es versteht sich von selbst, daß unsere Erlebensform in solcher Gedankenverbindung den Charakter der Schwerfälligkeit erhält, die in seltsamem Gegensatz zur Beschleunigung ringsum, der Intensitätssteigerung des Eigenlebens steht. Es lebt noch eine unheilschwangere Atmosphäre um uns. Diese Atmosphäre soll in Bewegung gesetzt und aufgelöst werden. Die Bindungen zum Ziel hin, und sei es die Allebendigkeit, die Bewußtseinskontrolle durch Erlebensintensität der Gemeinschaft, die Bewußtwerdung zum Gemeinsamen, organisieren zwar bewußtseinstechnisch das

Erleben, sie stellen es hin – aber sie machen es noch nicht lebendig für denjenigen, der von der Vereinzelungsatmosphäre angehaucht und todgeweiht ist. Eine Beschwingung des Zieles ist notwendig unter Intensivierung der Bindungen auf den Erlebensmittelpunkt, die Lebendigkeit hin, Elastizität, Bewegung um der Bewegung und Steigerung um der Steigerung willen. Das ist Training. Übungstechnik, um den Rhythmus zu erfassen, den Beschleunigungsgrad sich bewußt zu machen. Dieses Training setzt Begriff und Bewußtsein von Zwang in Bewegung. Wir leiden vielfach noch unter der Vorstellung des Zwanges, eine Kinderkrankheit. Diese Vorstellungswelt wird durch Training rhythmisiert, wird zum Automatismus und zum Lebendigkeitsrhythmus. Training schafft den Zwang zu sich selbst zu einer Erlebensintensität um, sodaß der Zwang auch in der Bewußtwerdung den Menschen in der Tat frei macht und beschwingt. Trainiere zum Glück hin!

Das Lebendigkeitsbewußtsein hat den Begriff Geist als unvollkommen und veraltet erkannt. Der Verstand und die Denktechnik sind nur ein Teil des sogenannten körperlichen Menschendaseins, das in der Bewußtwerdung als Ganzes sich erlebt. Man soll sich bewußt sein, daß man gewöhnlich mit dem Körper schneller denkt als mit dem Geist. Unserer Körperlichkeit als Ganzes gilt es uns bewußt zu werden, dazu gehört das Erleben ihrer organischen Bedingungen. Ich glaube, daß der neue Mensch eine ganz andere Körperpflege treiben wird. Er wird sich weit körperlicher erleben, das ist naturrhythmischer und organismusbedingter, denn das Lebendigkeitsglück läßt sich weder verdrängen noch einordnen. Es ist da, wo Lebendigkeit bewußt wird. Training ist weder geistige und körperliche Technik, es ist Menschlichkeitstechnik, die auf den Bedingungen und der Bewußtwerdung unserer Körperlichkeit ruht.

Hysterie

Wenn man den Gegensatz zur Erlebensform im Sinne unserer heutigen Erfahrungsbindungen begrifflich sichtbar machen will, so kann man einen Lebenszustand aus unserer eigenen Krankengeschichte nehmen und diesen entsprechend verallgemeinern, nämlich die Hysterie. Die Hysterie ist die Erlebensform der Vereinzelten. Sie enthält Rhythmus und Drang nach Beschleunigung. Sie ist in der Tat lebendig und die Auswirkung der Umweltslebendigkeit, mit der sie in Kontakt steht. Ihre Lebendigkeit ist der Widerspruch zu sich selbst. Die Vereinzelungsideologie wird auf eine Lebenslinie gebracht, auf die Spannung zwischen Lebensangst und organischem Lebendigkeitsglück. Die Schwankungen dieser Spannung sind verankert in unsern Gefühls-, das ist Lebensbindungen. Wir sind nicht nur Stimmungen, sondern gröber in die Umwelt projiziert, auch den Geschehnissen unterworfen. Die Stimmung ist nur die Verdrängungsform für ein Geschehnis, das wir nicht ins Bewußtsein lassen wollen. Hysterie ist Lebendigkeitserleben von Ohnmacht und deren Bewußtwerdung. Infolgedessen wird auch Ohnmacht zur Macht, dem Machtwillen, das ist der Bewußtwerdungsprozeß der Macht, gegen die Lebendigkeitsmacht des All. Denn in dem Bewußtsein von Ohnmacht pulst Beschleunigung und Rhythmus, nur als Gegenrhythmus. Der Drang zur Befriedigung und Ruhe findet die Forderung der lebendigen Glücksintensität auf dem Wege und rennt dagegen an als Widerstand und Bewußtwerdungshemmung. Hysterie lebt davon, das Glück zu zerstören. Ihr Bewußtseinsziel ist die Selbstzerstörung. Da deren Bewußtwerdung zugleich die Entscheidung bedeutet, so bleibt die Hysterie auf halbem Wege stehen. Sie konstruiert die Lebensangst als Lebensform, um die sich gemeinsame Bindungen gruppieren lassen, nach unten wie nach oben – und es ist Zeit gewonnen, solange das Lebendige als Macht über dem Einzelnen steht, das Leben leitet als Zufall und Schicksal. In diesem Konflikt, dessen Bewußtwerdung fortgesetzt droht und ständig Kraft anfordert, um ihn zu verdrängen, erleben wir uns. Wir bauen darauf unsere Lebensform auf, organisieren jene Übereinkommen, die wir schon als geschlossen erleben, bestätigen, anzweifeln und dagegen kämpfen, je nachdem – der Zustand der Hysterie selbst bleibt derselbe. Es ist unsere Atmosphäre, sofern wir die Gemeinschaftsatmosphäre um uns und in uns nicht lebendig zu machen verstehen.

Man wird jetzt verstehen, welch ungeheure Kraftanstrengung Hysterie im Grunde genommen ist. Sie bindet den überwiegenden Teil unendlicher Kraft und setzt ihn in ihre Atmosphäre um. Es ist die Kraft, von der man dann mit Recht sagt, daß sie verbraucht wird, und daß dieser Verbrauch schwächt. Weil sie an einen Gegenrhythmus gegen das Lebendige gebunden ist, weil sie in sich selbst gegen das Organische lebt und dadurch in dem Verhältnis sich selbst aufzehrt, in dem das Lebendigkeitsbewußtsein zu Gunsten der Lebendigkeitsgewöhnung verdrängt wird. Denn die lebendige Kraft verbraucht sich nicht, sie steigert sich und sie stärkt fortgesetzt in dieser Steigerung die Lebendigkeit ihres Trägers. Die Hysterie ist die Arbeit des Nichtstuers. Der Gegensatz von bewegt, in der von uns benutzten Bindung lebendig, ist starr, das ist unlebendig, das ist tot. Der Mensch in Erstarrung lebt nicht und erlebt sich nicht. Doch bildet unsere Lebensform einen Begriff der Erstarrung, der trotzdem lebt, die Konstruktion eines Zustandes von Widerspruch gegen die Erlebensforderungen der Lebendigkeit, in dem die organische Beschleunigung einen erbitterten Kampf um die Bewußtwerdung führt. Es ist in Wirklichkeit ein Kampf auf Leben und Tod und alle Bindungen der Lebensform sind darauf konzentriert. Es wirkt nach außen als Ruhe, weil der Lebendigkeitsersatz der Lebensform nicht mehr Kräfte frei bekommt, sich in Bewegung zu setzen. Es müßte denn ein besonderes Mehr leisten an Ausspannung, eine Steigerung über einen Lebenskampf, der jetzt nur Quelle der Lebensangst wird, hinaus. Dieses Mehr ist in der Gewöhnung und Organisation der Vereinzelung konstruiert, es ist unser Begriff von Arbeit. Als eine Anspannung, von der sich zu drücken Kräfte frei hält, die wir vielleicht anders verwenden können, nämlich um den Tod hinauszuschieben. Deshalb ist unser Arbeitserlebnis so belastet und wirkt als Fluch. Deswegen ist die Organisation der Arbeit in sich gespalten und gestellt auf die körperliche Existenz. Insoweit erleben wir auch unser Dasein nicht. Dieses Dasein wird zu einer drückenden Form, es wird der Bewußtwerdung gleichgültig und hinderlich, das Geistige entfaltet sich, das Hysterische. Für dessen Entwicklung notwendig ist die Zusammenduckung der Widerstände, die aus der Bewegung kommen. Der Geist ruht in sich, das heißt, er entwickelt Eigenbewegung. Diese Eigenbewegung ist das Leid, das Unglück, die Bewußtwerdung des Todes. Sie steigert sich in fortschreitender Vereinzelung. Es ist noch niemand gemeinsam gestorben, obwohl wir darauf aus sind. Dagegen erhalten wir den Kontakt zur Allebendigkeit, indem wir den Fluch der Arbeit übernehmen. Arbeitend steigern wir den Bewußtwerdungsprozeß, wir beschwingen die Lebendigkeitswiderstände und den Schmerz, das Training tut das übrige.

Die Glücksintensität der Lebendigkeit löst den Fluch auf, wenn wir in fortschreitender Beschleunigung uns frei machen zum Gemeinschaftsbewußtsein. Dann wird auch das Glück bewußt und frei. Damit zugleich auch das Machtbewußtsein. Wir erleben das Beschleunigungsgesetz in Lebendigkeit. Wir erleben die Gemeinsamkeit, soweit unser Gemeinschaftsbewußtsein intensiv lebt, wir erleben uns selbst, und das Menschliche, die Gemeinschaft. Das ist der Weg über den Tod hinaus. Es ist einfach zu gehen, zwischen Arbeit und Liebe.

Der Beruf

Die Lebenstechnik der Hysterie ist der Beruf. Aus dem Allgemeinen der Gewöhnung formt sich die Eigengewöhnung. Die Eigengewöhnung wird getragen von der Organisation, welche eine Beschwingung jener allgemeinen Bewegung darstellt, im Sinne jenes Gegenrhythmus gegen das lebendige Erleben. Das Ziel jeder Organisation ist, den Kontakt zwischen der allgemeinen und der Eigengründung aufrecht zu erhalten und zu festigen. Dieser Kontakt bildet die Stellung des Ganzen in seinen Teilen und umgekehrt, die in Bewegung gesetzt wird. Aus diesem Kontakt entwickelt sich ein Lebendigkeitsersatz, der im Bewußtsein zum Erleben wird. Der Mensch erlebt sich in seinem Beruf. Er erlebt sich dort reibungsloser, konfliktferner, weiter weg von der Lebensangst als im direkten Kontakt zur Allgewöhnung, zur breiten Lebensform des Ich. Die Lebendigkeitsbewußtwerdung stört mehr und schmerzt, wenn nur lebendig und tot zur Entscheidung steht, als wenn ein Umweg gefunden und eine Zwischenstation aufgerichtet wird. So bildet sich der Beruf. Er ist die technisch höchstmögliche Verdrängung von Lebensangst. (Bis auf die Gewöhnung im „lebendigen Glauben" zu Gott allerdings, die alsdann aber Beruf wird.) Die Bewußtwerdung von Lebensangst und Konflikten wird abgedrängt auf die breite Allgemeingewöhnung, die dann den Gemeinschaftsersatz auch im Pseudo-Bewußtsein bildet. Der Organisation fällt dabei die Aufgabe zu, etwaige im Verlauf dieses Spannungsvorganges abgleitende Gedankenverbindungen zur Lebendigkeit, Lebenswidersprüche zur Lebensform, zur Allgemeingewöhnung aufzufangen. Mit andern Worten, wir sehen Staat und Bürger und das Gute sich entwickeln. Ihr Begriffsinhalt schwankt zwischen dem Übergewicht der allgemeinen und der Eigengewöhnung.

Ich beabsichtige nicht, die ökonomische Seite des Berufs zu berühren. Es ist natürlich, daß die Atmosphäre dieser Lebensform in allen ihren Auswirkungen, Bindungen und Gewöhnungen die gleiche ist, und es ist mehr wie selbstverständlich, daß sich der überwiegende Teil der heutigen Menschheit schon auf der Linie dieser Bindung von Beruf erlebt. Was tut man nicht alles aus Lebensangst! Die Kraft, deren Bewußtwerdung zu verdrängen, ist eine ganz gewaltige, und das Erinnerungsbild der Menschheitsentwicklung ist davon erfüllt. Was wird sein, wenn diese Kraft nicht mehr gegen sich selbst gebunden, frei wird?! Man kann dunkel bereits ahnen, in welchem Tempo das Bild unserer Vorstellungsreihen sich ändern und die Begriffsbildung selbst stürzen wird. Dann werden wir über das bösartig Kindliche unserer wissenschaftlichen Disziplin lachen, und vielleicht auch werden diejenigen, denen das Bewußtsein hiervon noch lebendig sein wird, sich entsetzen. Welche Kraft haben wir verschwendet und wie barbarisch sind die Menschen miteinander umgegangen.

In unseren Tagen bildet sich eine seltsame Art Lebensorganisatoren heraus, die von einem dämmernden Erlebenspunkt ausgehend das Leben wiederum als Lebensform zwingen möchten, ohne zu begreifen, daß der Anstoß, der ihnen bewußt wurde, aus dessen Bewußtwerdung sich ein Schimmer von Glücksintensität entwickelte, ein Stoß zur Lebendigkeit war. Die vielen religiösen und sozialen Sektierer gehören dahin, die Siedler, Atmungstechniker und Vegetarier, die Sonnenbrüder und wie sie alle heißen mögen. Es ist eine widerliche Erscheinung. Aus der Lebendigkeit möchten sie den Erlebensbrocken für sich verwenden, um der Gemeinschaftsordnung enthoben zu sein. Wobei es umso abstoßender wirkt, je mehr sie recht haben.

Die Volksgemeinschaft

Jene sichtbare, nach außen wirkende Bindung der Gemeinschaft formt sich zur Volksgemeinschaft. Sie kristallisiert im lebendigen Erleben die psychotechnischen Mittel für die einzelnen Gemeinschaftsglieder miteinander zu leben und noch mehr miteinander zu sein. Man könnte es auch die Heraushebung des Gemeinschaftsbewußtseins auf den Stand eines Automatismus nennen, wobei das Gemeinsame die Beschwingung und Erlebenstechnik ist, wobei das Erleben dieser Volksgemeinschaft gleichfalls ohne Schwankung und Spannung automatisch wirkt. Man würde also besser statt einer Erlebens-, von einer Betriebstechnik sprechen. Die Sicherung dieser Volksgemeinschaft ist abhängig von dem Intensitätsgrad der Beschwingung des Eigenrhythmus zur Allebendigkeit und der Erlebenstiefe des Gemeinschaftsbewußtseins. Das bedeutet, der Einzelne hält das Ganze, nämlich die Volksgemeinschaft, und die Volksgemeinschaft als solche erlebt sich nicht und ist nicht von sich aus lebendig, außer über den Eigenrhythmus und das Eigenerleben des Einzelnen, die erst darüber hinaus in Gemeinsamkeit den Anschluß an den Rhythmus der Gemeinschaft finden. Es ist natürlich, das ist rhythmisch bedingt, daß deren Bewegung bewußtseinstechnisch sich widerspiegelt in ihrer Bindung, der Volksgemeinschaft, oder sagen wir dafür Sozietät.

Man sollte es nicht scheuen, sich darüber so klar wie möglich zu werden. Bei der Organisation unseres Staates und bei dem daraus folgenden Versuch, ein soziales Zusammenleben aufzurichten, ist es natürlich gerade umgekehrt. Wer die Atmosphäre der Vereinzelung verstanden hat, wird das selbstverständlich finden. Der Gedanke ist unsinnig, man könnte dem Vereinzelten oder dem Gemeinschaftsbrüchigen soziale Aufgaben zumuten oder etwa die Bewußtseinsbindung lebendig machen, verantwortlich und Träger der Lebendigkeit dieses Volksganzen zu sein. Erinnern wir uns – und es gibt nichts so Widersinniges, Menschlichkeitsfremdes, das nicht in der Geschichte der Menschen auch seinen bedeutungsvollsten Platz aufzuweisen hätte. In der Tat, es hat sich gewissermaßen als Kompromiß das Einkönigtum herausgebildet, der autokrate Herrscher, der die Lebendigkeit des Volkes zu vertreten gedenkt, bis zu seinen Abweichungen über konstitutionelle Monarchie zur Repräsentationsfigur – das ist dann der Fetisch als Bindungskonzentration für die Unlebendigen. Wir finden weiter die Kastenbildung, die Heraushebung einer Aristokratie, die auf der Plattform einer künstlichen Ersatzgemeinschaftsbildung sich Ersatzpflichten auferlegt, was man noch in unserer Sprache als Vorrechte holen bezeichnet. *So wird von Punkt zu Punkt die organische Bindung eines Ganzen als Volk in seinen Miteinanderlebensdifferenzierungen in der Vereinzelungsatmosphäre zum Kampf um die Existenz, zum Ausscheidungsprozeß des Schwachen vom Schwächeren, wobei der Intensitätsgrad in der Anspannung der Lebensangst, niederzuhalten und zu verdrängen, entscheidet. Darin entwickeln sich erst die ökonomischen Bedingungen. Darin liegt der Ursprung unseres Begriffes Kapital.* Dieser Staat ist die Inbetrieb- setzung der Lebensangst. Man darf bei der Kritik der ökonomischen Bedingungen und ihrer sozialen Bindungen das nicht vergessen. Es muß hinter den Organisationsformen lebendig im Bewußtsein stehen, sonst verschiebt man das Schwergewicht zu Gunsten eines organisatorischen Experimentes, das sich wiederum in einer Oben- und Unten-Organisation totlaufen muß, weil ihm die Gemeinschaftstechnik zur wahren erlebensfähigen Lebendigkeit fehlt. Es fehlt, um ein Bild zu gebrauchen, das Brot, von dem der Mensch leben soll, das ist das Glück. Die Auflösung des Arbeitsproblems ist das Entscheidende. Der sich selbst lebendige Staat läßt für sich arbeiten. Er organisiert sich heute durch Entwertung und Entwürdigung der Arbeit. Er selbst organisiert die Arbeit nach den gleichen Verdrängungsgesetzen, denen er seine Existenz verdankt. Die Arbeit wird zur Lohnarbeit und zum Fluch. Sie wird das Trennende, statt des Verbindenden. Die Wertung setzt ein. Grade die freie Arbeit, die Arbeitsmöglichkeit als Entscheidung für den Ausscheidungsprozeß, ist das Gemeinschaftsfernste und Organisationsgipfelpunkt der Unlebendigkeit. Die Klassen gründen sich darauf. Folgen wir weiter der besonderen sozialen Kritik unserer Zeit, so wirkt der Arbeitszwang therapeutisch. Es ist ein Schritt zur Lebendigkeit zurück. Die Bewußtwerdung wird gestärkt und aufnahmefähig gemacht. Der Zwang wird rhythmisiert durch das Gemeinsame. Wird durch Training zum Mehr, Automatismus und Tempo. Die Entwicklungslebendigkeit zum Glück wird frei. Aus Arbeit wird Arbeitsglück. Und über die Liebe wird die Gemeinschaft bewußtseinsreif, die Menschheit und die Menschlichkeit.

Zwischenbemerkung über den Krieg

Der Krieg ist jener Ausscheidungsprozeß im Ganzen, der zwischen den Schwachen und Schwächeren im Staat sich vollzieht. Da er keinen Verdrängungsmittelpunkt hat als Organisation, obwohl man schon seit langem nach dem Stand der

Staaten zu suchen beginnt und bereits Versuche und Organisationsgegensätze gemacht hat, so gruppiert er die in die Beschwingung gesetzten Grundlagen des Staates, die über diesen hinauswuchern zu einer Art Gegenrhythmus, gleichfalls dem natürlichen Beschleunigungsgesetz folgend, der letzten Endes diesen Staat selbst wiederum aufzulösen bestimmt ist. Die Bindung erfolgt über ökonomische und soziale Fragen, worunter auch territoriale und nationale selbstverständlich einzurechnen sind. Ein solcher Organisationsvorgang über den Staat hinaus aus eigenen, von diesem Staat selbst entwickelten Resten und Giften findet sich begreiflicherweise im Imperialismus, der als Staat über der ursprünglichen staatlichen Lebensform eine neue Lebensform entwickelt, die gleicherweise erweitert und zerstört, eine rhythmische Spannung, die staatliche Bindungen wie Nationalismus, Kapital und Proletariat schärfer aus dem Lebenskompromiß heraushebt, sie in der Tat bewußt und erlebensfähig macht. Der Ausscheidungsprozeß spaltet sich, dem Rhythmus jener Spannung folgend, in Krieg und Bürgerkrieg. Beide sind gesetzmäßig und natürlich miteinander verknüpft, und wie der Gemeinschaftsfremde auf seinem Wege zum Tode unausgesetzt im Grunde trotz aller Verdrängungskünste hinter der von ihm konstruierten Maske der Hysterie den wahren ureigentlichen Konflikt seiner Lebensangst erlebt, so gleitet jeder Staat in die Revolution früher oder später, aber unaufhaltsam. Die Umstellung, die Entwicklung, das schöne Schlagwort von der Evolution seiner Bedingungen, die Anpassung derselben an eine Bewußtseinsdämmerung von Gemeinschaft hilft nichts, schafft in dem Motorischen, dem Beschwingungsgesetz der Rhythmik jener Auseinandersetzung keine Veränderung. Jener große Ausscheidungsprozeß geht nicht um die Menschen etwa als Träger oder Erleider dieser oder jener Lebensform, sondern allein und ausschließlich, um den organischen Durchbruch des Lebendigen als Allrhythmus, dem die Organisationsform einer Beharrung und Verdrängung in Lebensangst als Hemmung im Wege liegt. Der Zeitpunkt ist bedingt durch den Intensitätsgrad des Gemeinschaftsbewußtseins unter den Einzelnen, die Bewußtwerdung der Erlebensforderung nach Gemeinsamkeit und durch den atmosphärischen Anstoß, der sich in Beschwingung umsetzt zu jenem Ausscheidungsrhythmus zwischen Gemeinschaftsbewußten und Vereinzelten, in Glück und Unglück, in

Macht und Schicksal. Dann kämpft die Macht gegen etwas, das wir nur so nennen. Der Ursprung aller Kriege ist begründet im Arbeitsproblem, und im besonderen die Revolution wirkt wie ein einziger gemeinsamer gewaltiger Schrei nach Erleben, der Schrei nach Arbeit und Liebe. Sie schöpft aus dem Bewußtseinsgrad dieser ihrer Bedingungen als Bewußtseinsganzem und formt ihre Kraft, organisiert ihre Widerstände und Hemmungen, in dem gleichen Grade sich selbst, und befähigt zum Erleben ihrer endlichen Unüberwindlichkeit, von deren Erlebenspunkt an der neue Mensch die Geschichte seiner Macht und Menschlichkeit zu schreiben beginnen wird.

Es ist ein Unfug, davon zu sprechen, Auseinandersetzungen wie Krieg und Bürgerkrieg könnten *gewonnen* werden. So gleichgültig im konkreten Fall der Ausgang eines Krieges an sich ist, so liegen seine Bedingungen derartig fest, daß auch das Gros der Unlebendigen den Ausgang mit unfehlbarer Bestimmtheit errechnen kann. Die Krisenintensität des einen und des andern Staates und ihr Schnittpunkt sind mathematisch zu errechnen, daraus ergibt sich die Assoziation zur Verschärfung der Krise, zur Auflösung der Verdrängungsdichte automatisch. Wer Lust hat, kann überdies daraus den Schluß ziehen, daß jedes „Gewinnen" mathematisch in seinen Bedingungen vorher festliegt. Wem es Spaß macht, soll glauben auch beim Roulette. Was ihm, obwohl es zutrifft, wenig Ehre einlegen wird. Allerdings kann man auch auf diese Weise sterben. Es wird allen einleuchten, daß nicht Maschinengewehre und Tanks die Ausscheidung vornehmen, sondern die lebendige Kraft, die sie in Wirkung setzte. Die organischen Bedingungen dieser Kraft sind gegeben und allen offenbar, es ist nur die Frage ihrer Bewußtwerdung. Man könnte sich denken, daß einmal diese Kräfte eines verdrängten Erlebens, der Lebensform der Angst, die sie einander zerstören läßt, vollkommen gleich sind und einander aufheben. Dann wird der neue Mensch, der Mensch der Befreiten und gesteigerten Lebendigkeit auf den Plan treten. Eine neue Ausscheidung wird beginnen – aber an Intensitätsgraden des Glücks. Eine Steigerung zur Liebe und ein Lebendigkeits-Auf-und-Ab zu einer Balance, die die Bewußtseinsform der Gemeinschaft sein wird. Dann werden die organischen Naturbedingungen der Tempobeschwingung dieser Steigerung untergeordnet sein. Dann wird der Eigenrhythmus jene Macht auswirken, die über den Einzelnen hinaus und in Einwirkung gesteigerter Glücksintensität dieses Einen rückschließend immer wieder von neuem den Lebendigkeitsquell erschließt durch Sicherung, Schärfung oder Beschwingung des Gemeinschaftsbewußtseins. Oder: das Mehr des Einen an Arbeit und Liebe empfängt erst seine Bewußtseinsintensität in der rhythmischen Übertragung auf alle. In diesem Rhythmus atmet der eine wiederum seine Erneuerung. Warum sollte er dann nicht ewig sein. –

Politischer Aspekt

Das Ziel dieser Betrachtungen ist ausschließlich darauf gerichtet, das Gemeinschaftsbewußtsein wachzurufen und dem Einzelnen eine Vorstellung davon zu geben, daß der Mensch als die höchste Form von Lebendigkeitsdichte im lebendigen All ringsum, als Erfüllung und Stütze eines Naturgeschehens in sich Kräfte und Machtfülle besitzt und auflösen kann, die ihm noch unbekannt sind, da sie im Gegenrhythmus einer Angstgewöhnung gebunden sind. Die analytische Untersuchung folgt lediglich dem tastenden Ahnungsvermögen, um immer wieder den Bewußtseinsdurchbruch zum Lebendigkeitserleben zu erfahren. Es ist verständlich, daß für diejenigen, die sich an eine bestimmte wissenschaftliche Methodik gewöhnt haben, denktechnisch Lücken entstehen mögen. Denen mag gesagt sein, daß selbst bei teilweiser Benutzung einer analytischen Ausdrucksweise niemals etwas bewiesen und niemals einer Beharrung auf dem oder jenem Grundsatz und Gesetz ein weiterer Zug von Erstarrung hinzugedacht werden soll. Ich gebe zu, daß es für den Erfolg dieser Betrachtungen vorteilhafter wäre, sich nicht mehr der belasteten und korrumpierten Sprache zu bedienen, da ihre Ausstrahlungen als Gedankenverbindungen bereits zu starr gewohnheitsmäßig festgelegt sind. Es ist leider so, man hat den Vertrag mit dem Tod bereits unterschrieben, wenn man heute anfängt zu denken. Trotzdem möchte ich noch einen Gedanken aufrollen, der im Grunde weitab vom Mittelpunkt dieser Betrachtungen liegt. Eine höchst gleichgültige Nutzanwendung, da der ganze Fragenkomplex an dem äußeren Umkreis unserer heutigen kompromißhaften Lebensform nur manchmal seltsame Lichter weckt.

Ich meine die nächste politische Zukunft. Man braucht daran

in keiner Weise interessiert zu sein, denn sie entwickelt sich entsprechend unserer Erlebensbewußtwerdung; der Widerstand ist ohne Belang, es ist lediglich eine Erlebensfrage des Sichdagegen-Stemmenden. Also: welches ist das Ergebnis des jetzt zu Ende gegangenen Weltkrieges? Ich behaupte, ein gewaltiger entscheidender Sieg der Deutschen. (Ich benutze die Bezeichnung jetzt grob und ohne Bewußtwerdungsdifferenzierungen; ich gebe auch keine Werturteile, sondern weise auf Beschleunigungsgrade.) Abgesehen davon, daß der Sieg ja schon vorher feststand, stützt er sich auf folgende Erwägungen:

1. Die *Franzosen* stehen unter dem Zwang, ihren Einfluß als die führende Kulturnation aufrecht zu erhalten, zu bescheinigen und zu beschleunigen. Den sozialen Bindungen fehlt die Lebendigkeit, der Industrie das Steigerungstempo der Arbeitermassen. Es schwelt eine Ausgleichsatmosphäre, die automatisch unter dem Druck von Bedrohungen gerät. Die Bindungslinie eines Nationalismus, der beleidigt, unterdrückt und bedroht wird, formiert einen Ausgleich, der die Krise hinausschiebt. Der deutsche Militarismus bot hierfür den Kontakt. Die Bedrohung wurde lebendig. Der Ausgleich hat sich national verbreitet, die Krise sich verschärft, die Aufgabe ist größer geworden.

2. Die *Engländer* sind an Tempobewußtsein voran. Sie verwechseln zum Teil Beschleunigung mit Raum- und Besitzangst. Die Bewegung allein führt zur Auflösung der Bewußtseinskrise. Die Macht wird organisch. Nun ist die Angst zwischengeschoben, eine nutzlose Kraftverschwendung, jetzt Tempoverlust. Die Kraft konzentriert sich auf den Raum, statt auf die Bewegungsdichte. Ein Knäuel Macht wird auseinandergerollt.

3. Die *Russen* sind als Volk nicht auf den Plan getreten. Die hundert Millionen Bauern sind nicht Arbeitende, sondern sie schicken sich an, über die von ihnen vorerst noch erduldete Verbindungskrise Krieg den berechtigten Anspruch zu erheben, daß für sie gearbeitet wird. Es sind die Heranwachsenden. Das Zarentum einschließlich der russischen Intelligenz.

4. Die *Amerikaner* greifen entscheidend in den Krieg ein. Sie schlagen ihn militärisch zu Boden. Sie machen Raum und Besitz und Verteilung frei, ein Denkfehler und für sie ein Unglück, eine Ausschaltung, die den Amerikaner bald von der Welt verschwinden lassen wird. Er wird in der neuen Rassenbildung zerrieben werden. Seine Bedingungen waren organisch nicht dicht

genug, ihr Beschleunigungszwang ließ sie auseinanderfallen. Amerika hatte das Tempo; es war der Arbeitsblock, auf dem die Krise sich ablief und ausgetragen wurde, technische Beschleunigung, Arbeitsgemeinschaft. Man wandte es falsch an, militärische Entscheidung schreckt höchstens noch Negerkinder, und verlor den Vorsprung. Der Arbeitsblock wirkt heute als Last, man beginnt bereits aufzubauen, die Zerstäubungskrise beginnt.

5. Die *Deutschen* indessen sind den Militarismus los, der ihrer Entwicklung Stein im Wege, Krankheitsüberbleibsel war. Sie hätten ihn allein nicht beseitigen können. Die verbleibenden Reste sind noch organischer Widerstand, an dessen Beseitigung in natürlicher Erlebensbedingung ein sich steigernder Arbeitsrhythmus erst frei wird. Das, was die Amerikaner im Friedensvertrag gegen Schluß in zwei dunklen und zweifelnden Sätzen über das Arbeitsproblem angedeutet haben, führen die Deutschen durch. *Der Weltkrieg, schon lange vorher in allen Einzelheiten errechenbar, war die Auswirkung eines gesteigerten Lösungszwanges, eines gesteigerten Arbeitsproblems.* Wer noch glaubt, daß es um Sprachenfrage, Landstriche und Kabel geht, kann einem leid tun. Arbeitstempo und Erlebensintensität, lebendige Arbeitsgemeinschaft – darin entscheidet sich die Auslese. Alles andere ist Flitterwerk für die Dummen und Absterbenden. Für das deutsche Volk liegt der Weg frei. Er weist nach zwei Richtungen, die beide die Alliierten erstritten haben: entweder Auflösung als Volksganzes, Kolonisation und Durchdringung jedes Arbeitsprozesses mit deutschem Rhythmus, das ist Arbeitstechnik, Arbeitsfreude und Beschwingung – oder als Volksganzes arbeitend über sich hinaus, für die Welt, mag man das Schulden und Reparation nennen. Auf das Erlebnis der Arbeit kommt es an, nur dies verleiht das Tempo, das zugleich die Macht ist. Beide Bedingungen werden ineinander übergehen, die Auslese ist entschieden und die Solidarität des menschlich-Verbundenseins wird lebendig. Die Deutschen werden durch ein Mehr an Arbeit es den Franzosen ermöglichen, Atem zu bekommen für die schwer gewordene Durchdringungsarbeit zum lebendigen Eigenrhythmus. Durch ein Mehr an Tempo werden sie die Macht der Engländer mit festigen helfen, denn nur durch Steigerung der Macht ist die Plattform möglich, auf der sich die Neuschichtung in Gesunde und Kranke, in Arbeitende und Nicht-

arbeitende, Glückliche und Unglückliche vollziehen wird. Sicher ist, daß diese Teilung unter englischem Idiom vor sich gehen wird. Für die russischen Massen aber werden sie das Arbeitsregulativ bilden, das im Lebendigkeitsbewußtwerden die Balance bilden wird an Arbeitsreserve und Arbeitsüberschuß. Mit einer Frage möchte ich schließen: wann wird wohl auch der Begriff deutsch in diesem Falle verschwunden und aufgelöst sein zu Gunsten jenes neuen Volksganzen, daß auf chinesische Erfahrungen und Eigentümlichkeiten gestützt, lebendig gemacht durch den russischen Bauern, die deutsche Arbeitstechnik über sich selbst hinaus steigern wird zu der Erkenntnis: die ökonomischen Bedingungen haben sich aufgelöst, man lebt vom Glück? –

Ich bitte die Leser darüber nachzudenken.

ENDE

EINE MELODIE IM WELTALL
Nachbemerkung von Rembert Baumann

Nach dem Erscheinen von Franz Jungs Buch „Mehr Tempo, Mehr Glück, Mehr Macht" 1923 bemerkte Gertrud Alexander in „Die Internationale" (6, 1923, H. 9, S. 286-288): „Vor ungefähr zwei Jahren erschien Franz Jungs erster 'Glücksband', die 'Technik des Glücks'. Es war ebenso schwer, darüber zu schweigen, als darüber zu reden, nämlich weil es Überwindung kostete, es überhaupt zu lesen. Ein Buch, in dem man beinahe jeden Satz dreimal und jede Seite zweimal lesen müßte, um Sinn und Verstand aus dem Wirrwar der Sätze zu destillieren – was soll man darüber sagen!" Auch nach der Lektüre des zweiten Buchs stand sie dem Inhalt sprachlos gegenüber. Jung nähme „den ganz bürgerlich-individuellen Standpunkt des Glücksstrebens zum Ausgangspunkt" und der Untertitel „Ein Taschenbuch für Jedermann" wäre eine Unverschämtheit, da er „dem Proletarier mit einem solchen Buche Geld, Zeit und Kraft stiehlt."

Dem Proletarier wird er nichts dergleichen gestohlen haben, denn Jung bemerkte später, er wisse nicht, ob das Buch überhaupt zur Auslieferung gekommen sei; Herzfelde hätte etwa 50 Exemplare abgerechnet. Sicher ist, daß das zweite Buch noch weniger Beachtung fand als das erste. Erstaunlich, denn Gertrud Alexander sagte auch, es sei schwer darüber zu schweigen.

Jung war zu Beginn der Zwanziger Jahre nicht nur durch seine abenteuerliche Reise nach Moskau – die Justiz nannte das Schiffsraub – bekannt, sondern er war ein durchaus populärer Schriftsteller; nach expressionistischen Anfängen und dadaistischem Intermezzo nun zum anerkannten „proletarischen" Schriftsteller avanciert. Die „Rote Fahne" nannte unter dem Titel „Was soll der Proletarier lesen?" Jung direkt neben Zola. Und nun so etwas: keine bewaffneten Aufstände, keine Streiks, keine Betriebskämpfe, noch nicht einmal die korrekte Terminologie.

Man war nicht willens oder fähig, sich auf Ideen einzulassen, die jenseits der eigenen Erfahrung oder Gelehrigkeit lag. Hier zeichnet sich Jungs weiterer Weg ab, er wurden den Bürgerlichen wie den Linken suspekt.

Hilflosigkeit zeigte sich auch bei der „Wiederentdeckung" Jungs Ende der Sechziger Jahre. Für die einen ein expressionistischer Schriftsteller, für die anderen ein neuer Prototyp des

Linksradikalismus. Die „Technik des Glücks" wurde ausgespart, dafür „Der Weg nach unten" zur beliebte Quelle für Geschichtsinteressierte benutzt. Anekdoten sind allemal beliebt.

Eine längere Auseinandersetzung mit Jungs „Technik des Glücks" lieferte Walter Fähnders und Martin Rectors Buch „Linksradikalismus und Literatur" (Reinbek bei Hamburg, 1974, Bd. 1, S. 160-165 u. 171-181). Man verweist auf die Dynamik: Rhythmus, Gemeinschaftsrhythmus, Glück. Der Staat als Widerstand gegen den Gemeinschaftsrhythmus. Dagegen die Technik des Glücks, „ein Versuch, den verbliebenen Rudimenten des Gemeinschaftsrhythmus gegen den Widerstand der herrschenden Zwänge zur Wirksamkeit zu verhelfen. Angelpunkt dieser Technik ist die Kategorie des 'Erlebens' ... die introvertierte Steigerung der Erlebensbereitschaft und -intensität." Man zieht daraus die Schlußfolgerung: „In diesem Stadium ihrer Entwicklung repräsentiert Jungs Gemeinschaftsvorstellung ... eine besondere Variante expressionistischer Fluchtideologie." Wie der Aktivismus negiere auch Jungs Theorie die Klassengegensätze. Zudem münde die „sensibilisierte Fähigkeit zum Erleben", die zum Prinzip erhoben würde, konfrontiert mit der „gesellschaftlichen Realität" in eine „Opferideologie". Hier galt es zu retten, was zu retten ist. Und fünf Seiten später heißt es: „Jungs Theorie des 'Arbeitsproblems' (ein Bestandteil der „Technik des Glücks", R.B.) bildet den Kernpunkt seiner Synthese des psychologisch determinierten Gemeinschaftsbegriffs mit der marxistischen Klassentheorie". Hierbei sei die „Fähigkeit zum 'Erleben' des Gemeinschaftsrhythmus" nicht gleichmäßig, sondern klassenmäßig beeinflußt. Hier schälen die Autoren eine „Arbeitstheorie" aus dem Zusammenhang der „Technik des Glücks" heraus, die dann als spontaneistisch eingestuft und mit Kropotkin in Verbindung gebracht wird. Um dieses Kunststück zu vollbringen, muß man einen zwei Jahre älteren Aufsatz Jungs zu Hilfe nehmen, „Zweck und Mittel im Klassenkampf" (Die Erde, 1919). Das Ziel ist erreicht: Linksradikalismus und Literatur! Auch hier behindert die vorgefaßte Erwartung das Verständnis.

Im folgenden soll nun Jungs Intension verdeutlicht und eine Hilfe zum Verständnis des zweifellos auf den ersten Blick umständlich formulierten Textes Jungs gegeben werden. Die Einordnung des Textes bleibt dem Leser überlassen.

Wir brauchen nur unsere Herzen weit öffnen ...

„Wo aber liegt die Kraft? Im Kosmos, im chaotischen Kosmos." (Tagebucheintragung 1906). Jung geht von der Annahme eines „Gesamtorganischen des Kosmos", des „All", aus. „All" bedeutet für Jung soviel wie das Allumfassende, das Übergeordnete, in das alles eingebettet ist. Um dieses Übergeordnete zu betonen, verzichtet er auf die Deklination des Wortes. Selbst in der Sprache wird so „All" zum Unveränderlichen, Allumfassenden. Diesem All ist ein „motorischer Antrieb" inhärent, eine Kraft, die in eine ganz bestimmte Richtung weist, sie ist das „kosmische Gesetz zur Lebendigkeit". „All" ist also einmal das grenzenlose Allesumfassende, andererseits die Quelle der Lebendigkeit. Aus der Quelle der Lebendigkeit, der „Allebendigkeit", entspringt der Rhythmus, die „Lebendigkeitsbewegung des All". Diese Bewegung verläuft nicht geradlinig, aber zielgerichtet hin zur Lebendigkeit. Lebendigkeit ist nicht gleich Leben, zumindest was den Menschen betrifft. Für den Menschen heißt Lebendigkeit Erleben. Leben ist eine rein physische Angelegenheit, eine Sache der Existenz. Der Mensch muß erst das Lebendige im Leben schaffen, damit er „mitschwingen" kann im Rhythmus des All. Er muß das menschliche Erleben als tiefere Kraftquelle erkennen.

Der heutige Mensch bewegt sich in die andere Richtung, mit einem „Gegenrhythmus" in den Tod. Aber auch das geht nicht so einfach, er stößt meist auf einen „organischen Notbehelfsrhythmus", der ihn mit den „Verfeinerungen und Verzierungen des Alltag" konfrontiert. Die Kräfte von Gegen- und Notbehelfsrhythmus hindern den Menschen daran, sich der „fiebernden Erlebensatmosphäre des Weltalls" bewußt zu werden, und somit an seinem Glück. Im Unterbewußtsein des Menschen wirkt allerdings der „selbstschöpferische Lebendigkeitswille des All", der in der Ferne dem Menschen hin und wieder bewußt wird. Er spürt dann die „Wärme", die „wahre Lebendigkeit", und sucht sein Erleben wieder zu steigern in Richtung auf dieses Ziel. „Das rhythmische Erleben ist noch ein fortgesetztes Stoßen. Es ist ein Stoß, der von der Lebendigkeitspumpmaschine her aus dem Wesen des Weltorganismus kommt. Es ist sozusagen der Strom, der den Menschen durchfließt, und den er nur zu regulieren braucht, zum Leid oder zum Glück. Das Bewußtsein, vielmehr das Wissen vom falschen Weg, die Tatsachen des toten Punktes, gleicht einem Strudel. Ist eben die Verknotung ..." Diese „Verknotung ... aufzulösen und zu entwirren ist die erste Vorbedingung ..., das Leben frei und glücklich zu machen." Gelingt dies dem Menschen nicht, so bewegt er sich gegen den Lebendigkeitsrhythmus und stirbt, obwohl er physisch lebt. Ist der Akt des Sterbens nicht vollkommen abgeschlossen, schwankt die Rhythmik des Erlebens zwischen Glück und Leid. Leid ist der Kampf gegen das Lebendige, für den Tod. Leid ist aber auch der „motorische Antrieb des All", wenn es als Leid des anderen wahrgenommen wird. Man wird sich seiner eigenen Lage bewußt, man gerät in Bewegung: weg vom Leid. „Im Leid des einen liegt für den anderen der ... Weg zur eigenen Glücksquelle. Sie ergänzen sich zu dem neuen dritten, zu jenem Rhythmus, in dem die Menschheit sich immer wieder neu schafft und verfeinert und ausgestaltet, das heißt 'leichter' macht, weil 'glücklicher', zu der Melodieführung der Gemeinschaft. In ständig fluktuierendem Ausgleich, der das Tempo des Lebens schafft."

Der Mensch ist einzeln. Die Vereinzelung ist für Jung aber nicht das Produkt kapitalistischer Produktionsverhältnisse, nein, die Vereinzelung erst hat „den materiellen Wert geboren". Natürlich bringt der Kapitalismus Vereinzelung hervor, aber deren Ursache ist er nicht. „Wir sind unzufrieden, ... wir leiden doch alle. (...) Aus Schwäche, aus Lebensangst hat sich der Mensch versteckt und versteckt sich noch fortwährend. (...) Dabei ahnen wir wohl, wie es sein könnte, vom 'Paradies' her". Die Vertreibung aus dem Paradies ist der Ursprung der Vereinzelung. Und deren Ursache ist die Erbsünde. Jungs Freund Otto Gross benennt sie: Der Wille zur Macht (Die kommunistische Grundidee in der Paradiessymbolik, 1919). Jung übernimmt diese Definition. „Es leuchtet ein, daß dieses Streben nach Macht die Steigerung jenes Hanges ist, der schon den Gegenrhythmus hervorgerufen und den Tod bedingt hat, die Sucht zur Vereinzelung, die Auswirkung der Lebensangst, das Gemeinschaftsfremde." Die Vereinzelung ist die Folge der „Erbsünde", die Auflösung des matriachalischen Urkommunismus und damit der Verlust der Glücksgemeinschaft. Vereinzelung steht im Widerspruch zum kosmischen Gesetz der Lebendigkeit, sie ist ein Teil des Gegenrhythmus, der Weg in den Tod. Der Mensch versucht sich dagegen zu wehren. Er flüchtet in die Religion, aber die kann nicht helfen, „weil sie vom Menschen, vom einzelnen sich entfernt ... sie vertröstet auf etwas, das das lebendige Leben des Menschen nicht berührt." Im Laufe der geschichtlichen Entwicklung schwand der Einfluß der Religion immer mehr und wurde ersetzt durch die Organisation der Menschheit nach materiellen Gesichtspunkten.

Die Notwendigkeit der Sicherung der materiellen Existenz brachte „den Wert, das Eigentum, den Besitz und den darauf sich organisierenden Staat, dessen Gesetze den Jenseitsglauben abzulösen beginnen" hervor. Der Staat trägt kollektive Züge, aber er ist weit davon entfernt, Gemeinschaft zu sein, denn er macht niemanden glücklich. Ähnlich ist es mit Familie und Ehe, sie sind ein Zusammenschluß mehrerer Vereinzelter. „Sie (die Vereinzelten, R.B.) leben von dem Lebendigkeitsgesetz her das Zerrbild einer Gemeinschaft." Familie, Kirche und Staat sind Institutionen, die vom Erleben weg führen zur Vereinzelung. Auch das, was in dieser Gesellschaft als „Mütterlichkeit" bezeichnet wird, also die Erhaltung der Mutterschaft und des Geborenen, ist kein Weg zur Gemeinschaft und damit zum Glück, im Gegenteil. „Der naturgegebene Erlebenswille des Vereinzelten schafft automatisch Pflichten und im Konflikt mit dem lebendigen Allerleben Sentiments, unsere sogenannten 'Gefühle und Stimmungen'. Ein solcher Mensch trägt das Bewußtsein der Notwehr mit sich herum, er verteidigt sich fortwährend und die hehrste Aufgabe wird ihm naturgemäß die Verteidigung der Mutterschaft – durch die Mütterlichkeit. Dadurch wird die Mütterlichkeit in Gegensatz gestellt zur Umwelt, zur Allnatur und zur Gemeinschaft, zur Menschheit. Sie ist nicht mehr das allgemein Menschliche im Menschen, sondern im besten Assoziationsfalle das *besondere* Menschliche *eines* Menschen, das heißt – sie wird zu Leid." Das Lebendige im Leben und das Menschliche im Menschen sind der Vereinzelung zum Opfer gefallen. Die Vereinzelung als Gegenrhythmus treibt weg vom Lebendigen. Bleibt dem Vereinzelten keine Erlebensmöglichkeit mehr, beziehungsweise keine Steigerungsmöglichkeit mehr im Hinblick auf Lebendigkeitsintensität, „besteht für den Vereinzelten nur noch ein naturnotwendiges Gesetz: das der Vereinzelungssteigerung, der Weg zum Tod". Auf diesem Weg zum Tod hilft sich der Mensch mit einer „zwischenstufigen Organisationsform" oder einem Notbehelfsrhythmus, er wird krank. Der Vereinzelte, der das „lebendige Erleben" nicht empfinden kann, der aufgrund der Lebensangst im Erleben nur den Tod vor Augen hat, wird krank, das ist bequemer. Die Krankheit besitzt „die Assoziation der Gesundung, wie der Tod die der Auferstehung und des ewigen Lebens ... Der Kranke erlebt sich in der Aussicht auf Gesundung und der Gesunde in der Gefahr der Erkrankung. Es ist sozusagen eine bescheidene Lebendigkeit ... Man unterschätze das nicht: das ist die Bewegung, die noch unser Leben ausmacht."

Techniken des Glücks: Arbeit und Klassenkampf

Der Kapitalismus gewinnt eine Eigendynamik unabhängig vom Menschen. Er hat sich eine „lebendige Kraft des Kapitals" gebildet, die „gesetzmäßig wie etwas organisches Drittes in Erscheinung tritt." Nicht die Kapitalisten bestimmen Mehrwert, Wachstum und Akkumulation, sondern die lebendige Kraft des Kapitals. So ist es sogar möglich, daß die Versklavung der Besitzenden größer wird als die der Besitzlosen. Beide, Besitzende wie Besitzlose, sind einzeln und leiden. Der Kapitalismus subsumiert alles Leben und seine lebendige Kraft. „Der Rhythmus der 'Profitrate', denn von einer solchen kann man sprechen, sogar von einer Melodie des Kapitals, ist keine Auseinandersetzung mehr zwischen Menschen ... Es ist ein maschineller Rhythmus, der gleichmäßig die darin befangenen Menschen zermahlen muß". „Rhythmus der Profitrate" bedeutet für Jung, daß die Profitrate die für den Kapitalismus lebensbestimmende Kraft ist. Ihr ist der Mensch unterworfen, indem er alles nach Wert und Gewinn beurteilt. Jung bezeichnet dies auch als „Objektgebundenheit". Die Assoziation zur Verdinglichung liegt nahe. Da der Kapitalismus Eigenlebendigkeit entwickelt hat und zu einem Organischen geworden ist, nennt Jung dies: Melodie des Kapitals. So ist der Kapitalismus „das Zerrbild des Lebens, eine grausige Maske vom Lebendigen im Leben."

Der Mensch ist gezwungen zu arbeiten, um seine Existenz zu sichern. Im Kapitalismus hat dies zur Folge: „Wir sind unglücklich, denn wir arbeiten. Wir sind unglücklich, weil wir nicht arbeiten. Beide Sätze, so unvereinbar sie scheinen, sind dennoch eins. Sie drücken dasselbe aus: die Unmöglichkeit, die ... Arbeit als Erlebensinhalt konfliktlos mit dem Gesamterleben in Gleichklang zu bringen". Andererseits geht Jung davon aus, daß Arbeit eine „Erlebenstechnik" ist, die die Menschen „am sichtbarsten miteinander verbindet und die Gemeinschaft der Menschen mit dem Lebendigen ringsum". Arbeit wird begriffen als eine „Technik des Glücks". Der Einzelne erlebt in seiner Arbeit die Grundzüge der Gemeinschaft. Die Arbeit ist die Lebensbejahung, weil Sicherung der Existenz. Sie ist ein Schlüssel zum Erkennen der Gemeinschaft. Arbeitet der Mensch nicht, ist er unglücklich, weil er so gegen das Leben „arbeitet". Aber in dieser Gesellschaft macht auch die Arbeit nicht glücklich. Der Einzelne erkennt das Gemeinschaftsbildende der Arbeit nicht, er empfindet die Arbeit als Fluch. Als solcher empfunden, ist sie keine Technik mehr, das heißt weder Beschleunigungsmittel, noch Träger der Lebensintensität. Um sie erträglicher zu machen, strebt man zur Ruhe und Erstarrung. Hier scheint sich der Kreis zu schließen in der Ausweglosigkeit, in der Vereinzelung. Obwohl die Arbeit ein Weg zum „Erleben" wäre, ist sie im Kapitalismus, als entfremdete Arbeit, „erlebensfeindlich". Sie steht im Widerspruch zum Leben.

Jung sieht in der Bildung der Gesellschaft einen Kompromiß (zwischen Lebendigkeit und Tod), der es dem Menschen gerade noch ermöglicht, als „lebendes Wesen" existieren zu können. „Es ist die Notwendigkeit sich anzupassen, aus der Lebensangst heraus sich zusammenzudrängen, die Notwendigkeit aus der Vereinzelung eine Organisation der Vereinzelten zu schaffen, die wenigstens eine, wenngleich kalte Gefriersphäre projiziert." Im Kapitalismus teilt sich diese Gesellschaft in „Herrschende" und „Ausgebeutete". Beide Klassen stehen im Widerspruch zueinander. „Die Ausgebeuteten, das sind Viele im Widerspruch, das ist bald so viel wie alle. Es dämmert eine Gemeinschaft ..." Das Proletariat wird sich als Gemeinschaft bewußt im Klassenkampf. Beide Klassen, die Herrschenden und das Proletariat, kämpfen gegen den Zustand der Vereinzelung. „Auch Besitzende lehnen sich auf, gegen sich selbst, in ihrer Vereinzelung gegen das Vereinzeltsein ... Sie wollen heraus". Aber es gelingt ihnen nicht, weil ihr Streben nach Sicherung des Wertes und des Kapitals immer wieder Vereinzelung schafft. Demgegenüber kämpft das Proletariat für bessere Arbeits- und Existenzbedingungen. Wie oben erwähnt bedeutet für den Vereinzelten die verbesserte Arbeitsbedingung Streben nach Ruhe und Erstarrung. Der Prolet steht aber aufgrund seines Klassenbewußtseins nicht mehr als Einzelner der Arbeit gegenüber. Sie wird so für ihn zur „Erlebenstechnik", das heißt zu einem Beschleunigungsmittel zur Lebendigkeit hin. „Diese Technik ruft in der Atmosphäre des Lebendigen einen Rhythmus wach, der den Menschen erleben und wiedererleben läßt. Es ist der Rhythmus der Bewußtwerdung im Erleben, das Glück des endlichen Wesens zum Unendlichen. In diesem Rhythmus erleben wir die Gemeinschaft, die Dreigliederung von Tempo (Steigerung der Erlebensintensität, R.B.), Glück (Bewußtsein von der Gemeinschaft, R.B.), Macht (Steigerung des „Ich-Gefühls" im Rahmen der Gemeinschaft, R.B.), als Erlebensatmosphäre. Ihre Technik und ihre Plattform ist die Arbeit." Diese Erlebenstechnik ist noch nicht Gemeinschaft, sondern ein Schritt dort hin; aber sie weist dem Proletariat die Richtung. Der Weg ist die Revolution. Sie ist ein „Teil des Rhythmus alles Lebendigen ..., solange das Lebendige nicht automatisch Einheit ist, das ist Glück". Das Proletariat, geschult durch die Kritik an den ökonomischen Lebensbedingungen, führt den Kampf gegen das Kapital und damit gegen dessen lebensfeindliche Ideologie, gegen die Lebensangst, und wird den Kampf für sich entscheiden, denn es besitzt im Gegensatz zu den Herrschenden eine lebenssteigernde Kraft. Die Revolution schafft allerdings noch nicht „organisch gewordene Gemeinschaft, den Gemeinschaftsrahmen, die äußere Form, in die der neue Mensch, der Glücksträger und Glücksempfänger hineinwachsen wird". Aber sie zerstört das „Zerrbild des Lebens", den Kapitalismus.

Mütterlichkeitsbewußtsein, Vorbedingung des Glücks

Klassenkampf und Arbeit als Techniken des Glücks allein können die vereinzelnden Lebensformen nicht auflösen. „Auflösen allein vermag die Technik des Gemeinschaftsbewußtseins, die die Macht des Rhythmus und die Intensität verwendungsfähig, das ist lebendig macht". Jung geht davon aus, daß „Glücksbewußtsein nicht an Personen und Objekte gebunden" ist, da es nicht „Intensitätsinhalt eines Seins, sondern eines Werdens" darstellt. Das bedeutet, daß jeder Mensch glücksfähig ist, daß es nur bewußt gemacht, ins Bewußtsein gehoben und empfindungstechnisch freigelegt zu werden braucht". Aufgrund der Vereinzelung des Menschen ist das „Lebendige im Leben", sowie das „Menschliche im Menschen" verlorengegangen. Diese freizulegen ist die Vorbedingung des Glücks. „Das Menschliche im Menschen, das ist zugleich das Selbstschaffende im rhythmischen Kontakt mit dem Naturwerden der Allnatur, das ist Mütterlichkeit und Mutterschaft". Mütterlichkeit darf allerdings nicht, so wie oben erwähnt, mit dem verwechselt werden, zu was sie in der Vereinzelung wird: zu Leid. Jung geht davon aus, daß Mütterlichkeit als „Erlebensfond jedes Menschen" und „Gemeinschaftsrhythmus" nicht objektgebunden ist. „Mütterlichkeit ist das Menschliche im Leben, als Intensitätssteigerung. Sie ist das menschliche Erleben schlechthin, wenn dieses Erleben das Erleben der Gemeinschaft ist. Sie ist das Allbewußtsein im Ich, das zu dem All hinströmt. ... Das Wissen um diese Mütterlichkeit als Erlebensgrundlage, das Mütterlichkeitsbewußtsein ist die Vorbedingung des Glücks". Das Mütterlichkeitsbewußtsein ist noch das Bewußtsein des Einzelnen, der im Gemeinschaftsrhythmus schwingt, sie ist das „lebendige Bewußtsein der Gemeinschaft" und damit das „Glück des Einzelnen". Vom Glück des Einzelnen nimmt Jung nun eine „rhythmische Erlebensbewegung" an zur Gemeinschaft, die er in Ermangelung „an neuen Ausdrucksmöglichkeiten in unserem Auseinandersetzungstyp" „Liebe" nennt. Sie ist „in Steigerung der Mütterlichkeit intensitätsgesteigert und beliebig steigerungsfähig ... Sie ist das Tempo der Intensitätsballung im Gemeinschaftsrhythmus, aus der erst wiederum das Glück der Gemeinschaft, der Verhältnisträger vom Glück des einen zu dem der Gesellschaft" wird. Auch sie ist nicht objektgebunden. Auch sie hat nichts gemein mit der objektgebundenen Liebe der Vereinzelten. Von dieser kann behauptet werden: „Liebe ist Haß, Liebe ist Vergewaltigung, Liebe ist wenn einer seine Angst nicht mehr allein tragen kann und sich hinter einem anderen verkriecht, damit auch der zappelig wird. Und wenn beide zappeln, dann schlagen sie sich die Köpfe wund, denn das ist noch immer mehr als allein zu frieren, oder sie holen sich dann ein Drittes, dann nennt man das Elternliebe. Bis auch das zappelt. Dann heißt es Familie. Und so fort". Die Liebe, die als Mütterlichkeit wirkt zwischen dem Einzelnen und der Gemeinschaft, ist das Gegenteil dieses Elends: „gesteigertes Gemeinschaftsbewußtsein, also Gemeinsames". Hiermit ist der „Gemeinschaftsrahmen, die äußere Form" geschaffen, in die der neue Mensch, der „Glücksträger und Glücksempfänger hineinwachsen wird". *„Wir sind da.* Das Erleben weitet sich. Die Menschen und wir und ich und du werden sich als Gemeinschaft bewußt. Das Erleben bekommt Tempo. Der Rhythmus macht das Glück bewußt. Glück steigert. Steigert das Erlebensbewußtsein zur Macht. Die Technik intensiviert das Lebendige, und das Dasein formt sich in Arbeit und Liebe, den Rhythmus des Gemeinsamen. Der Mensch wächst über sich hinaus. Er wird menschlicher ... Das bewußt Gemeinsame ist diejenige Disziplin, die den Menschen über sich selbst erhebt und den neuen Menschen im großen Ausscheidungsprozeß des menschlichen Bewußtseins zu bilden beginnt ... Mehr Tempo, mehr Glück, mehr Macht – das sind die Grundformen des neuen Daseins ... Eine Welt von Arbeit und Liebe rollt sich in unserer Zukunft auf. Trachten wir schon jetzt, uns eines Funkens bewußt zu werden".

INHALT

DIE TECHNIK DES GLÜCKS

ERSTE BETRACHTUNG
1. An einem müßigen Sonntag zu lesen — 9
2. Montag bricht an — 11
3. Die meisten fliehen vom Leben — 14
4. Arbeit schändet — 15
5. Das Kapital wird zum Lebensspender — 18
6. Der Sinn der Revolution — 20
7. Glück wird nicht zu Besitz — 24

ZWEITE BETRACHTUNG
1. Vom Zwang — 28
2. Der Zwang als Organisator — 31
3. Noch einmal der Sinn der Revolution — 34
4. Vom Klassenkampf — 37
5. Stufen des Klassenkampfes — 40
6. Das Ressentiment, das Erinnerungsweh der Unterdrückten — 43

DRITTE BETRACHTUNG
1. Vom Schenken — 48
2. Von der Mütterlichkeit — 50
3. Von der Liebe — 53
4. Von der Gemeinsamkeit — 56
5. Familie und Ehe — 58
6. Vom lebendigen Widerstand — 64

VIERTE BETRACHTUNG
1. Was wollt Ihr – Leben oder Schicksal — 68
2. Das Wesen der Beziehung — 70
3. Krankheit und Tod — 74
4. Gleichzeitigkeit — 76
5. Die Relativität der Naturgesetze — 79
6. Das Wesen der Utopie — 80
   Rückblick — 82

MEHR TEMPO! MEHR GLÜCK! MEHR MACHT!

EINLEITUNG
Um einer falschen Auslegung vorzubeugen 87
Ein Gespräch 88

DAS ARBEITSPROBLEM – ARBEIT GLEICH MENSCHLICHKEIT
Die mütterliche Aufgabe 92
Mehr Tempo 96
Die tragische Formel 100
Der Zustand der Verzweiflung oder die Rhythmik des Unglücks 104
Über Leben und Tod 106
Mehr Glück 109
Besser und gut 113
Zwischenbemerkung über Gemeinschaft 116
Die Abwehr der Dummheit 119
Das Machtproblem 122
Im Kampf um die Macht 124
Mehr Macht 127
Mehr Arbeit 130
Aus der Geschichte des Arbeitsproblems 133
Die Technik 136
Der Teil und das Ganze 139
Mehr Liebe 142

ANHANG – VOM NEUEN MENSCHEN
Gewissenserforschung 145
Die geschlechtliche Not 147
Die Beziehung 149
Gelübde 152
Training 154
Hysterie 156
Der Beruf 159
Die Volksgemeinschaft 160
Zwischenbemerkung über den Krieg 162
Politischer Aspekt 165

NACHWORT
Von Rembert Baumann 169

FRANZ JUNG WERKAUSGABE

Band 1/1: Feinde ringsum. Prosa und Aufsätze 1912–1963.
Erster Halbband bis 1930.
Band 1/2: Feinde ringsum. Prosa und Aufsätze 1912–1963.
Zweiter Halbband bis 1963.
Band 2: Joe Frank illustriert die Welt / Die Rote Woche /
Arbeitsfriede. Drei Romane.
Band 3: Proletarier / Arbeiter Thomas (Nachlaßmanuskript).
Band 4: Die Eroberung der Maschinen. Roman.
Band 5: Nach Rußland! Aufsatzsammlung
Band 6: Die Technik des Glücks. Mehr Tempo!
Mehr Glück! Mehr Macht!
Band 7: Theaterstücke und theatralische Konzepte.
Band 8: Sprung aus der Welt. Expressionistische Prosa.
Band 9: Abschied von der Zeit. Dokumente, Briefe,
Autobiographie, Fundstücke.
Band 10: Gequältes Volk. Ein Oberschlesien Roman
(Nachlaßmanuskript)

Supplementbände:
Fritz Mierau: Leben und Schriften des Franz Jung.
Eine Chronik. Sonderdruck aus Band 1/1.
Franz Jung: Spandauer Tagebuch. April–Juni 1915.

Die Erscheinungsweise der einzelnen Bände folgt nicht unbedingt
ihrer numerischen Zählung. Die Bände der Ausgabe sind
sowohl englisch broschur als auch gebunden lieferbar.
Änderungen der Zusammenstellung wie auch eine
Erweiterung der Auswahl bleiben vorbehalten.
Subskriptionsnachlaß bei Abnahme aller Bände beträgt
10% vom Ladenpreis des jeweiligen Bandes.
Subskription weiterhin möglich.

Verlegt bei Edition Nautilus, Hamburg

FRANZ JUNG
DER WEG NACH UNTEN
Aufzeichnungen aus einer großen Zeit / Autobiographie

Franz Jung – Protagonist der Literaturrevolte, Bohémien, Expressionist, Dadatrommler, Revolutionär –: an der Seite von Max Hölz, für und wider Lenin, in Rußland, im Untergrund, zwischen den Fronten gegen die Nazis, oft im Gefängnis, vielfach auf der Flucht; Deserteur, Börsenkorrespondent, Meuterer, Agitator... Die rasante Chronik eines Menschen und seiner Zeit. Ein grundehrliches, weil schonungsloses Buch.

PRESSESTIMMEN:

»Der Weg nach unten ist ein farbiges Kaleidoskop einer Epoche im Umbruch. Jung beschreibt seinen Lebensweg mit einer oft etwas befremdenden Härte und Schärfe. Er beschönigt nichts, versucht nicht zu glätten und zu vermitteln«
Olaf Hensel, Kölner Stadtrevue

»Sein Leben reflektiert deutsche Geschichte im ersten Drittel des Jahrhunderts und danach: illusionslos in ihrer Zerrissenheit.« *Jürgen Holwein, Stuttgarter Nachrichten*

»Hier ist ein Stück Geschichte geschrieben von unten, von einem, der dabei war: ohne jede Beschönigung.«
Rembert Baumann, Die Tageszeitung

»Seine Erfahrungen, niedergelegt in diesem Lebensbericht, sind unverzichtbar für ein Anknüpfen, nicht an die Geschichte eines anderen Deutschland, sondern an die eigene.« *LISTEN*

»...eine der großen deutschen Selbstdarstellungen unserer Zeit.« *Jörg Drews, Süddeutsche Zeitung*

Sonderausgabe, Paperback, 440 Seiten. Vorzugsausgabe: 1–99 numeriert, Leinen-Einband im Schuber mit einem beigelegten Seriegrafie-Porträt Jungs.
Verlegt bei Edition Nautilus, Hamburg

Titel aus dem literarischen Programm

WOLFRAM EICKE · KOMA KOMA / ROMAN
Ein Science Fiktion! Ein Krimi! Eine Parodie!
Gebunden mit Schutzumschlag, 160 Seiten

RUDOLF BRUNNGRABER · OPIUMKRIEG
Wie England China eroberte. Ein historischer Roman
Paperback, illustriert, 376 Seiten

CELINE · GESPRÄCHE MIT PROFESSOR Y
Lyrisches Pamphlet über Sprache und Leben
Englisch Broschur, illustriert, 120 Seiten

BENJAMIN PERET · DIE SCHANDE DER DICHTER
Mit einer Einleitung von Octavio Paz
Englisch Broschur, illustriert, 150 Seiten

KURT SCHWITTERS · KUWITTER
Grotesken, Szenen, Banalitäten
Französisch Broschur, illustriert, 64 Seiten

BILLIE HOLIDAY · LADY SINGS THE BLUES
Autobiographie der faszinierenden Jazz-Sängerin
Paperback, 210 Seiten

DAS PARIS DER SURREALISTEN
Zur poetischen Geographie einer Metropole.
Foto-Textbuch. Großformat, 160 Seiten

SEAN McGUFFIN · DER KNIESCHUSSCLUB
Irische Abendunterhaltung / Stories
Französisch Broschur, illustriert, 64 Seiten

CHARLES MINGUS · CHAZZ
Erinnerungen eines jazzenden Underdogs
Paperback, 320 Seiten

Verlegt bei Edition Nautilus / Nemo Press

NEUERSCHEINUNG

Wolfgang Rieger
Franz Jung Glückstechnik und Lebensnot
Eine psychopolitische Werkinterpretation

Franz Larsz: Geboren wurde er am 26.1.1888 in Neiße, Breslau, Jena, Leipzig, Berlin, München, Holland, Rußland, England, der Schweiz, der Tschechoslowakei, Ungarn, Italien, den USA, Frankreich, Österreich; er starb am 21.1.1963 in Stuttgart.

Johannes Reinelt: 1912 erregte er mit seinem Erstling »Das Trottelbuch« Aufsehen; er verfaßte 27 weitere Bücher und fast 100 Beiträge in Sammelwerken, Zeitschriften und Zeitungen.

Joe Frank: Anarchist, Dadaist, Linkskommunist, Biosoph, Exilant, Katholik.

Paul Renard: Schriftsteller, Wirtschaftsjournalist, Verleger, Versicherungskaufmann, Dramaturg, Publizist, Spekulant, Zündholzfabrikant, Kuchenhändler.

Frank Ryberg: Burschenschaftler, Kriegsfreiwilliger, Deserteur, Simulant, Schiffsräuber, Devisenbetrüger, KZ-Häftling, Todeskandidat.

Franz Larsz, Johannes Reinelt, Joe Frank, Paul Renard, Frank Ryberg: hinter diesen Namen verbarg sich *FRANZ JUNG*. »Man glaubt es kaum, daß das das Leben eines einzigen Mannes gewesen sein soll,« schrieb Lewald Gripp in „Konkret". Die schillernde Abenteuerbiographie, die ihn bekannt machte, bricht sich jedoch an seinem kaum beachteten Werk aus psychoanalytischer und sozialgeschichtlicher Sicht.

Originalausgabe. Broschur, ca. 250 Seiten

ÇA IRA VERLAG · FREIBURG
Postfach 273 · 7800 Freiburg 1